인생을 바꾸는
90초

인생을 바꾸는 90초

90 SECONDS TO A LIFE YOU LOVE

조앤 I. 로젠버그 지음 | 박선령 옮김

한국경제신문

내게 언어에 대한 사랑을 일깨워주신 아버지,
날마다 더 좋은 사람이 되고 싶다는 소망을 품게 해준 어머니께
이 책을 바칩니다.

90

SECONDS

TO A LIFE
YOU LOVE

CONTENTS

90초로 삶을 바꾸는
아주 간단한 방법

나는 47년 동안 자기계발 분야에서 일하면서 학생들을 가르쳤다. 때로는 웨인 다이어, 레스 브라운, 밥 프록터, 메리앤 윌리엄슨, 디팍 초프라, 게이 헨드릭스 같은 유명 인사들을 초빙하여 함께 강연을 하기도 했다. 달라이 라마의 요청으로 세 차례에 걸쳐 평화 이니셔티브를 위해 일했고, 마틴 루서 킹 주니어의 자녀들과 협력해 '비폭력의 계절' 이니셔티브에 참여했으며, 유엔 연설도 세 차례 했다. 그런 경험을 통해 이 분야에서 인정받는 많은 이론가에게 멘토로서 역할을 하고 있다.

조앤과 나는 상담심리학 학위가 있는데 나는 석사 학위, 조앤은 박사 학위를 취득했다. 40년 넘게 자기계발 분야에서 일하는 동안, 조앤은 심리학적인 관점에서 이 일을 깊이 파고들었고 나는 주로 성공의 영적인 측면을 이해하는 데 몰두했다.

2013년 9월에 콩코드 올드맨스 목사관의 잔디밭에서 그녀와 한 시간 동안 대화를 나눴던 일을 똑똑히 기억하고 있다. 그 첫 만남에서 조앤은 여러 가지 이유로 내 마음을 사로잡았다. 부드러운 말투 속에 따뜻함과 재치가 드러났고 통찰력 있는 논평도 인상적이었다.

대화를 나누는 동안 조앤은 25년간의 연구 결과를 정리한 한 페이지짜리 도표를 꺼내 개인의 성장과 행복에 대한 관점을 들려줬는데, 거기에는 확고한 자신감을 기르는 데 필요한 내용도 포함되어 있었다. 나도 오랫동안 이 분야에서 연구를 진행했지만, 그토록 훌륭하면서도 간단한 방법으로 진정한 변화에 접근하는 건 본 적이 없었다.

나는 그녀가 사람들이 따라야 하는 매우 중요한 과정을 개략적으로 설명했다는 걸 바로 이해했다. 그 개념은 단순하면서도 더없이 매력적이고 실용적이다. 불쾌한 감정을 제대로 경험할 생각만 있으면, 약 90초 안에 그 감정을 극복하고 반대편으로 넘어갈 수 있다는 게 핵심이다. 장담하건대, 이 방법은 확실히 효과가 있다.

이 책은 그 한 페이지 분량의 문서를 재구성한 것이다. 조앤이 제시한 기술 '90초 접근법', 즉 로젠버그 리셋The Rosenberg Reset™은 실제로 90초라는 짧은 시간에 여덟 가지 불쾌한 감정을 이겨낼 수 있는 인간의 능력을 바탕으로 만든 것이다.

흥미롭게도 그녀는 이 간단한 개념을 우리가 평소에 직면하는 수많은 일반적인 감정 문제에 적용한다. 여덟 가지 감정에 잘 대처하면 감정적인 힘, 자신감, 회복력을 키울 수 있을 뿐만 아니라 불안감을 줄이고 혹독한 자기비판도 끝낼 수 있다. 그러면 당당하게 목소리를 낼 수 있고, 실패에 대한 두려움을 떨쳐내는 일도 훨씬 쉬워진다. 내가 실제로 경험했으며, 모든 사람이 로젠버그 리셋으로 도움을 받을 수 있다고 믿는다. 게다가 그건 시작에 불과하다!

조앤이 개인적 성장과 관련된 다양한 분야에 독특한 관점을 가지고 있다는 걸 알기에, 강연과 훈련을 진행해달라고 여러 번 초대했다. 그리고 내가 강의할 때도 조앤의 90초 접근법을 자주 언급한다.

당신은 이 책을 읽으면서 90초 접근법의 이면에 있는 과학적 원리나 불쾌한 감정에 대해 자세히 알고, 조앤이 이 분야에서 수십 년간 연구하며 얻은 통찰력을 통해 많은 것을 배우게 될 것이다. 이런 간단한 방법이 어떻게 힘든 감정을 극복하고 보다 건전한 사고와 행동으로 나아가게 하는지 체험하게 될 것이다. 조앤의 전략은 사람들이 내놓은 결과물을 바꿔 그들이 원하는 삶을 살 수 있게 도와주는 내 작업과 교차하는 지점이 있다. 그리고 조앤의 연구는 여러 가지 친숙한 심리치료 방법과도 잘 들어맞는다.

지금 내가 궁금한 건, 왜 전에는 아무도 이런 방법을 생각해내지 못했느냐는 것이다. 이렇게 논리적이고 이해하기 쉽고 완벽하게 실행 가능한 기술이 왜 그동안 자신감 개발 강좌나 상담 교육, 심리치료 실습에서 사용되지 않았을까?

이 책에 소개된 방법들은 학문적으로 타당할 뿐만 아니라, 실생활에서도 훌륭하게 작동한다. 당신이 이 책에서 마주하게 될 것들은 이론적인 허튼소리나 낙관론에 뿌리를 둔 '기분 좋은 생각' 같은 게 아니다. 이 책은 불쾌한 감정과 해를 끼치는 사고 패턴을 극복하고 현실적이고 의미 있고 지속적인 자신감과 회복력, 그리고 더 나은 변화로 이끄는 안내서다.

지금 손에 들고 있는 이 책이 어쩌면 당신 인생에서 가장 중요한 책이 될지도 모른다. 한 번 쭉 읽은 다음, 두 번째에는 한 번에 90초씩 시간을 들여 불쾌한 감정을 다스리는 연습을 하면서 읽자. 그러고 나면 당신이 진정으로 아끼는 모든 이들과 이 책을 공유하고 싶어질 것이다.

이 책을 출발점으로 많은 긍정적 변화를 겪으면서, 당신도 나처럼 삶을 향상시켜준 조앤 로젠버그 박사의 공헌에 깊이 감사하게 될 것이다.

메리 모리시 Mary Morrissey
라이프 마스터리 연구소 설립자

하나의 선택, 여덟 가지 감정, 90초

어린 시절이나 청소년기를 돌아보면, 친구들과 놀이를 할 때 항상 마지막까지 뽑히지 않고 남아 있던 아이들이 한둘은 떠오를 것이다. 그들은 대개 내성적이고, 활동에 함께 참여하기보다는 친구들과 멀찍이 떨어져서 시간을 보낸다. 흔히 '왕따'라고 불리는 이 친구들은 누군가가 자기를 쳐다봐 주거나 말을 걸어주거나 함께 놀자고 불러주기를 기다리는 것처럼 보인다.

　내가 바로 그런 아이였다. 나는 어릴 때 자의식이 강하고 심하게 수줍음을 탔다. 네 살 때부터 유치원에 다니기 시작했는데, 너무 일찍 들어가는 바람에 우리 반에서 가장 어리고 몸집도 작은 아이였다. 시간이 흐를수록 이 점이 정말 골칫거리가 됐다. 늘 어색하고 상처받기 쉬운 기분이었으며, 항상 미숙한 채로 내면이 노출된 듯한 느낌이 들었다. 초등학생 때는 선생님들이 같은 반 아이들에게 나와 친구가 되어주라고 부탁하곤 했다. 늘 취약하다는 기분이 들고 적응하기 힘들었을 뿐만 아니라, 어린 시절과 청소년기 내내 놀림과 괴롭힘의 대상이 됐다.

왜 나는 다른 아이들과 같이 어울리면서 즐겁게 지낼 수 없었을까? 나는 그들이 갖고 있다고 생각했던 행복과 자신감, 소속감을 간절히 원했다. 시간이 훨씬 지난 후에야 당시의 내가 그 모든 걸 얻으려면 그 아이들 곁에 있어야만 한다는, 순수하지만 잘못된 생각을 품고 있었다는 걸 깨달았다. 자신감은 전염되지 않는다. 그들 곁에 있는다고 해서 갑자기 마술처럼 내면의 만족감이 커지지도 않고, 인생의 즐거움을 찾게 되지도 않는다.

내가 다른 아이들이 가진 걸 가질 수 없었던 극적인 이유나 명확한 사유 같은 건 없다. 나는 안정적이고 애정 넘치는 가정에서 자랐다. 물론 우리 가족도 보통 가족들처럼 이런저런 우여곡절을 겪긴 했지만 중독이나 정신적 장애, 학대는 없었다. 나는 마약 또는 알코올에 의존하거나, 식이 조절 문제로 고생하거나, 폭식을 하거나, 자해를 하거나, 어떤 식으로든 나 자신을 다치게 한 적이 없다. 나이가 든 뒤에도 쇼핑이나 도박, 기타 강박적인 행동에 빠진 적이 없다.

하지만 그렇다고 해서 내가 상처받지 않았다는 얘기는 아니다. 아무도 이해하거나 알아차리거나 귀 기울여주지 않았던 감정적 고통이 존재했다는 걸 이제는 아는데, 그건 그 고통을 내면에서 제대로 경험한 적이 없고 남들에게 말하지 않았던 탓이기도 하다.

20대가 되어서야 비로소 어떻게 해야 변할 수 있는지를 깨닫기 시작했다. 내가 겪은 두 가지 인생 사건이 그 계기가 됐다. 하나는 열아홉 살 때 '지루한 사람'이라는 얘기를 들은 사건이다. 여름 캠프에서 건초를 실은 마차를 타고 소풍을 갔다가 돌아오는 길에 동료 상담사가 내게 퉁명스럽게 내뱉은 말이다. 그 말을 듣고 나는 너무나 불쾌했으며 심적으로 크게 동요했다. 누군가가 내 배에 포크를 꽂고 빙빙 돌리는 것 같은 기분이었다. 바로 그렇게, 내 세상은 바뀌었다. 그녀의 무신경하고 즉흥적인 비평을 듣고 내가 바라보는 내 모습과 다른 사람의 눈에 비친 내 모습이 다르다는 것, 그리고 이것이 미래에 무엇을 뜻할지를 깊이 생각해보게 됐다. 그녀의 말이 고통스럽기는 하지만 영 틀린 말도 아니라는 느낌이 들었다. 사실 그때 그녀가 한 말과 그게 사실이라는 걸 깨달은 것 중 어느 쪽이 더 고통스러웠는지는 잘 모르겠다.

그녀가 그런 말을 한 원인이 뭔지 알아내고 그에 따라 변화를 꾀해서 다른 사람들이 나를 흥미롭고 바람직한 사람으로 바라봐주기를 원했다. 남들과 어울리기 위해서 변화해야 한다고는 생각하지 않았다. 다만 감정적인 면에서 남들에게 호감 가고 매력적으로 보이게 하는 요인이 뭔지 알고 싶었다. 그리고 그녀의 말이 왜 그토록 고통스러웠는지 알아내고 싶다는 기분이 강하게 들었다. 특히 그 말을 들은 후로 나 자신을 새로운 시각에서 바라보게 됐기 때문에 더 궁금했다.

스물한 살 때 벌어진 두 번째 사건은 친한 친구의 죽음과 관련이 있다. 그가 세상을 떠난 후 내가 슬퍼한다는 걸 의식했고, 이런 상황에서는 슬픔을 느끼는 게 당연하다는 것도 알았다. 하지만 당장 그 순간 나는 슬픔을 전혀 느낄 수가 없었다. 이런 격차를 의식하게 된 것이 내 인생의 또 다른 촉매제로 작용해, 주의를 기울여서 답을 찾아야겠다는 생각으로 이끌었다.

우리는 누구나 자신이 나아가는 방향을 바꾸고 스스로가 어떤 사람인지 깨닫기 위해 도전하고자 하는 본능 또는 욕구를 가지고 있다. 나의 욕구는 심리학자가 되어 자신감과 감정적인 힘, 자존감을 키우는 데 정말 도움이 되는 게 뭔지 이해하고 싶다는 것이었는데, 이면에 존재하는 그 고통스러운 순간들이 자극제가 됐다. 내 어린 시절은 의구심과 박탈감으로 점철됐지만, 성인이 된 뒤에는 그와 정반대의 삶을 살고 있다. 그 덕에 이제는 누구든지 자신이 원하는 삶을 만들어갈 수 있다는 걸 안다.

어쩌면 당신 역시 '나는 아무 데도 속해 있지 않아'라거나 '나는 남들과 어울리지 못하는 사람이야'라는 생각을 하고 있을지 모른다. 남들과 다르다고 느끼거나, 관계에서 단절되어 있거나, 결코 도달하지 못할 것 같은 꿈과 목표 때문에 불안감을 느낄 수도 있다. 온몸으로 자신감을 뿜어내는 듯한 사람들을 보면 '왜 나는 저런 자신감을 가질 수 없는 걸까?' 하며 의기소침해지기도 할 것이다.

지금의 자신에 갇혀 있을 필요는 없다. 오래도록 지속되는 자신감을 쌓아 유지하는 방법이 있는데, 그건 변화하겠다는 목표에서부터 출발한다. 꾸준히 집중해서 노력하면 삶을 원하는 방향으로 변화시키면서 빠르게 발전할 수 있다.

로젠버그 리셋

직관과 어긋나는 얘기처럼 들릴지도 모르지만, 자신감을 기르고 원하는 삶을 만들어가는 열쇠는 불쾌한 감정을 다루는 능력에 있다. 어떤 목표를 추구하든 거기서 생기는 감정적인 결과에 대처할 수 있다는 확신이 있어야만 자신감이 생긴다. 나는 불쾌한 감정을 여덟 가지로 구분했는데, 이 감정들과 맞닥뜨렸을 때 현명하게 극복해나갈 수 있다면 당신이 인생에서 원하는 건 무엇이든 추구할 수 있다.

그렇다면 이런 감정들을 어떻게 극복할 수 있을까? '첫째 하나의 선택, 둘째 여덟 가지 감정, 셋째 90초'라는 간단한 공식을 따르기만 하면 된다.

동료 한 명이 애정을 담아 내 성을 붙여준 '로젠버그 리셋'[1]은 단 세 단계로 구성되며, 각 단계는 거의 동시에 진행된다.

첫째, 현재에 집중하면서 매 순간 하는 경험을 최대한 많이 의식하고 접촉하겠다는 선택을 하는 것이다. 이런 선택을 하면, 유쾌한 기분부터 불쾌한 기분에 이르기까지 자신의 모든 감정을 열린 마음으로 받아들이게 된다.

둘째, 일반적으로 불쾌한 감정에 맞서는 게 더 어렵기 때문에, 다음과 같은 여덟 가지 감정에 대처하거나 견디고자 하는 의지를 다진다.

- 슬픔 sadness
- 수치심 shame
- 무력감 helplessness
- 분노 anger
- 당혹감 embarrassment
- 실망 disappointment
- 좌절 frustration
- 취약성 vulnerability

셋째, 90초 동안 밀려드는 신체 감각의 파도를 타면서 이런 불쾌한 감정을 견디거나 극복한다. 달아오르는 뺨, 두근거리는 심장, 위가 죄어드는 느낌 같은 신체 감각은 몸이 우리에게 감정을 전달하는 방법이다. 이런 신체 감각과 그것이 표현하는 감정을 잘 참고 견디는 것이 로젠버그 리셋의 필수적인 부분이다.

이런 경험에서 분리되거나 주의를 딴 데로 돌리면, 마음속 저 깊은 곳에선 뭔가를 놓쳤다는 걸 알기에 계속 채워지지 않는 기분을 안고 살아가게 된다. 여덟 가지 불편한 감정의 파도를 각각 90초씩 타면서 순간순간의 경험과 연결되면 삶의 활력을 되찾을 수 있다. 이 과정에 숙달되면 온전하게 누리고 표현할 수 있는 삶, 자신이 직접 설계한 삶으로 향하게 된다.

리셋은 우리가 흔히 하는 다양한 불평을 해결한다. 걱정, 불안, 실패에 대한 두려움, 타인에게 평가당한다는 느낌에 종지부를 찍을 수 있다. 혹독한 자기비판으로 자신을 과소평가하는 부정적인 자기 대화도 즉시 입을 다문다. 오래된 감정의 짐을 버리는 건 더 간단한 일이므로, 이제 위험을 감수하고 남을 신뢰하고 마음을 열고 자신의 취약성을 인정하게 된다. 그러면 변화가 시작된다. 모든 순간에 리셋을 계속하는 한 흔들림 없는 자신감, 감정적인 힘을 갖게 된다.

이 책에 대하여

이 책에 포함된 힘든 감정들은 우리가 일상생활을 하면서 날마다 사용하는 일반적이고 실제적인 단어에서 뽑아냈다. 내 목록은 40년 넘게 매일같이 내담자나 대학원 학생들과 함께 진행한 임상 연구에서 얻은 것이다. 그 과정에서 몇몇 단어는 너무 모호하다는 걸 깨달았다. 예를 들어 고통, 상처, 스트레스, 압박감 등이 그러한데 일테면 '상처받은' 일에 관한 상담 대화는 진정한 구제책이 되지 못했다. 하지만 자신이 느끼는 감정을 묘사하기 위해 좀더 구체적인 단어를 사용하면(예를 들어 '실망했다'라고 하면) 종종 깨달음의 순간이 찾아왔다.

마치 내면의 뭔가가 일렬로 질서정연하게 줄을 선 것처럼 감정을 분명히 인식하게 되는 것이다. 그러면 명료함과 차분함이 그 뒤를 따른다.

나는 '기분'과 '감정'이라는 말을 섞어서 사용한다. 물론 이 두 개의 단어 뒤에 숨겨진 복잡성과 과학에 대해 긴 논의가 필요할지도 모른다. 그리고 힘들거나 불쾌한 감정에 무엇을 포함시켜야 하는가와 관련해 당신은 나와 생각이 다를 수도 있다. 다만 내가 90초 접근법을 적용하는 데 여덟 가지 감정을 포함한 이유는, 그게 우리의 일상적인 경험과 그때 사용하는 단어들을 가장 잘 표현하기 때문이다.

트라우마를 제외하면, 여기서 제시하는 90초 접근법은 우리 일상의 대부분 상황에 적용된다. 사실 대개는 90초도 안 걸린다. 당신은 아마 '아니, 절대 그렇지 않아. 감정은 그보다 훨씬 오랫동안 지속돼'라고 생각할 것이다. 왜 감정이 계속 맴도는 것처럼 느껴지는지 그 이유도 이 책 뒷부분에서 설명하겠다. 당신은 이 90초 아이디어를 자신의 힘든 감정을 향해 나아가기까지 걸리는 짧은 시간을 가리키는 은유적인 표현으로 활용할 수도 있다. '90초쯤은 견딜 수 있지'라고 말이다. 실제로 90초 정도는 참을 수 있지 않은가? 90초를 견디면, 자신감 있고 회복력이 뛰어난 삶을 이끌어가는 데 필요한 것들을 얻게 된다.

이 책은 가장 힘든 감정에 대처하는 데 도움이 되는 감정적 힘과 자신감, 회복력을 기르는 방법을 가르쳐주는 전략적이고 실용적인 안내서다. 이는 감정적인 습관인 동시에 삶을 위한 철학이기도 하다. 어떻게 그런 일이 가능한지 보여주기 위해 자신의 진짜 모습으로 살아감으로써 삶을 재창조한 이들의 이야기도 소개한다.

리셋은 신속한 통찰력을 얻을 수 있게 해주고, 지속적으로 변화하고 발전하게 해준다. 자신의 감정을 받아들임으로써 그동안 스스로 억눌러왔던 것에 맞설 수 있게 해주며, 이를 통해 원하던 삶을 살아가게 해준다. 막연히 하는 얘기가 아니다. 지난 40여 년간 수많은 임상 시험을 거치고, 서던캘리포니아대학교와 캘리포니아대학교 로스앤젤레스 캠퍼스 그리고 페퍼다인대학교 교육심리대학원에서 학생들을 가르치고 훈련하면서 검증한 결과다. 이 책은 변화와 변혁, 그리고 개인적인 성장을 위한 도발적인 접근방법을 제시한다.

이제 모든 건 당신에게 달렸다. 중요한 감정적 힘을 기르고, 자신감을 얻고, 진실한 삶을 살아갈 능력이 말 그대로 당신 손에 달려 있는 것이다.

인생을 바꾸는 데는 90초밖에 걸리지 않는다. 무엇을 망설이는가.

당신은 현재의 환경과 조건보다 훨씬 많은 걸 경험할 수 있다.
그 꿈을 추구하자. 자신 있게 나아가자.
어디까지 멀리 뻗어나가고 싶은가?

90

SECONDS

TO A LIFE
YOU LOVE

1

왜 나는 기분이 풀리지 않을까

SKILLS BUILDING

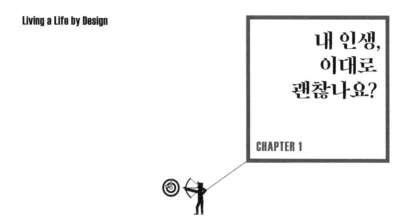

내 인생,
이대로
괜찮나요?

CHAPTER 1

"더 많은 걸 원해."

살면서 지금보다 나은 사람이 되고 싶다거나 더 많은 걸 갖고 싶다고 생각한 적이 있는가? 꿈꾸거나 원하던 일을 모두 이뤘다고 하더라도, 내면에서는 얼른 다음 목표를 향해 움직이라고 계속 옆구리를 쿡쿡 찌를지도 모른다. 나 또한 살면서 항상 더 많은 걸 원했다. 더 많은 걸 소유하고 싶다기보다는 '지금보다 나은 사람이 되는 것'이 내 목표였다. 아는 게 더 많고, 더 사려 깊고, 더 관대하며, 더 애정 넘치는 사람이 되고 싶었다.

나는 심리학자로서 꽤 성공한 편이지만, 최고의 자기계발 전문가이자 소중한 멘토 겸 친구인 메리 모리시를 만나기 전까지는 왜 내가 끊임없이 더 많은 걸 원하는지 몰랐다. 메리는 내게 인간은 항상 더 자유롭고 완전하고 훌륭한 모습으로 성장하기를 바라며, 더 충만

한 인생을 살고 싶어 한다는 사실을 처음으로 알려주었다.[1]

여기서 잠깐, 이런 바람이 당신 삶에서 어떤 모습으로 나타나는지 생각해보자. 다음과 같은 질문을 고민해보면 된다.

인생을 어떻게 살아가고 싶은가? 자신이 정말 원하던 삶을 산다면, 그건 어떤 모습일까?[2] 지금과 어떻게 다를까? 건강 상태는 어떨까? 연인이나 가족, 그 외의 인간관계는? 누구와 시간을 보낼까? 여행을 다니거나 좋아하는 취미 생활을 할까? 시간이 남으면 뭘 할까?[3]

이런 질문은 대충 넘어가기 쉬우니, 가능하면 가장 먼저 떠오르는 생각을 메모할 수 있도록 노트 한 권을 옆에 갖다 두라고 권하고 싶다.

> ⧗
>
> **첫 번째 기록: 인생을 어떻게 살고 싶은가?**
>
> 위 질문에 대한 답을 적어보자.

내담자들에게 이 질문을 하면, 근사한 상상 속 미래를 열정적으로 설명하는 사람부터 자신이 과연 꿈을 이룰 능력이 있는지 의문이라는 듯 놀란 표정을 짓는 사람까지 다양한 반응이 나온다. 하지만 대부분은 중요한 대답을 몇 가지 꺼내놓는다.

1. 의미 있고 목적 있는 일에 깊이 관여하고 싶다.
2. 주변 사람이나 살면서 생기는 여러 가지 상황에 영향력을 발휘하고 싶다.
3. 항상 자신감과 힘을 느끼면서 일상적인 문제에 영향을 덜 받고 싶다.

자신감을 가지라거나 자존감을 키우라는 조언은 자주 듣지만 그렇게 하는 방법을 알려주는 사람은 거의 없다. 하지만 누구나 할 수 있는 일이니 안심해도 좋다. 당신도 실제로 자신감과 회복력을 키우는 방법을 확실하게 배울 수 있다.

대부분 사람은 인생이 자기를 괴롭힌다고 여기면서, 살면서 생기는 여러 가지 문제에 끊임없이 대응하려고 한다. 인생을 어려운 문제의 집합체라고 여긴다면, 그런 불쾌한 문제를 처리하기 위해 비판과 불평으로 일관하게 된다.

우리는 자신이 원하는 삶을 가꿔갈 능력이 있다는 걸 깨닫지 못하는 경우가 많다. 하지만 목적을 명확히 하고 목표를 달성하기 위해 직관에 따라 구체적으로 행동에 나서면, 인생이 전개되는 방식을 스스로 제어할 수 있다. 실제로 어떤 목표나 꿈을 열심히 좇다가 삶의 목적을 발견하는 이들도 많다. 지금 하는 일에서 목적과 의미를 찾으면, 자신이 고단한 인생의 희생양이 아니라 원하는 삶을 실현하는 주체라는 기분을 느끼게 된다. 자기계발 트레이너들은 이렇게 완전히 다른 두 가지 접근방식, 즉 문제가 생겼을 때 사후에 대처하는 방식과 창의적으로 미리 대처하는 방식을 각각 '되는대로 사는 삶'과 '설계한 대로 사는 삶'이라고 부른다.

이 책은 당신이 그저 되는대로 살지 않고 설계에 따라 살 수 있게 도와준다. 당신은 자신이 좋아하는 삶, 즉 자신감 넘치고 감정적으로 강인하며 열정적이고 목표 지향적이며 회복력이 뛰어난 삶을 살아갈 능력이 있다. 그 과정에서 삶의 모든 부분을 포용해야 한다. 바람직하고 재미있고 즐겁고 행복한 경험뿐만 아니라, 형편없고 지저분하고 예상치 못한 불쾌한 경험까지 전부 다 말이다.

불쾌한 감정이 주는 선물

불쾌한 생각이나 감정은 우리를 거북하게 하고 심지어 고통까지 안기므로 대부분 피하려고 한다. 심리학자들은 이런 태도를 '경험적 회피'[4]라고 부르는데, 주로 주의를 딴 데로 돌리면서 눈앞의 문제를 회피하는 것이다. 하지만 힘든 감정을 자꾸 피하면 자기 삶을 보호하거나 개선하는 데 도움이 되는 감정적인 정보까지 차단하게 된다. 불쾌하고 불편한 감정을 피해 계속 주의를 딴 데로 돌리면 불안감과 신체적 고통, 취약성, 무력감이 서서히 커진다. 오랫동안 진정한 인생 경험을 외면한 채 계속 딴 데 정신을 팔면 진짜 자신과 단절되어 공허감, 마비된 느낌, 정신적인 기능 저하Soulful Depression™를 겪을 수 있다. 그리고 이것들은 결국 심한 고립감이나 소외감, 절망감 같은 더 나쁜 감정으로 변한다.

하지만 꼭 그 방향으로 움직일 필요는 없다. 정신적인 기능 저하[5]로 빠지는 길이 있는 것처럼, 의미 있는 삶을 사는 능력에 직접 영향을 미치는 자신감과 감정적인 힘, 회복력으로 향하는 길도 존재한다.

그렇다면 어떻게 해야 정서적으로 더 강하고 능력 있는 사람이 될 수 있을까? 역설적으로 들리겠지만, 그 답은 고통을 견디거나 불쾌한 감정에 대처하는 능력에 달려 있다. 자신이 겪는 고통을 똑바로 직시할수록 더 유능한 사람이 된다. 자신감을 키우고 감정적으로 강해지는 동시에 회복력이 뛰어난 사람이 되려면 변화에 대한 열린 자세, 고통을 긍정적으로 받아들이는 태도, 모든 경험에서 배우려는 의지, 불쾌한 감정을 느꼈을 때 이를 드러내는 능력이 꼭 필요하다.

불쾌한 감정을 효과적으로 다룰 수 있게 되면, 그 순간 더 중심이 잡혀 있고 자신감이 있으면서 유능하고 침착한 사람이 된 듯한 기분을 느낄 것이다. 힘든 감정에 대처하는 능력을 갖추면 불안감이나 혹독한 자기비판, 부정적인 자기 대화에서 벗어날 수 있다. 불쾌한 감정을 피하지 않고 계속 받아들이면, 용감하게 대화에 임하는 능력이 향상돼서 관계가 개선되거나 더 깊어지는 결과를 얻게 된다. 순간순간의 경험과 잘 연결되어 있으면, 자신이 되고 싶은 사람이 될 가능성이 커질 뿐만 아니라 좋아하는 일을 더 많이 할 수 있다. 그러면 인생의 의미를 새로이 발견할 수 있고 목적의식도 생겨날 것이다.

이렇게 자신이 늘 원하던 삶을 살게 된다면, 불쾌한 감정을 거부할 이유가 없지 않은가?

자기만의 틀 만들기

사회생활을 막 시작했을 때 UCLA의 학생상담센터에서 심리학자로 일한 적이 있다. 거식증, 폭식증, 강박적 과식 같은 여러 가지 식이 문제로 고생하는 여성들을 상담해온 내 경험과 기술 덕분에 채용된 것이었다. 센터를 찾아오는 학생들의 관심사는 대개 음식이나 몸무게 또는 외모에 쏠려 있었다.

리즈가 대표적인 예다. 당시 스무 살이던 그녀는 163센티미터의 키에 적정 체중보다 14킬로그램 정도가 더 나갔다. 리즈는 감정적 섭식 또는 강박성 과식이라고 하는 것에 휘둘리고 있다고 말했다.

"화가 나거나 외롭거나 지루할 때마다 먹어요. 리포트나 시험 점수가 낮아서 먹고, 때로는 내가 너무 꾸물거린다는 기분 때문에 먹고, 어떨 땐 친구에게 화가 났는데 정작 그 친구한테 아무 말도 할 수 없을 것 같아서 먹기도 해요. 물론 이유가 뭔지조차 모른 채로 먹을 때도 있어요."

그녀는 물릴 때까지 먹고도 멈추지 않고 계속 음식을 꾸역꾸역

밀어 넣는다고 했다. 하지만 체중이 많이 나가는 게 싫었고, 결국 음식을 아무리 먹어봤자 해결되는 일은 아무것도 없다는 사실을 인정했다. 음식을 먹는다고 해서 그녀를 괴롭히는 일이 사라지지는 않았다. 오히려 자기 식습관과 늘어난 몸무게 때문에 더 화가 났고, 폭식을 한 뒤에도 여전히 남아 있는 문제들과 직면해야만 했다. 리즈는 엄마에게 화가 나서 '복수하고' 싶은 마음에 커다란 피자 한 판을 다 먹어 치운 다음 날, 이 사실을 온전히 이해하게 됐다. 자신이 아무리 피자를 먹어봤자 엄마는 어떤 영향도 받지 않으리라는 걸 깨달은 것이다. 영향을 받는 건 자신뿐이었다. 리즈는 여전히 화가 나 있었다. 아무것도 사라지지 않았고, 아무것도 변하지 않았다.

리즈를 비롯해 다른 여러 사람을 상담해본 결과, 그들이 치료를 받으러 온 문제는 자신들이 겪은 더 내밀하고 힘든 어떤 일을 가리키는 신호라는 사실이 분명해졌다. 학생들의 생각과 감정, 행동에는 일관된 패턴이 있었다. 식습관과 관련된 문제를 겪는 학생들은 음식과 몸무게, 외모에 지나치게 집중한 탓에 엉뚱한 문제에 주의를 기울이게 됐다. 그들은 섭식장애가 아니라 내가 '감정관리장애'라고 부르는 증상을 앓고 있었다.

문제는 항상 두 개의 층으로 이루어져 있었다. 먹는 것과 관련된 행동은 물론 중요하고 때로는 생명을 위협하기도 하지만, 그 문제는 이런 행동의 진정한 원인을 은폐하고 주의를 딴 데로 돌리는 역할을 했다. 학생들과의 첫 번째 상담이 끝날 무렵이 되면, 그들이 겪는 진짜 문제는 일상적인 감정 반응과 경험을 수월하게 관리하지 못하는 것이라는 사실이 분명해지곤 했다. 그들은 자신의 생각, 감정, 욕구, 자각을 잘 참아내지 못했다. 음식이나 체중, 외모에만 지나치게 집중하는 바람에 더 견디기 힘든 고통스러운 생각이나 감정, 욕구에는 전혀 신경을 쓰지 못했다. 엉뚱한 문제를 '통제'하는 데만 주력해온 것이다.

⏳

두 번째 기록: 어떤 부분에 초점을 맞추고 있는가?

아마 당신은 자신을 정말 괴롭히는 일에서 주의를 멀어지게 하는 문제나 걱정거리에 관심을 기울이고 있을 것이다. 진짜 걱정거리에서 벗어나 주의를 딴 데로 돌릴 방법을 찾아낸 것이다.

당신은 자기에게 일어난 진짜 문제를 덮기 위해 어떤 방법을 쓰는가? 자기에게 별로 의미가 없는 어떤 일에 주의를 돌리는가? 자신이 의도적으로 피하는 활동, 대화, 사람, 사건, 상황 등을 생각해보자. 감정적 섭식, 과도한 운동, '쇼핑 요법' 등 집중을 방해하는 활동은 다른 문제가 존재한다는 신호로 간주해야 한다. 정말로 해결해야 하는 걱정거리는 무엇인가?

잠시 시간을 내 이 질문에 대한 답을 노트에 적어보자.

정서적 강점과 약점

40년 동안 상담을 하면서 많은 내담자를 만나본 결과, 그들에게 정서적 강점 및 약점에 대한 일반적이면서도 파괴적인 오해 패턴이 존재한다는 걸 알게 됐다. 자신감 수준이 가장 낮은 사람들은 대부분 다음과 같은 신념이나 행동을 굳게 고수한다.

당신은 어떤지 확인해보자. 자신과 비슷한 내용이 있으면 형광펜으로 표시하거나 옆에 체크 표시를 해놓는다.

- 불편하거나 불쾌한 감정을 무시한다.
- 자신의 말과 행동을 의심하거나 의문을 품는다.
- 위험을 감수하길 주저한다.
- 불안감을 자주 느낀다.
- 남에게 짐이 될까 봐 걱정하는 경향이 있다.
- 남들이 어떻게 생각할지 걱정한다.
- 모든 일을 독립적으로 해야 한다고 여긴다.
- 도움을 청하는 걸 싫어한다.
- 자신의 욕구와 감정보다 타인의 욕구와 감정을 더 중요하게 여긴다.
- 상처받기 싫어서 자신의 감정을 잘 표현하지 않는다.
- 약한 사람으로 인식될까 봐 취약한 부분을 드러내려고 하지

않는다.

- 자신의 노력과 성취를 깎아내린다.
- 성공한 사실을 숨기거나, 자신의 성공과 성취를 낮게 평가한다.
- 칭찬을 거부한다.

이런 생각과 행동 때문에 결국 감정관리에 문제가 생긴다. 불안, 우울증, 섭식장애, 마약과 알코올 오남용 같은 많은 문제 밑에는 감정관리 문제가 깔려 있다.

그리고 또 하나 내 관심을 사로잡은 건, 감정적으로 강하거나 약하다는 의미와 관련된 오래되고 해로운 관점이다. 당신은 그에 대해 어떻게 생각하는가? 다음 문장들 가운데 익숙한 내용이 있는가?

- 눈물을 흘리거나 엉엉 울면 나약해 보인다.
- 참고 견디자.
- 힘내.
- 극복하자.
- 다 지나갈 거야.
- 그만 털어내.
- 네가 직접 해야지.
- 애처럼 굴지 마.
- 약한 모습 보이지 마.

- 넌 그렇게 느끼지 않아.

- 그건 너답지 않은데?

- 너만의 성공을 이루어야지.

- 도움을 청할 생각은 하지도 마.

- 동정심은 나약함의 증거야.

- 혼자 힘으로 일어서야지.

- 도움이 필요하다고? 너도 손 있잖아.

이런 진부한 표현은 단기적으로는 도움이 될 수도 있지만, 장기적으로는 강한 감정을 유지하게 돼 상처를 입게 된다. 나는 감정적으로 강해지기 위해서 필요한 것들에 대해 이와는 전혀 다른 견해를 갖고 있다.

우선 정서적인 힘의 본질적 요소들부터 다시 정의해보자.

감정적 힘 재정의

감정적 힘이란 자신이 유능하고 수완이 좋다고 느끼는 것이다. 인생의 도전에 맞설 수 있다는 기분은 여덟 가지 불쾌한 감정에 효과적으로 대처한 경험에서 우러난다. 그건 전적으로 내적인 경험이며, 자신의 감정적 경험을 자신의 감정적 조건에 따라 처리한 것이다. 자신이 수완이 좋다는 생각에는 다른 사람에게 의존하는 등 외부적인 요소도 있으며, 필요와 한계를 인정하고 도움을 구하고 제공된 지원을 감사히 받는 것 등도 포함된다. 따라서 자신이 유능하고 수완이 좋다고 믿는 것은 곧 자신의 꿈과 목표를 추구할 수 있는 감정적 자원을 가지고 있고, 필요할 때 도움을 청할 용기가 있다는 뜻이다.

이렇게 모든 게 명확한데도 감정적인 힘과 관련해 잘못된 생각을 고수하는 사람들이 많다. 그들은 감정적으로 강하다는 것이 자신의 생각, 감정, 욕구, 인식을 통제하거나 멈추거나 가로막는 거라고 생각한다. 다시 말해 자신이 아는 사실을 무시하는 것이다. 이렇게 자신의 진정한 경험을 가로막고 주의를 딴 데로 돌리면, 자신을 보호하거나 다른 사람과 관계를 맺기 위해 발전시킨 감정적 반응을 더는 사용할 수 없게 된다.

이런 식으로 마음의 문을 닫아걸면 사실 더 나약해졌다는 기분과 남들 앞에 무방비로 노출됐다는 기분을 느끼게 된다. 이런 '감정적 약점', 즉 취약성은 일상생활에서 발생하는 즉각적인 반응을 피하거나 억제하거나 분리하거나 외면하려고 할수록 훨씬 더 강하게 느껴진다. 그런 단절은 '알고 있는 걸 모르는 체하려고 노력하는 것'이며, 그 순간의 경험을 받아들이기보다 불쾌한 감정을 피하려고 하는 것과 직접적인 관련이 있다.

반면 자신의 경험을 똑똑히 의식하고 적절히 대응하는 사람, 즉 '자신이 아는 걸 인정하는 사람'은 지속적으로 자기 삶의 모든 영역에서 더 큰 힘을 발휘할 수 있다고 느끼면서 기꺼이 위험을 감수하고자 한다. 또 친구나 가족과 좋은 관계를 유지하고, 다른 이들에게 자신의 진정한 모습을 알리고, 도움과 지원을 제공하는 이에게 기댈 용의가 있는 사람은 마음의 중심을 잃지 않고 항상 차분한 모습을 보인다. 이런 내면의 평화도 정서적인 힘이 가져다주는 또 다른 결과물이다. 진정한 감정적 힘과 자신감, 행복감을 기르려면 자신이 유능하고 수완이 좋은 사람이라고 생각해야 한다.

유능하다는 기분: 자신에게 의지하기

오랫동안 내담자들을 관찰한 결과와 다양한 출처에서 얻은 자료들을 종합하자 뚜렷한 패턴이 나타났고 더 명확한 이해에 도달하게 됐다. 사람들이 불쾌한 감정에 대처하느라 믿을 수 없을 정도로 힘든 시간을 보내고 있다는 사실이다. 몇만 시간에 걸쳐 그 문제를 다루면서 해당 패턴의 다양한 요소에 집중한 결과 몇 가지 사실을 더 알게 됐다.

첫째, 똑같은 불쾌한 감정이 계속해서 다시 떠오른다는 것이다. 일테면 슬픔, 수치심, 무력감, 분노, 당혹감, 실망, 좌절, 취약성 등이 그렇다.

둘째, 이런 감정을 의식에서 몰아내거나 아예 피하기만 하는 내담자들은 자신의 감정을 온전하게 느끼지 못한다는 것이다. 그래서 자신을 불편하게 여기며 중심을 잡지 못하고, 감정적으로 강하지 않으며, 안정감이 들지 않는다고 불평한다.

셋째, 일반적인 심리적 문제 가운데 몇 가지 원인은 감정을 인정하지 않으려고 하기 때문일 수 있다는 것이다. 일테면 불안감이나 진정성 결여, 산만함, 자기 의견을 내세우지 못하는 성격, 영적 우울, 실패에 대한 두려움, 모험 감수를 주저하는 성향, 낮은 자신감, 혹독한 자기비판 같은 것이다.

넷째, 도움을 청하는 걸 싫어하고 실제로 도와달라고 하면 남에게 부담이 될까 봐 걱정한다는 것이다. 내가 상담한 사람들 대부분이 그랬다.

이런 문제들은 로젠버그 리셋을 이용해 관심의 초점을 바꾸고 불쾌한 감정을 환영하거나 포용하면 모두 해결할 수 있다. 자신이 느끼는 감정의 전체적인 범위(유쾌함부터 불쾌함까지)에 대한 인식과 수용력이 커지면 자신에 대한 경험도 바뀌기 시작한다. 불쾌한 감정을 참을 수 있게 되면 다른 것들도 모두 변한다. 성장과 움직임, 추진력을 거의 즉각적으로 느낄 수 있다. 자신이 더 강해지고 많은 권한이 생겼다고 느낀다. 기꺼이 자기 의견을 내세우고, 하기 힘든 대화를 나누며, 한때 너무 어렵거나 무섭게 느껴지던 위험을 감수하고, 전에는 손이 닿지 않는다고 느꼈던 꿈을 적극적으로 추구하게 된다.

내면의 깊은 깨달음, 즉 문제에 대처하면서 인생의 목표를 추구하는 능력에 대한 확고한 믿음을 가지려면 여덟 가지 불쾌한 감정을 경험하고 극복해야 한다. 이것이 90초 접근법의 중심축인데, 이 방법을 통해 처음에는 자신감을 키우고 자신이 세상을 헤쳐나갈 수 있다는 확신을 얻게 된다. 그러고 나면 모든 것이 변화해간다.

이게 왜 그리 중요한 걸까? 당신이 어떤 위험을 걱정하거나 거부하는 것은 사실 위험 그 자체보다 일이 원하는 대로 되지 않았을 때 생길 수 있는 불쾌한 감정을 더 두려워하기 때문이다. 그러므로 자신이 세상살이에 능하다는 생각은 여덟 가지 불쾌한 감정을 경험하고 헤쳐나가는 능력과 직결되어 있는 셈이다.

자기 인식 수준이 높아지면 순간순간 마주치는 경험을 최대한 많이 용인하고, 직면하고, 알고, 참고, 느끼고, 포용하고, 표현하는 능력도 커진다. 일반적으로 자기 인식 수준이 높고 자신의 경험을 있는 그대로 받아들이려는 의지가 강할수록 삶의 모든 부분에서 협상을 벌이는 능력도 발전한다.

뛰어난 수완: 다른 사람에게 의지하고 도움을 요청하라

수완이 뛰어난 것은 정서적 힘의 두 번째 결정적 요소다. 이런 재능을 발휘하려면 독립성과 의존성 양쪽 모두에 대한 욕구, 그리고 이와 관련된 자신의 감정을 편안하게 받아들여야 한다. 수완을 발휘하는 데 특히 중요한 것은 다른 사람에게 의지하는 능력을 갖추는 것이다. 타인에게 마음을 열고 기꺼이 의지하면 다음과 같은 일들이 훨씬 쉬워진다.

- 자신의 요구와 한계를 인정한다.
- 도움을 요청한다.
- 남이 주는 것(지원, 사랑, 시간, 에너지 등)을 열린 마음으로 따스하게 받아들인다.

인간은 본질적으로 사회적인 존재이지만, 개인주의적인 문화권에서 성장한 이들은 대부분 남에게 의지하고 도움을 청하는 게 짐이 된다는 믿음을 안고 자란다. 그러나 살면서 혼자 힘으로 할 수 있는 일은 거의 없다. 독립성과 의존성 중 하나만 있어도 되는 게 아니라 두 가지가 다 필요하다. 혼자 있고 싶다는 욕구와 개인의 목표를 추구하려는 욕구가 다른 사람들과 함께 지내면서 필요할 때 도움을 청하고자 하는 욕구와 균형을 이루어야 한다.

수완 좋게 살아가려면 자기 본성 중에서 남에게 의존하는 측면도 포용해야 한다. 언제 자신에게 도움이 필요한지 알려면, 자신이 용감하면서도 나약한 존재라는 사실을 편안하게 받아들여야 한다. 그렇게 할 수 있어야만 자신의 구체적인 필요와 한계를 순수하게 공개적으로 인정하는 일에 익숙해진다. 이런 인정이 선행되어야 가장 중요한 다음 단계인 실제 도움을 요청하는 단계로 나아갈 수 있다. 즉, 도움을 청하는 게 정서적인 힘의 필수적 측면이라는 얘기다.

부탁은 마지막 단계인 감사히 받아들이는 행동을 위한 문을 열어준다. 좋은 것은 받아들이고, 다른 이들의 공감과 지지에 감사하는 마음을 갖는 게 좋다. 다른 사람이 당신에게 도움과 지혜, 시간, 재능, 열정을 제공한다는 것은 곧 그들 자신을 내주는 것이나 마찬가지다. 그들의 관대함에 감사하면서 호의를 받아들이면 자신에게 필요한 것을 충족시킬 수 있을 뿐만 아니라 그들의 노력도 존중하게 된다. 남의 호의를 받아들이고 상대방을 존중할 때, 독립성과 의존성이 조화롭게 균형을 이루게 된다.

다른 사람에게 의지하고 자신의 욕구와 한계를 경험하고 도움을 요청하는 것은 감정적으로 강인한 모습이자 인간 경험의 일부분이다. 도움을 청하는 것은 나약함의 표시가 아니라 인간성의 표시다.

불쾌한 감정을 느끼면 정서적으로 강해진다는 얘기가 직관에 반하는 것처럼 보일 수도 있다. 감정적인 고통을 느끼거나 그런 생각을 하지 말고 적극적으로 밀어내거나 마음의 문을 닫아버려야 감정적으로 강해질 거라고, 또는 그렇게 보일 거라고 생각할 수도 있다. 하지만 실제로는 그렇지 않다. 이런 식으로 감정을 대하면 상황이 더 악화될 뿐이다. 불쾌한 감정을 억누를수록 기분이 더 나빠질 것이다. 고통에서 벗어나려면 그 고통을 느껴야만 한다. 내 환자인 크리스타에게도 그런 일이 일어났다.

크리스타는 상담 시간에 자기 친구들과의 관계 얘기를 많이 했는데, 특히 무척 친했던 엘리와 심각한 갈등을 겪은 뒤에는 그와 관련된 얘기를 하는 시간이 부쩍 늘었다. 그 사건 때문에 크리스타는 엘리와의 관계는 물론이고 함께 어울리는 무리에 속한 다른 이들과의 관계도 완전히 다시 생각해보게 됐다.

"저도 부모님께 재정적으로 지원을 받으면서 대학에 다니지만, 종종 친구들과의 식사나 사교 모임, 여행 경비를 내곤 해요. 차를 태워줄 사람이 필요할 때는 다들 저를 찾기 때문에 친구들을 도와주느라 수업이나 시험을 포기한 적도 많아요. 하룻밤 묵을 곳이 필요한 친구들을 위해 늘 잠자리를 마련해놓는데, 다들 더 오래 머물다 가요. 심지어 몇 주씩 지내다 가는 친구들도 있어요."

크리스타에게 이런 상황에서 어떤 기분이 드느냐고 물었다. 그녀는 주저하면서도 천천히 친구들이 자기를 대하는 방식에 대한 실망과 슬픔, 분노의 감정을 쏟아내기 시작했다. 일이 발생한 횟수도 많고 방식도 극단적이라, 이런 상황이 벌어지는 동안 친구들이 자신을 어떻게 대하는지 알아차렸느냐고 물어봤다. 그녀는 친구들이 자기 호의를 이용한다는 건 알고 있었지만 그런 행동도 우정의 일종이라고 생각했다. 그래서 그런 일이 벌어졌을 때 단도직입적으로 말하기가 힘들었다.

크리스타는 "돌아가는 상황을 어느 정도는 알아차렸지만, 그것 때문에 감정이 상해도 친구들이 그런 행동을 하는 이유를 찾으려고 하거나 애써 생각하지 않으려고 했어요"라고 대답했다.

나는 크리스타가 문제를 더는 외면하지 않고 그 경험을 제대로 생각하도록 도왔다. 시간이 지나 크리스타의 슬픔과 분노가 표면화되자, 그녀는 격렬하게 끓어오르는 이 감정을 이용해 친구들과의 사이에 한도와 경계를 정할 수 있었다. 그녀의 감정을 노골적으로 무시해온 다른 사람들은 이제 그녀의 호의를 이용할 수 없게 됐다.

만약 크리스타가 분노, 실망, 슬픔 같은 감정이 왜 생기는지 깨닫고 상황이 발생했을 때 바로 그 감정을 인식했다면 훨씬 일찍 친구들이 자기를 이용하지 못하도록 막을 수 있었을 것이다. 자신이 알아차린 사실을 친구들에게 얘기하거나 우려를 표하거나 그들과의 사이에 한계를 두거나 아예 만나지 않았다면, 그처럼 오랫동안 이용당하지 않았을 것이다. 이렇게 성장을 촉진하는 보호 행위도 자신을 사랑하는 방법 중 하나다.

크리스타가 깨달은 것처럼, 당신 역시 자신과 친밀한 관계를 형성하고 다른 이들과도 더 깊은 관계를 맺을 수 있는 감정적 능력을 갖출 수 있다. 크리스타는 타인과의 경계를 정하기 전까지 인형 같은 삶을 살았다. 자신이 아는 것에서 눈을 돌리는 바람에 다른 사람들이 그녀를 이용하게 됐고, 그녀는 별다른 노력 없이 주어진 그대로의 인생을 살아왔다. 하지만 상담 과정을 거치면서 크리스타는 나와의 협업과 자기성찰을 통해 자신을 억누르던 습관을 버리고 자신이 직접 만든 삶으로 옮겨갈 수 있었다.

그렇다면 크리스타는 정확히 어떤 방법으로 자신이 원하는 삶을 만들어냈을까? 그녀는 순간순간 다가오는 경험을 모두 받아들이고, 불쾌한 감정도 모두 느낄 수 있도록 마음을 여는 법을 배웠다. 이런 기술을 연습하면서 자신의 능력에 자신감을 갖게 됐고, 변화를 포용하게 됐으며, 자기에게 어떤 일이 닥쳐도 모두 감당할 수 있다고 확신하게 됐다. 그리고 이 세 가지 태도를 키우면서 자신이 늘 원하던 삶을 만들어내는 능력도 길렀다.

　새로 찾은 힘과 자신감을 통해 크리스타는 자신이 원하는 건 뭐든지 추구할 수 있고, 혹시 제대로 되지 않더라도 실패를 감당할 수 있음을 깨달았다. 그녀는 예전에 교제하던 이들과의 만남을 중단하고, 자기에게 관심을 보이고 지지해주는 새로운 친구들을 사귀었다. 이후 크리스타는 학사 학위를 따고 전공 분야의 전문 자격증 시험에 합격해 꽤 괜찮은 회사에 취직했다. 자신감이 커지자 직접 사업을 해보고 싶어져서 예술적 기량을 발휘해 파트타임으로 운영하는 회사를 만들었는데, 지금은 해당 분야에서 상당히 인정받고 있다. 크리스타는 자신이 이룬 성과에 매우 들떠서 앞으로의 삶이 어떻게 펼쳐질지 계속 열린 자세로 지켜보고 있다.

　당신도 시작할 준비가 됐는가?

당신이 어떤 위험을 걱정하거나 거부하는 것은
사실 위험 그 자체보다
일이 원하는 대로 되지 않았을 때 생길 수 있는
불쾌한 감정을 더 두려워하기 때문이다.

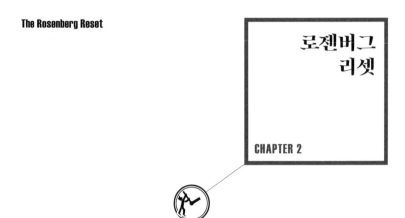

로젠버그
리셋

CHAPTER 2

몇 년 전, 스물일곱 살의 나오미가 내 진료실을 찾아왔다. 그녀는 처음 대화를 나누는 과정에서 여러 가지 걱정거리를 털어놨다. 성인이 된 지금도 부모님과 함께 사는데 부모님이 술을 많이 마시고 싸움도 자주 한다고 했다. 그녀는 최근 성폭행을 당해서 불안감과 슬픔, 두려움이 점점 심해지고 울음을 멈출 수가 없었다.

이야기를 나누는 동안 그녀가 술을 마시고 담배도 피운다는 걸 알게 됐다. 나오미는 엄청난 양의 음식을 폭식한 다음 토해냈고, 자기 머리카락을 조금씩 잡아 뜯기도 했다. 그리고 고통이 걷잡을 수 없이 커지면 벽에 머리를 찧거나 억제할 수 없는 분노에 사로잡혀 부모나 언니, 친구들에게 소리를 지르곤 했다. 자신을 비하하고, 욕을 퍼붓고, 과거에 벌어진 일과 자기 삶이 나아가는 방향 때문에 자신을 질책하곤 했다. 당연히 그녀는 그 상황에 짓눌려서 앞으로 어떻게 해야 하는지, 자신의 고통을 어떻게 달래야 하는지도 전혀 몰랐다.

첫 번째 상담이 끝날 무렵 나오미에게, 그녀가 여러 가지 문제를 털어놨고 전부 해결하기 힘든 것들이긴 하지만 사실 난 그녀의 진짜 문제는 딱 한 가지라고 생각한다고 말했다. 그녀는 어안이 벙벙한 표정으로 뭐라고 반박도 못 했지만 그래도 호기심 어린 눈빛으로 날 쳐다봤다. 나는 성폭행을 제외한 다른 문제들은 전부 그녀의 대처 전략 같다고 말했다. 진짜 문제는 그녀가 자신의 유년기와 성년기, 그리고 최근의 성폭행과 관련된 감정적 고통을 참을 수 없어서 그런 개별적인 전략을 구사하고 있다는 것이었다. 그녀는 주의를 딴 데로 돌린 채 자신의 상처를 '잊으려고' 애쓰고 있었다.

그 후 3년 넘게 우리는 나오미가 자신의 여러 가지 인생 경험과 관련된 감정적인 고통을 편안하고 효과적으로 이겨내고 그것이 자신에게 미치는 영향을 이해하는 일에 몰두했다. 우리가 이 문제에 집중할 수 있다면 정신을 산만하게 하는 다른 해로운 전략은 필요가 없어질 것이다. 나오미가 자신의 자연스러운 감정을 느끼고 식별하고 이름을 붙일 수 있게 되면, 겉으로 드러나는 증상이 아닌 진짜 핵심적인 문제에 더욱 완벽하게 대처해나갈 수 있다. 그녀는 그 일을 할 준비가 되어 있었고, 로젠버그 리셋을 배우고 사용하기로 했다.

나오미가 사는 내내 힘겨운 시련을 겪은 건 분명하지만, 그런 경험을 한 게 나오미만은 아니다. 건강한 아이들을 건전한 성인으로 키우는 방법에 관한 정보가 넘쳐나는 요즘 시대에도, 나오미 같은 일을 겪는 아이들은 우리가 믿고 싶어 하는 것보다 더 많다.

살면서 겪는 다양한 문제에 건전하게 대처하는 방법을 배우지 못하고, 오히려 그와 반대되는 행동만 습득한 사람들이 많다. 세상에는 집중을 방해하는 수많은 일과 힘든 감정을 손쉽게 피할 수 있는 방법들로 가득하다. 어린아이들에게 우리는 삶에 내재된 불쾌한 감정을 견디고 관리하는 법을 배우며 성장하기를 바란다. 하지만 많은 아이가 이런 감정을 외면할 수 있게 해주는 정크푸드나 전자제품, 술 같은 기분전환 방법을 이용해 불쾌한 감정을 피하는 법을 배운다. 이런 기분전환 방법들 때문에 더 심각한 문제가 발생할 수도 있는데 말이다.

⧗
세 번째 기록: 정서적 고통에 대처하기

나오미는 정서적 고통 때문에 힘들어했다. 당신은 불쾌한 감정을 잘 견디면서 극복해가고 있는가? 감정에 대처하는 일과 관련해 어릴 때 어떤 얘기를 들었는가? 감정적인 고통을 어떻게 처리하라고 배웠는가? 이 질문들에 대한 자신의 생각을 적어보자.

로젠버그 리셋 공식

25년 전에 UCLA 학생상담센터에서 일하면서 도표를 하나 그렸는데, 이것이 내담자들을 상담하는 데 기본적인 청사진이 됐다. 지금 돌이켜보면 이 그림이 로젠버그 리셋의 시작이었다. 기본적으로 이 도표에는 두 가지 경로가 제시되어 있다. 첫 번째는 회피 경로고, 두 번째는 인식 경로다. 나오미는 앞서 살펴본 것처럼 회피 경로를 따라가고 있었다. 하지만 인식 경로를 선택하는 게 더 건전한 방법이다.

내가 상담 업무를 처음 시작했을 때도, 부정적인 생각이 내담자들이 직면한 문제에 얼마나 심각한 영향을 미치는지 쉽게 알 수 있었다. 그들의 정서적·신체적 건강에 실질적인 타격을 입히고 모든 행복감을 망쳐버렸다. 하지만 이 사람들은 그런 불쾌한('나쁜' 또는 '부정적인') 감정에 맞서는 게 힘들어 차라리 피하려고 했다.

부정적인 생각 또는 부정적인 화법을 자기 내면의 목소리라고 칭하는 이들이 많다. 여기에는 의식적인 생각이나 태도는 물론이고 무의식적인 가정과 믿음도 포함된다. 이는 당신이 자기 자신이나 타인, 미래, 세상 등을 주제로 나누는 내적 대화로, 이를 통해 자신을 비하하기도 하고 나쁜 결과나 원치 않는 결과를 예상하기도 한다. 혹독한 자기비판도 자신에 대한 가혹한 판단이나 공격에만 초점을 맞추는 부정적인 사고이며, 부정적인 감정은 불쾌하거나 힘든 감정을 말한다.

패배주의적 사고와 혹독한 자기비판의 함정에 빠지는 건 너무나도 쉽고 유혹적이다. 어떤 사람들은 이게 자신의 실패나 단점에 책임을 지는 방법이라고 믿기 때문에 이런 식으로 자신의 감정과 사투를 벌이려고 한다. 따라서 사람들이 부정적인 감정에 대처하는 과정에서 부정적인 사고가 발생하는 경향이 있다. 나는 힘든 감정을 피하는 게 더 해롭다고 생각하며(6장에서 자세히 다룬다), 처음부터 이런 감정을 잘 처리하는 것이 건강과 행복에 훨씬 유익하다는 점을 강조하고자 한다. 내담자들이 가장 자주 토로하는 일차적인 불평의 밑바탕에는 대응하기 힘든 불편한 감정이 깔려 있는데, 우리 대부분은 불쾌한 감정을 다루는 방법을 배운 적이 없다.

내가 관찰한 수많은 사례 덕에 이것이 해결책이 필요한 문제라는 걸 깨닫게 됐다. 무엇이 불쾌한 감정을 견디기 힘들게 만드는가? 나는 몇 년 동안 이 문제와 씨름했다. 신경과학계에서 발견된 사실들이 더 널리 알려진 뒤에야 비로소 이 수수께끼를 풀 수 있었고, 불쾌한 감정을 성공적으로 관리하는 게 자신감과 회복탄력성, 진실성 등과 얼마나 많은 관련이 있는지를 더 완벽히 이해하게 됐다. 사람들이 감정을 느끼는 방식과 그 감정이 지속되는 대략적인 시간을 알게 된 덕분에, 불쾌한 감정을 보다 온전히 느낄 수 있게 도와주는 로젠버그 리셋을 개발할 수 있었다.

프롤로그에서 밝혔듯이 로젠버그 리셋은 '하나의 선택, 여덟 가지 감정, 90초의 시간'이라는 간단한 공식을 바탕으로 한다. 매 순간의 경험을 최대한 많이 의식하고 접촉하겠다는 선택을 하고, 여덟 가지 불쾌한 감정 중 한 가지 이상을 90초 동안 느끼면서 이를 극복할 수 있다면 살면서 자신이 원하는 건 뭐든지 추구할 수 있다.

첫째, 자신의 감정, 생각, 신체적 감각을 충분히 느끼겠다고 결심해야 한다. 삶에 접근할 때 회피가 아닌 인식의 경로를 택하는 것이다.

둘째, 어떤 상황에서든 표면에 드러난 여덟 가지 불쾌한 감정(슬픔, 수치심, 무력감, 분노, 당혹감, 실망, 좌절, 취약성) 중 하나를 오롯이 느끼면서 극복해야 한다. 40년 넘게 감정적 고통 연구에 앞장서면서 알게 된 사실은 불쾌한 감정을 피하기만 하는 건 자신감과 행복, 진실성, 성공에 방해가 된다는 것이다. 이 여덟 가지 감정이 그 모든 것의 중심에 있다.

셋째, 90초간 이어지는 신체적 감각의 파도를 타면서 불쾌한 감정을 느끼고 극복해야 한다. 이런 신체적 감각은 당신이 감정적으로 느끼는 것에 접근하고 이해하는 데 도움을 준다. 어떤 감정이든 의식적으로 알아차리기 전에 신체적인 수준에서 느낄 수 있다. 때로는 불쾌한 감정이 계속 주변을 맴돌면서 사라지지 않을 것처럼 보이기도 하지만, 사실 감정은 일시적인 것이다.

감정은 중요한 정보를 제공한다. 당신의 몸과 뇌가 정보를 주고받으면서 행동을 취할 수 있게 해주는데, 대부분은 자신을 보호하거나 다른 사람과 어울리기 위한 행동이다. 하지만 이런 폭발적인 정보 교환은 일시적인 현상이다. 생리학적으로 우리 몸은 흥분 상태를 오래 유지할 수 없다. 감정, 특히 불편한 감정을 극복하려면 신체가 통제 기능을 되찾을 때까지 신체적인 감각을 참아야 한다. 우리 몸은 평소 상태인 항상성을 유지하는 걸 선호하므로 최대한 빨리 기준점으로 돌아가려고 한다.

하나의 선택: 순간의 경험과 연결되기

내 임상 관찰 결과에 따르면 사람들은 자신의 배우자, 자신이 받아들이거나 거절한 직업, 참석했거나 하지 않은 파티, 지원한 대학 등 인생의 중요한 선택이 행복을 좌우한다고 여긴다. 내 생각에는 이런 중요한 결정이 기회에 영향을 미치는 건 사실이지만 전반적인 행복이나 내적 평화, 안녕에는 영향을 주지 않는다. 이런 몇 개 안 되는 중요한 결정보다는 우리가 평소 취하는 태도나 일상적인 경험, 사건, 상황에 접근하는 방식이 일상의 안녕과 평생의 행복을 훨씬 크게 좌우한다.

즉, 당신이 순간순간 내리는 결정이 행복에 더 많은 영향을 미친다는 얘기다. 동료가 빈정대는 말을 했을 때 제대로 항의했는가? 마감 시한이 코앞으로 다가와 힘들 때 배우자나 자녀에게 어떤 식으로 말했는가? 그때의 경험이 온종일 또는 일주일 내내 당신을 따라다

넜는가? 또 자신의 감정을 부정하거나 주의를 기울였던 짧은 순간들을 생각해보자. 예를 들어 누군가가 마음에 안 드는 태도로 말을 걸어왔을 때나 어색한 첫 데이트 중에 자신의 본능적인 반응에 귀를 기울였는가? 어쩌면 자기는 친구에게 아무 말도 안 해놓고 친구와의 대화에서 실망을 느낀 적이 있을지도 모른다.

그런 작은 반응과 그에 따르는 결정(거기에 주의를 기울일지 말지)이 아주 중요하다. 따라서 자신의 순간적인 경험을 최대한 많이 의식하고 접촉하면서 현재에 집중하겠다는 선택을 해야 한다. 그러려면 자신의 생각과 감정, 신체 감각에 각별히 주의를 기울여야 한다. 여덟 가지 불쾌한 감정을 쉽게 알아차리고 반응할 수 있게 되면 더 큰 내적 평화와 감정적 자유를 경험하게 될 것이다.

편안한 분위기에서 집중할 수 있는 장소를 찾아 자신과 접촉해보자. 현재 자신이 하는 경험에 주목하되, 어떤 판단도 내려서는 안 된다. 여덟 가지 감정 중 하나라도 느껴지기 시작하면 어떻게 하겠는가? 그대로 물러나거나 멈출 생각인가? 술, 마약, 음식, 소셜 미디어, 쇼핑 등 눈에 보이는 기분전환 거리를 찾아 탈출할 건가? 또는 그 감정이 멈추거나 사라지게 하려고 근육에 힘을 주거나 주먹을 쥐는 등 눈에 덜 띄는 방법을 이용해 주의를 딴 데로 돌리겠는가?

아니면 자신이 느끼고 생각하고 감지하는 것에 신경 쓰면서 계속 현재에 집중하겠는가? 현재에 집중하는 건 자신감을 키우고 자신이 원하는 삶을 이룰 수 있도록 모든 내담자에게 추천하는 방법이지만,

결국 결정은 당신의 몫이다.

　리셋의 첫 번째 단계는 자신의 경험을 회피하면서 딴 데 주의를 돌리기보다는 그 경험을 의식하고 연결되도록 도와주기 위해 고안됐다. 즉, 자신이 아는 것을 모르는 척하려고 애쓰는 게 아니라 자신이 아는 걸 인정하도록 돕는 단계다. 자신이 무엇을 아는지 알려면 자기 인식과 자기 조율이 필요하며, 이것이 궁극적으로 더 큰 감정적 힘과 자신감으로 이어진다.

자기 조율 기능 향상

내면 자각 또는 내적 자각이란 자기 몸의 내부 상태를 의식하거나 감지하거나 알아차리는 능력을 말한다. 자신의 내면세계 또는 '내적 자아'를 아는 거라고 생각하면 된다. 내적 자각은 배가 고프거나 목이 마를 때, 열이 날 때, 속이 메스꺼울 때, 몸에 통증이 있을 때 이를 알아차리도록 도와준다. 때로 육감이라고도 부르는 이런 유형의 인식은 자신을 신체 감각과 관련된 감정과 연결해준다.[1] 예를 들어 가슴이 무거운 건 슬픔 때문이고, 얼굴이 화끈거리는 건 당황스러움 때문이며, 속이 울렁거리는 건 불안감 때문이라는 걸 알아차릴 수 있다. 이런 모든 것이 내적 자아의 경험이다.[2]

　자기 몸에서 발생하는 미묘한 순간적 변화를 인식하고 열린 태도로 받아들이는 것도 내적 자각에 포함된다. "근육에서 심장과 창자, 피부로 전달되는 사소한 단서와 신호 (…) 또는 내면에서 느껴지는

전반적인 감각"도 모두 포함된다.[3]

순간순간의 경험을 인식하면 많은 이점이 생긴다. 자신의 생각, 감정, 욕구, 지각, 신체 감각, 욕망, 기억, 믿음, 의도 등을 알아차릴 수 있으며 그 모두가 자신에 대한 더 깊은 이해로 연결된다. 자기에게 중요한 게 뭔지 진지하게 고민해본 적이 없거나 많은 것에 대해 확실한 의견을 갖고 있지 않다면, 이런 인식이 당신이 좋아하는 것, 관심사, 열정, 창의성에 쉽게 접근할 수 있도록 도와줄 것이다. 자신과 잘 조화를 이루면서 연결되어 있으면 타인과도 잘 어울리면서 연결되고 공감할 수 있기 때문에, 시간이 흐를수록 더 깊고 만족스러운 관계를 지속할 수 있다.

이렇게 내적 경험을 자각하고 예민하게 반응하는 능력을 자기 조율 능력이라고 한다. 이 개념은 존 카밧진 박사 등이 '마음챙김 mindfulness' 또는 '알아차림mindful awareness'이라고 부르는 것과 밀접한 관련이 있다.[4] 마음챙김을 자기 내면이나 외부에서 어떤 일이 벌어지든 상관없이 현재의 순간을 아무 판단이나 반응 없이 인식하는 거라고 생각하자.[5] 명상, 마음챙김 수련, 무술, 요가 등 다양한 연습을 통해 주의력을 집중하는 능력을 개발할 수 있다.

마음챙김,[6] 변증법적 행동 치료DBT,[7] 수용 전념 치료ACT[8]를 지지하는 이들은 자신의 경험을 평가하지 말고 있는 그대로 인지하고 받아들여야 한다고 말한다. 이 세 가지는 전부 따로 개발된 것이지만, 내 리셋 방식도 이들이 작동하는 방식이나 각 영역에 속하는 전문가들의 연구 내용과 일치한다. 당신이 이런 접근방식에 익숙하거나 마음챙김 수련을 경험한 적이 있다면 이미 유사성을 알아차렸을 것이다.

신체의 일부인 뇌, 뇌를 통해 기능하는 신체

대니얼 J. 시겔 박사는 뇌에 대한 통찰력 있고 확장된 정의를 제공한다. 우리는 흔히 두개골 속에 있는 회백질을 뇌라고 생각하지만, 그는 여기에 국한되지 않고 척추와 우리 몸 전체에 뻗어 있는 신경을 포함한 중추신경계 전체가 뇌라고 말한다.[9] 우리 몸에는 일반적으로 생각하는 것보다 훨씬 방대한 정보가 포함되어 있으며 뇌와 몸은 심장, 창자, 뼈, 근육 등과 끊임없이 정보를 주고받는다. 그의 지적처럼, 우리가 무심코 사용하는 '가슴 깊이 느껴지는'이라든가 '육감적으로 아는' 등의 표현은 과학적인 근거가 있는 말이다.[10] 나는 인간이 두 발로 걷는 뇌라고 생각한다. 팔다리가 달리고 운동화를 신은 M&M 초콜릿 광고를 본 적이 있다면 내가 뭘 말하는지 알 것이다.

여기서 한 걸음 더 나가보자. 뇌가 기능하는 방식은 '하향식' 및 '상향식' 정신 작용과 관련이 있다.[11] 하향식 프로세스는 자신의 배경지식, 정보, 경험, 기분, 선행학습, 기대를 이용해 인지 대상에 영향을 미친다. 그리고 하향식 정신 작용은 기억(또는 특정 기억, 생활 속에서 벌어진 사건이나 상황에 대한 생각)에 접근해서 그 기억에 수반되는 감각이나 기분을 경험한다. 예를 들어 당신의 마음을 끄는 이성을 떠올리면서 어떤 감각이 느껴지는지 살펴보자. 특정한 기억이나 상황을 생각하면 그 경험과 관련된 감정도 같이 떠오를 것이다.

상향식 프로세스에서는 감각적 지각이나 신체적인 감각이 일어난 뒤에 의식적인 인식과 생각이 뒤따른다. 따라서 자신이 마주한 것에 대해 선입견을 품지 않는다. 이 유형의 정신 과정은 감각 정보를 의식적으로 인식한 뒤에 소리나 시각, 신체 감각 같은 감각 정보를 처리하는 것을 말한다.[12] 예컨대 자전거 타는 법을 익힌 뒤에 비로소 균형 잡는 법을 깨닫거나 트램펄린에서 뛰어보고서 무중력 상태를 이해하는 것이다. 아니면 좀더 일반적인 현상을 통해 상향식 프로세스를 깨달을 수도 있다. 좋은 인상을 주고 싶은 사람을 만났는데 하필이면 마스카라가 흘러내리고 립스틱은 얼룩지고 앞니 사이에 시금치가 낀 상황이거나, 중요한 프레젠테이션 중에 바지 지퍼가 내려갔다는 걸 깨닫는 것 등이다. 이런 상황에서는 얼굴과 목이 빨개지고 온몸이 화끈거리며 동시에 자신이 당황했다는 걸 깨닫게 된다. 상향식 처리 과정 중에는 본능적인 신체적 반응을 먼저 인지하고, 그 직후에 자신의 감정을 인식하게 된다.

신경과학적 연구 결과에 따르면 생각이 형성되는 것보다 신체 감각이 움직이는 속도가 빠르며, 그래서 자신이 어떤 감정을 느끼는지 아는 것은 상향식 과정으로 보인다. 놀라운 사실은 우리는 몸에서 먼저 느껴지는 감각을 바탕으로 자신이 느끼는 감정을 파악하는 경향이 있다는 것이다. 우리가 평소 감정에 대해 어떻게 얘기하는지 잠시 생각해보자. 어떤 기분이 '내려간다'라는 말보다는 '올라온다'라는 표현을 많이 쓴다. 우리 몸에서 경험하는 감각이 내가 어떤 감정을 느끼는지 알아내는 데 도움을 준다는 건 꽤 놀라운 일이다.

자신의 신체적 감각을 멈추거나 억누르려고 하면 뇌에서 처리되는 감정에도 영향을 미치게 된다. 따라서 몸에서 느껴지는 감각을 단절시키거나 주의를 딴 데로 돌리려고 하면 자신이 감정적인 차원에서 뭘 느끼는지 알아내기가 훨씬 힘들어진다. 일반적으로 우리는 말로 표현하기 전에 먼저 이런 신체적인 감각을 통해서 자신의 감정을 알게 된다. 신경과학계에서 뇌와 몸의 연결에 대한 연구가 계속 진행되면서 둘 사이의 상호작용이 점점 명확하게 밝혀지고 있다.[13]

강도 및 압도감: 감정을 '느끼는' 경험

유명한 뇌 연구자인 조지프 르두 박사는 우리가 감정적인 반응을 직접 통제하는 건 거의 불가능하다고 말한다.[14] 즉 우리가 감정을 느낀다는 사실이나 어떤 감정을 느끼는지 통제할 수 없다는 뜻이다. 우리는 일상적인 사건에 대한 반응으로 자연스럽게 경험하는 에너지 상승이나 신체적 감각, 감정 등을 통제할 수 없다. 이는 사실이다. 감정을 완전히 차단하거나 전혀 느끼지 않는다는 건 불가능하다. 다만 통제력을 발휘하는 대신, 에너지와 감각 입력을 의식적으로 인식하게 된 후 이를 감시하거나 조절하거나 변경할 수는 있다.[15]

감시는 자기 내면에서 일어나는 일에 주목하거나 계속 인지하는 것을 뜻한다. 그런 인식을 통해 자신이 받아들인 에너지와 정보에 대한 반응을 조절하거나 수정할 수 있다.[16] 예를 들어 공황발작 전에 나타나서 신호를 보내는 신체적 감각을 알아차렸다고 가정해보자. 지금까지 이런 패턴을 잘 감시해왔다면, 겁에 질려 아무것도 못 하는 낡은 반응을 수정해 천천히 깊게 숨을 들이쉬면서 공황발작을 피할 수 있다.

불쾌한 감정은 강렬하게 밀어닥쳐 우리를 압도하기 때문에, 내담자들 가운데는 로봇처럼 아무것도 느끼지 못하는 듯이 살아가는 이들이 많다. 이는 자신이 뭘 피할 수 있을지 생각할 때는 확실히 매력적으로 보일 수도 있겠지만, 감정을 죽이고 살면 나쁜 감정은 물론이고 좋은 감정도 느끼지 못한다는 사실을 기억해야 한다. 고통을 겪지 않는 대신 기쁨 또한 느낄 수 없다.

고통을 피하지 않고 있는 그대로 받아들이면, 감정이 해결되지 않은 채로 쌓여 있다가 곪아 터지기 전에 그 감정과 연결돼 해결할 수 있다. 당신이 불쾌한 감정을 적극적·의도적으로 가로막거나 차단하거나 분리하거나 주의를 딴 데로 돌리는 사람이라면, 그것이 자신을 보호하기 위해 만든 벽을 뚫고 들어온다고 느낄 수도 있다. 또는 감정을 온전히 다시 느끼기 위해 처음으로 마음을 열었을 때, 불쾌한 감정이 봇물 터지듯 밀려들어 자신을 압도한다고 느끼게 될 수도 있다.

이런 감정이나 감각과 다시 연결하려고 처음 시도할 때는 새롭고 생소한 경험이기 때문에 더 격렬하게 느껴진다. 오랫동안 차단해온 생각이나 감정, 기억이 많다면 그 감정을 받아들이기 시작하는 순간, 처리되지 않은 기억과 감정이 표면으로 올라와 폭주하는 걸 느낄 수 있다. 일테면 모든 '감정적인 것'이 문이 열려 있다는 사실을 알아차린 듯하다고나 할까. 그 문이 언제 또 열릴지 모르기 때문에, 억눌렸던 모든 (불쾌한) 감정이 서로에게 "서둘러!"라고 외치면서 문이 다시 닫히기 전에 밖으로 빠져나오려고 하는 것이다. 그러다가 시간이 어느 정도 지나면 마구 흘러넘치던 감정이 조금씩 가라앉는다.

신경과학은 감정, 특히 불쾌한 감정은 왜 참기가 어려운지 자세히 설명해준다. 유명한 신경과학자인 안토니오 다마시오 박사는 우리가 식별하고 느낄 수 있는 뚜렷한 기분에는 모두 고유한 신경 발화 패턴이 있고, 몸에서 '느끼는' 경험도 여기 포함된다고 주장한다. 그는 이런 뚜렷한 신체 감각을 신체 표지somatic marker, 즉 우리가 느끼는 게 무엇인지 알게 해주고 의사결정 과정에 도움을 주는 신체적인 느낌이나 지표라고 설명한다.[17]

한 연구진은 온라인 설문조사를 통해 서유럽과 동아시아 국가에 사는 701명의 응답자에게 자기 몸의 어느 부분에서 특정한 감정을 느꼈는지 나타내도록 했다.[18] 그 결과가 당신의 생각과는 정확히 들어맞지 않을 것이다. 각 감정과 연결된 신체적 감각은 사람마다 다르기 때문이다. 이 연구 결과는 서로 다른 문화권에서 신체 감각과 감정 사이에 나타나는 보편적인 연관성만 보여준다. 예를 들어 분노의 감정은 대개 몸통 중간에서 시작해 머리로 치솟았다가 팔 전체를 지나 양손에까지 이른다. 슬픔은 심장 부근의 가슴에서 시작되어 목으로 올라간 다음 얼굴과 눈으로 전달된다. 사랑은 머리부터 허벅지 위쪽까지 몸 전체에서 느껴지고, 행복은 온몸에서 발산된다.

자신의 감정 반응을 잘 '읽을' 수 있는 한 가지 방법은 신체 감각을 부정하기보다 있는 그대로 인식하고 인정하고 경험하는 능력을 키우는 것이다. 자기 몸의 감각이 어떻게 연결되어 있는지 알아보기 위해 다음의 실습을 진행해보자.

인지 실습: 무엇을, 어떻게, 어디에서 느끼는가

1. 다음의 '인지 실습' 방법을 꼼꼼히 읽어본다.
2. 편한 자세를 취한다. 천천히 다섯을 세면서 깊게 숨을 들이쉬었다가 다시 다섯을 세면서 숨을 내쉰다. 이를 두 번 더 반복한다.
3. 눈을 감는다. 슬픔을 느꼈던 때를 떠올리면서 그 감정을 어떻게 느꼈는지(슬픔의 강도), 무엇을 느꼈는지(감각 자체), 몸 어디에서 그 감각을 느꼈는지에 주목한다. 경험한 내용을 적는다.
4. 다음의 감정들을 이용해 이 과정을 천천히 반복하면서 각각 어떤 감각을, 어떻게, 어디에서 느끼는지 주목한다. 다음 감정으로 넘어가기 전에 숨을 깊이 들이쉬었다가 내쉬면서 이전 감정의 찌꺼기를 정리해야 한다. 다음의 감정을 느꼈던 때를

기억해보자.

- 분노
- 실망
- 만족감
- 깊은 충족감
- 즐거움
- 중요한 일을 이루어 흥분되고 행복함

인지 실습을 하는 동안 어떤 기분과 관련된 신체 감각에는 접근하기 힘들다는 걸 알게 되거나 자신의 모든 감정을 같은 장소에서 같은 방식으로 경험했다는 걸 깨닫게 될지도 모른다. 어쩌면 특정한 기분마다 그와 관련된 신체적 감각이 다 다르다는 걸 알아차렸을 수도 있다. 아니면 몇 가지 감정은 똑같은 방식으로 경험한 반면(슬픔과 실망), 어떤 감정은 더 뚜렷하게 느꼈을 수도 있다.

몇 가지 사례를 들어보겠다. 사샤는 목덜미가 뜨거워지면 자신이 화가 났다는 걸 알게 되고, 코니는 분노를 느낄 때 팔이 뜨겁고 저릿해졌다. 마크는 슬픔과 실망을 모두 심장과 가까운 가슴 위쪽 가운데 부분에서 느꼈는데, 슬픔은 그냥 가슴이 무겁기만 한 반면 실망감은 가슴이 무겁게 가라앉는 느낌이라는 걸 알게 됐다. 리사는 만족감이나 깊은 충족감을 느낄 때 따뜻한 기운이 솟구쳐서 상체에 퍼지는 걸 경험했다. 메이슨은 기쁠 때면 심장 주위가 가벼워진다고 설명했다.

사람들은 일반적으로 불쾌한 감정은 더 긴장되고 무겁고 또렷하게 느껴지면서 위축되는 기분인 반면, 유쾌한 감정은 느긋하고 차분하며 따뜻하고 가볍고 온몸이 팽창되는 느낌이라고 묘사한다. 물론 여기에는 정답도 오답도 없다. 어떤 감정을 어떻게 느끼는지는 사람마다 다르기 때문이다. 다만 이 탐구 과정은 당신이 신체적으로 이런 감정을 어떻게 경험하는지 인식하는 데 도움을 준다.

여덟 가지 불쾌한 감정 인정

자각은 로젠버그 리셋을 사용하기 위한 첫 번째 단계이며, 이를 통해 (거의) 동시에 여덟 가지 불쾌한 감정을 경험하고 극복하는 다음 단계로 넘어가게 된다.

우리는 힘들거나 고통스러운 감정을 열린 자세로 기꺼이 마주하고 참고 포용해야 한다. 사람들이 가장 많이 고민하고 회피하는 감정, 불쾌하면서도 매우 친숙한 감정은 다음과 같은 것들이다.

- 슬픔
- 부끄러움
- 무력감

- 분노
- 당혹감
- 실망
- 좌절감
- 취약성

다음 장에서 자세히 설명하겠지만, 이런 감정을 피하기만 하면 자신 감이 줄어들고 자존감이 낮아지는 등 악순환이 시작된다. 그런 회피 는 또 걱정, 불안, 실패에 대한 두려움, 위험을 감수하는 것에 대한 두려움, 끈기와 인내심 부족, 남들이 나를 어떻게 생각할지에 대한 걱정, 자기 의견을 내세우는 것에 대한 두려움, 심한 자기비판, 부정 적인 자기 대화, 연약함과 신뢰에 대한 두려움, 약물 중독이나 알코 올 중독 같은 다양한 감정적 · 정신적 건강 문제의 주요 원인이기도 하다. 여덟 가지 불쾌한 감정을 잘 관리하면 이 중 많은 문제를 해결 할 수 있다.

신체적 감각은 자신이 감정적으로 느끼는 게 뭔지 깨닫도록 도와 주지만, 사실 감정을 경험하거나 극복하거나 대처하기 힘들게 하는 근본 원인이기도 하다. 이런 신체적 감각이 주는 불편함 때문에 사 람들은 거기서 분리되거나 주의를 딴 데로 돌리고 싶어 한다. 감정 을 느끼기 싫어한다기보다는 자신이 뭘 느끼는지 알려주는 불편한 신체적 감각과 자신을 분리하려는 것이다. 바로 여기에 진짜 문제가 있다. 이런 신체 감각을 식별하고 인식하는 방법을 배워야 로젠버그 리셋을 효과적으로 활용할 수 있다.

감정을 경험하고 극복하자

신경과학자이자 《나는 내가 죽었다고 생각했습니다》의 저자인 질 볼트 테일러 박사는 분노 같은 감정이 촉발되면 뇌에서 분비되는 화학물질이 혈류로 밀려들면서 신체 감각이 활성화된다고 말한다. 그리고 약 90초가 지나면, 그 화학물질이 혈류에서 사라진다.[19] 이런 감정은 마치 '파도'처럼 생화학물질이 급속히 밀려오면서 시작됐다가 밀려가면서 끝이 난다. 이렇게 화학물질이 파도치듯 밀려오면, 앞에서 말한 것처럼 얼굴이 붉어지거나 팔에 열이 오르거나 가슴이 무거워지는 등 불편한 신체 감각이 생긴다. 이게 바로 핵심이므로 반복해서 강조할 필요가 있다. 우리가 감정적으로 느끼는 건 먼저 몸이 신체적 감각으로 느끼는 경우가 많다. 간단히 말해, 불쾌한 감정이 들 때 몸도 좋지 않은 감각을 느끼고 있다는 얘기다.

　뇌는 지속적인 정보 입출력을 통해 몸과 많은 정보를 주고받는다는 사실을 기억하자. 캔디스 B. 퍼트 박사는 《감정의 분자》라는 책에서 "감정은 많은 계통과 장기, 세포가 개입하는 정신 신체 네트워크를 통해 교환되는 정보 콘텐츠"라고 했다.[20] 따라서 감정은 우리를 보호하고 성장시키기 위해 존재하는 정보의 원천이라고 생각할 수 있다. 당신이 살면서 겪는 모든 상황과 어려움, 장애물, 트라우마, 비극, 상실, 심지어 성공에 직면하는 능력은 기본적으로 이 여덟 가지 불쾌한 감정을 포함한 모든 감정을 얼마나 편안하게 경험하고 극복하는가에 달려 있다.

그렇다면 감정을 극복한다는 건 무슨 뜻일까? 급속히 밀려왔다가 밀려가는 생화학물질과 관련된 감정적 파도나 격렬한 신체 감각을 참고 견디면서, 자신의 감정을 인지하고 충분히 경험하는 걸 의미한다. 감정을 잘 참으면, 의사결정과 타인에 대한 대응에 더 효과적으로 임할 수 있다. 여덟 가지 불쾌한 감정을 경험하고 헤쳐나갈 수 있다면 감정적인 힘과 자신감을 얻게 된다. 다음에 어떤 감정이 드러나면 거기 집중해보자. 잠깐 시간을 내 심호흡을 한 다음, 자기 내부에서 일어나는 생리적 차원의 일들에 주목하는 것이다.

안셀은 내가 한 콘퍼런스에서 로젠버그 리셋에 대해 얘기하는 걸 듣고는 바로 다섯 시간 뒤부터 이 기술을 사용하기 시작했다. 그는 자신이 존경하는 이들, 알고 지내고 싶은 이들과 대화를 시작하는 데 늘 어려움을 겪었다. 다가가서 이야기를 나누고 싶지만 곧 부정적인 자기 대화('나는 저 사람보다 못하잖아') 때문에 두려움을 느끼게 되고, 그 두려움이 다시 나약한 기분과 당혹감으로 바뀌어 상대에게 접근하는 걸 가로막곤 했다. 그러면 그는 또다시 기회를 놓친 것에 실망하면서 자리를 떴다. 그는 자신을 '진짜 패배자'라고 비난하면서 상황을 더 악화시켰고, 자신이 다른 사람들만큼 '훌륭하지' 못하다는 생각을 더 굳히곤 했다.

리셋을 배운 날, 그는 당혹감과 취약감 같은 신체 감각이 자기 앞
길을 가로막고 있었다는 걸 깨달았다. 그래서 리셋을 이용해 자신
이 좋아하는 이들을 만나야겠다고 결심했다. 안셀은 곧 그런 감정
은 짧게 지나가므로 참을 만하다는 걸 알게 됐고, 결국 원하던 이들
에게 다가가 근사한 대화를 나누는 데 성공했다. 심지어 몇 번은 가
능성 있는 사업 계획을 논의하기 위한 후속 만남까지 잡을 수 있었
다. 그는 이런 성공적인 만남을 바탕으로, 다른 상황에서도 이와 비
슷한 방법으로 사람들을 끌어들일 수 있다는 걸 깨달았다. 그는 이
제 자기도 호감 가는 이들에게 다가가 대화를 시작할 수 있는 정서
적 능력이 있다는 걸 알고는 흥분되고 행복하고 자신감 있는 모습
이 됐다.

짐도 같은 콘퍼런스에 참석했다. 그는 1년 뒤 나를 찾아와 리셋을
사용한 덕분에 수십만 달러 규모의 계약을 체결할 수 있었다고 말했
다. 그가 말하길, 자기는 적극적인 사업가인데 일을 따내기 위해 다
른 컨설턴트와 경쟁했다고 한다. 인사 업무를 담당하는 패널들 앞
에서 두 사람이 프레젠테이션을 하게 됐는데, 먼저 프레젠테이션을
한 컨설턴트가 시간을 다 써버리는 바람에 짐은 자신의 전략과 계
획을 설명할 시간이 없었다. 짐은 자기에게 할당된 시간이 줄어드
는 걸 지켜보면서 점점 화가 났다. 그는 보통 이런 상황에서는 자제
력을 잃고 분노를 폭발시켜서 추태를 보인 경우가 종종 있었다고 한
다. 하지만 이번에는 어떻게든 분노를 꾹 눌러 참으려고 애썼고, 비

록 눈에 띄게 괴로워 보이기는 했지만 그래도 내내 침착함을 유지할 수 있었다. 화가 격렬하게 끓어오르는 걸 느끼면서 앉아 있는 동안, 그는 이 상황에 대해 느끼는 극도의 낭패감을 좀더 신중하게 표현할 수 있다는 걸 알았다. 짐이 아이디어를 홍보하도록 자리를 마련해준 담당자는 그가 감정을 다스리는 모습에 큰 감명을 받았고, 그 덕분에 짐은 처음 계약보다 훨씬 규모가 큰 다른 계약을 따내게 됐다.

90초 접근법: 솔루션

그렇다면 고통스러운 감정을 어떻게 처리해야 할까? 앞서 질 볼트 테일러가 설명해준, 감정이 촉발될 때 생기는 현상들을 잠시 떠올려보자. 그녀는 어떤 기분이 들면 "뇌에서 분비되는 화학물질이 혈류로 밀려들면서"[21] 저마다 특유의 신체 감각(신경 발화 패턴)이 활성화된다고 말했다. 이렇게 밀려오는 화학물질을 파도라고 생각해보자. 이 화학물질이 혈류에서 완전히 빠져나가고 생리적인 감정이 가라앉으면 마치 파도가 지나간 것 같은 느낌이 든다.

테일러의 말에 따르면, 파도처럼 밀려왔다 밀려가는 감정의 생화학적 수명은 감정이 처음 촉발된 시점부터 따져서 약 90초라고 한다. 감정의 강도와 주관적인 경험에 따라 다르기는 하지만,[22] 감정의 수명이 그보다 훨씬 짧을 수도 있다(겨우 몇 초 정도).[23] 하지만 밀려온 감정이 90초 이상 지속되는 일은 없다고 한다.

나를 찾아온 내담자 한 명은 90초는 노래 반 곡보다도 짧은 시간 이라는 아주 멋진 관점을 제시했다! 종류를 불문하고 감정이 파도처 럼 밀려오는 걸 누구나 한 번쯤은 겪어봤겠지만, 그 순간 아무리 강 력하게 느껴지는 감정도 전부 일시적인 것에 불과하다.

계속 남아 있는 기분

리셋을 설명할 때마다 "내 기분은 90초보다 훨씬 오래 지속되는 것 같은데, 왜 그런 걸까요?"라는 질문을 받곤 한다. 스트레스 호르몬인 코르티솔cortisol[24]이 증가해도 그런 효과가 나타날 수 있지만, 보통은 생각을 자꾸 되새기기 때문이다.[25] 그 상황에 대해 생각할 때마다 거 의 비슷한 생화학적 파도가 발생하는데, 이는 곧 그 감정이나 기억, 상황과 관련된 신체적 감각을 거의 똑같이 경험한다는 뜻이다.

처음 사건이 발생한 뒤 몇 분, 몇 시간, 며칠, 몇 년, 심지어 수십 년이 지난 뒤에도 계속 이어지는 것은 감정 자체가 아니라 그 감정 의 기억이다. 기억이 처음 느꼈던 것과 비슷한 생리적 경험이나 신 체적 감각을 끌어내는 것이다. 다시 말해, 기억을 떠올릴 때마다 그 때의 감정도 다시 살아난다(몸에서 느껴진다). 다행히 우리는 뭘 생각 할지 선택할 수 있으며, 그에 따르는 감정 또한 선택할 수 있다. 이 과정을 일단 의식하면 그때부터 바꿀 수 있다.

일례로 친구가 막판에 점심 약속을 취소해서 실망했다고 하자. 그 감정이 처음 촉발된 순간부터 약 90초 안에 실망과 관련된 화학물질이 혈류에서 빠져나가고 자연적인 생체 반응은 끝나게 된다. 그런데 이런 자동 반응 또는 생체 반응이 끝난 뒤에도 한참 동안 실망감이 지속된다면, 테일러의 지적처럼 당신이 "그 회로가 계속 작동하게 놔두는 쪽을 택했기 때문"이다.[26] 감정이 나타난 순간에 바로 이를 인정하고 느끼고 헤쳐나갈 수 있다면, 그 감정이 계속 남아 있는 듯한 느낌이 덜 들 것이다. 그런 감정이 촉발된 원인과 그 상황이 자신에게 끼친 영향을 제대로 이해하면 똑같은 반응이 재연되는 일도 줄어든다. 선택은 자신에게 달렸다.

때로는 그 일을 반추하는 바람에 감정이 계속 맴돌기도 하는데, 특히 문제를 해결하려고 애쓰다가 그런 상황이 되는 경우가 많다. 또 당시의 상황을 이해하기 위해 반복해서 기억을 떠올리기도 한다. 또 다른 가능성은 자신이 이미 생각하고 있는 걸 피하거나 더는 생각하지 않으려고 애쓰는 것이다. 기억을 억누르거나 주의를 딴 데로 돌리거나 연결을 끊으려고 하면 할수록, 고통스럽거나 불쾌한 기억을 이기고 거기 수반되는 감정을 해결하는 데 시간이 더 오래 걸린다. 감정을 의식하지 않으려고 최대한 노력하는데도, 여전히 그 영향을 받게 되는 것이다.[27] 어떤 심리학자들은 이를 '사고 억제'라고 부른다. 심리학자 다니엘 베그네르는 동료들과 함께 진행한 여러 연구를 통해 생각을 억누르는 것은 사실상 불가능하다는 걸 알아냈다.[28]

당신도 직접 해보기 바란다. 먼저 타이머를 맞춰둔다. 그리고 억눌러야 하는 생각이 떠오를 때마다 체크 표시를 하면서 상황을 계속 기록해보자. 베그네르는 초기의 생각 억제 그룹에 배정된 연구 참가자들에게 이런 지침을 줬다.

"앞으로 5분 동안은 평소처럼 자유롭게 자기 생각을 말로 표현하십시오. 5분이 지나고 나면 '백곰'을 생각하지 마세요. '백곰'이라는 말을 하거나 머릿속에 '백곰'이 떠오를 때마다 탁자에 있는 종을 치세요."[29]

이 실습 과정에서 무엇을 알아차렸는가?

당신 자신이나 주변 사람들이 "난 절대 ○○○ 생각을 하지 않을 거야"라는 말을 얼마나 자주 했는지 생각해보자. 마치 그 문제에 대한 언급이나 생각을 피하기만 하면 문제가 간단히 사라질 것처럼 말이다. 이렇게 해도 안심이 되지 않는 이유는, 그 문제를 다시 겪지 않으려면 경험하고 싶지 않은 생각이나 느낌을 떠올려야 하기 때문이다! 게다가 반동 효과라는 게 있는데, 어떤 생각을 억누르려고 애쓸수록 그 생각이나 감정에 더 사로잡히게 된다는 뜻이다. 그 결과, 원치 않는 생각이 침투해서 애초에 그 생각을 억누르려고 하지 않았을 때보다 더 자주 머릿속에 떠오른다.[30] 따라서 사고 억제는 전혀 효과가 없다.

사고 억제는 어떤 감정을 밀어낼수록 그 감정이 더 강하게 느껴지고 더 오래 머무는 것처럼 보이는 이유를 알려준다. 예를 들어 분노나 실망, 슬픔을 계속 느낀다면 고통스러운 경험과 연결된 신경회로를 다시 자극하는 생각을 자세히 살펴봐야 한다. 같은 생각을 반복하기 때문에 계속 고통 속에 머물러 있는 셈이다. 자신의 감정을 인정하고 무엇이 그 감정을 촉발했는지, 그 상황이 자신에게 어떤 영향을 미치는지, 그리고 상황을 해결하기 위해 필요한 건 무엇인지 시간을 들여서 이해해보자. 이런 생각 중 일부는 자신이 살면서 겪은 힘든 사건들과 연관되어 있을 수 있다(8장에서 오래된 상처와 고통을 해결할 수 있는 틀을 제공한다).

또 자신의 감정(당혹감이나 실망감 등)을 있는 그대로 인식하지 않고 계속 혹독한 자기비판만 일삼을 경우 그 감정이 더 오래 남는다. 혹독한 자기비판은 그 밑에서 계속 불쾌한 감정을 불러일으키기 때문에, 그런 행동을 계속하는 한 감정도 끈질기게 이어지는 것처럼 보일 것이다.

두려움, 깊은 슬픔, 공포, 분노 같은 감정과 관련된 격렬한 정서 경험도 오랫동안 계속될 수 있다.[31] 90초 접근법이 몇몇 경우에 발생한 외상 후 스트레스 반응을 완화하는 데 도움이 될 수도 있지만, 이 접근방법은 그런 경험을 위해 고안된 것이 아니다. 이런 정신건강 문제는 복잡한 질환이므로 장기적인 해결을 위해서는 보다 철저하고 조직적인 개입이 필요하다.

파도를 타듯이 감정을 타라

파도가 해변에 밀려오는 모습을 본 적이 있다면, 어떤 파도는 엄청난 기세로 몰려와 요란하게 부서지는 반면 어떤 파도는 부드럽게 찰싹이기만 한다는 걸 알 것이다. 그리고 해안선을 따라 걸어본 적이 있다면, 파도가 어떤 식으로 해변에 밀려오든 간에 바다로 다시 돌아가기 전 해변에 잠깐 머물 뿐이라는 것도 알 것이다. 파도가 아무리 밀려와도 반드시 다시 밀려가게 되어 있다.

우리 몸의 신체적 감각이나 에너지 상승을 통해 먼저 느껴지는 감정들도 바로 이런 식으로 움직인다. 파도가 해안선을 타고 솟구쳐 오르는 것처럼 우리 내면에서도 감정이 고조된다. 때로는 감정이 흘러넘치거나 감정에 압도당하는 듯한 느낌이 들 수도 있고, 당황해서 얼굴이 살짝 달아오르는 것처럼 아주 미약한 감정만 생길 수도 있다. 그리고 때로는 그 감정이 오래 머물 수도 있지만(주관적으로는 꽤 긴 시간 동안), 파도가 그렇듯이 감정도 반드시 가라앉는다. 그렇다면 불쾌한 감정을 경험하고 극복하는 가장 효과적인 전략은 그 감정이

머지않아 가라앉을 때까지 감정의 '파도를 타는' 것이다. 이를 서핑이라고 생각하자. 지나갈 때까지 기다리면서 그저 파도에 몸을 맡기면 된다.

매우 불쾌하거나 불편한 감정을 견디는 비결은 그 감정들에 수반되는 신체적 감각을 참는 것이다. 일반적으로 격렬한 신체 반응은 순식간에 지나가며, 그러면 감정도 비슷하게 가라앉는다. 다시 한번 말하지만, 감정에서는 어떤 파도든 90초를 넘기지 않는다. 그게 일어나는 모습을 보고, 느끼고, 소멸하는 것까지 지켜보자.

숨을 참지 말고 정상적인 호흡을 계속하면, 파도를 타면서 이런 기분과 신체적 감각을 이기는 데 도움이 된다. 다음 장에서는 감정을 참는 문제를 철저하게 살펴볼 예정이다. 요컨대 당신은 자신이 느끼는 감정과 연관된 신체 감각을 경험하는 동시에 자신의 기분을 알아차리고 숙고하는 호기심 많은 관찰자가 되는 방법을 배우고 싶을 것이다. 그렇게 하면 테일러의 표현대로 지난 감정을 반추하면서 똑같은 회로를 계속 가동할 것인지 아닌지 결정할 수 있다.

"파도는 하나뿐인가요?"라는 질문도 자주 받는다. 그렇지 않다. 어떤 기억을 반복적으로 떠올리면 그 기억과 연결된 비슷한 감정이 발화된다. 하나 이상의 감정을 극복하는 가장 좋은 방법 역시 밀려오는 파도에 몸을 맡기는 것이다. 필요한 방향으로 서핑하자. 90초 과정이 진행되도록 내버려 두자. 그러면 즉각적인 이익을 얻을 수 있다. 금세 어느 정도의 안도감과 침착함을 느끼게 될 것이다. 불안감이 줄어들고, 곧이어 통찰력이 생기면서 무엇이 그런 감정을 자극했는지 깨닫게 되며, 오래된 기억과 연결해 과거의 경험이나 행동 패턴을 명확히 이해하게 된다. 그러면 특정한 상황에서 자신이 느끼는 기분을 더 또렷하게 식별하고 어떤 결정을 내리거나, 자신의 느낌을 바탕으로 어떤 행동을 취하기로 마음먹을 수 있다.

꾸준히 이렇게 하다 보면 자신이 아는 것을 더는 피할 필요가 없기 때문에 낡은 생활 패턴이나 이야기에 얽매이지 않게 된다. 대신 자신의 경험과 관련된 진실을 인식하고 명확히 '알게' 된다.

서른 살인 데비도 감정을 있는 그대로 받아들이고 파도에 몸을 맡기는 능력을 키운 덕분에 자신의 파괴적인 생활 패턴을 파악하고 바꿀 수 있었다. 그리고 자신에게 더 진실해지면서 회복력도 키웠다. 그녀는 예전부터 다른 사람들을 상대할 때 빈정대는 버릇이 있었다. 어느 날 저녁 내 사무실을 찾아온 데비는 사귄 지 5개월 된 남자친구와 어떻게 싸웠는지 설명했다.

남자친구에게 감정이 상한 일이 있어서 데비가 말을 꺼냈는데, 남자친구는 점점 입을 다물고 조용해지더니 결국 대화를 중단했다. 이게 데비에게 얼마나 화나는 일인지 상상할 수 있을 것이다. 이에 대한 데비의 대응 방법은 얘기 좀 하자면서 그를 점점 강하게 압박하거나 구슬리는 것이었는데, 그 과정에서 빈정거리는 말을 많이 했다. 그 방법은 효과가 없었다. 남자친구의 침묵만 더 깊어질 뿐이었다. 아까보다 훨씬 더 화가 난 데비는 아무것도 해결하지 못한 채로 가방을 챙겨 들고 그의 아파트를 나와 싸움으로 인한 분노와 슬픔, 좌절감을 느꼈다. 그녀는 운전을 하면서 이 고통을 어떻게 이겨야 할지 생각했고, 언뜻 술과 자해를 떠올렸다. 이는 그녀가 처음 나를 찾아왔을 무렵에 의지하던 좋지 못한 감정 대처 전략이었다.

싸움으로 인한 분노를 여전히 강하게 느끼면서 눈물을 줄줄 흘리는 동안 데비의 생각이 바뀌었다. 보다 효과적인 대처 전략을 활용하려고 애쓰던 그녀는 심호흡을 하면서 자기 몸속을 흐르는 분노와 슬픔의 파도를 타야 한다고 자신을 일깨웠다. 집에 도착할 때쯤에는 강렬했던 감정이 누그러들어서 싸움의 진짜 원인과 자신이 어떻게 행동했는지 명확히 알 수 있었다. 처음부터 분노와 실망, 슬픔의 강도를 효과적으로 조절할 수 있었다면 비꼬고 상처 주는 말로 싸움을 격화시키지 않았을 테고 그렇게 떠나오지도 않았을 것이다. 하지만 그런 문제가 있기는 해도, 일단 물리적으로 그 상황에서 벗어나자 심호흡과 파도타기를 잘 활용해서 마음을 진정시킬 수 있었다.

데비는 이때 비로소 통찰력을 얻었다. 눈물을 흘리던 자기 모습을 되돌아보면서, 슬픔과 실망감을 피하기 위해 분노와 비아냥거림으로 방향을 바꿨다는 걸 깨달았다. 또 자신이 상황에 영향을 미칠 수 없다고 느끼면 분노가 점점 커진다는 것도 인정했다. 데비는 자기 아버지와 맞설 때도 이런 행동을 하곤 했다. 자기 행동을 인식하게 된 데비는 다음에 또 남을 심하게 비꼬고 싶다는 생각이 들면 다른 결정을 내리겠다고 다짐할 수 있었다. 시간이 지나면서 이런 경험을 몇 번 더 거친 데비는 비꼬는 버릇 대신 리셋을 기본 전략으로 활용하는 법을 배웠고, 그 덕분에 대인관계가 크게 개선되고 행복감이 높아졌다.

⏳ 부모들이 감정에 미치는 영향

불쾌한 감정에 직면해야 하는 도전은 대부분 어린 시절부터 시작된다(드물기는 하지만, 성인이 된 뒤에 겪은 매우 고통스러운 사건에서 시작되는 경우도 물론 있다). 유아와 아동이 부모나 보호자와 유대감을 맺는 방식과 관련해 광범위한 연구가 진행됐는데, 이 연구는 이런 유대관계가 아동의 뇌 발달에 얼마나 큰 영향을 미치는지 설명한다. 아이가 양육된 방식, 배운 것, 심지어 자궁에서 한 경험도 감정을 잘 관리하거나 조절하는 능력에 지대한 영향을 미치며, 이런 능력은 성인이 된 뒤에도 그대로 이어진다.

간단히 요약하자면, 우리는 대개 부모/보호자의 감정을 아우를 수 있는 감정 범위를 개발한다. 대니얼 시겔은 부모가 자신이 어린 시절에 느낀 고통을 어떻게 이해했는지가 자녀들을 양육할 때 나타내는 반응과 많은 관련이 있다고 생각한다.[32] 가장 운 좋은 사람은 정서적인 따뜻함과 감정을 잘 조절할 줄 아는 능력, 그리고 사려 깊은 추론 능력을 갖춘 부모 밑에서 성장한 이들이다. 하지만 당신의 부모가 자신의 고통을 이해하지 못하거나 극복하는 데 실패했다면, 당신을 비롯한 형제자매에게 골치 아픈 영향을 미쳤을 가능성이 있다. 부모의 고통이 혼란, 분노 발작, 무시, 거리 두기, 완전한 차단 등의 형태로 나타날 수 있기 때문이다.

예컨대 어떤 영향을 미칠까? 당신이 감정을 표현할 때 사랑과 애정, 관심을 주지 않는 부모였다면 당신 역시 자신의 감정을 차단하는 법을 배웠을지도 모른다. 아니면 부모가 분노를 잘못 다루는 모습을 목격하거나 당신이 극심한 분노의 표적이 됐을 수도 있다. 예측할 수 없이 분노를 폭발하거나 미친 듯이 화를 내는 부모 앞에서 위험을 통제할 수 없을 때는, 자녀가 자신의 분노와 무력감을 제쳐두는 일이 흔하다.

이런 경험들이 자신이 느끼는 감정의 폭을 정하는 데 영향을 미칠 수 있다. 늘 분노에 차 있는 부모와 함께 자란 아이들은 절대로 분노를 느끼고 싶어 하지 않거나 부모처럼 화를 잘 내는 어른이 된다. 자기 부모와 비슷하게 화를 폭발하거나 아니면 그냥 감정을 차단하는 방법을 배우는 것이다.

또 부모나 보호자가 자녀에게 무슨 말을 했고(나약한 사람이나 우는 거야, 너는 절대 어떤 일도 이루지 못할 거야), 어떻게 반응했느냐에 따라 자신의 감정을 처리하는 게 무섭거나 불편할 수도 있다.

가정생활의 물리적 환경도 한몫한다. 성인이 된 당신의 자아는 가난한 환경에서 자랐는지, 안락하게 자랐는지, 무제한적인 부를 누리며 자랐는지에 영향을 받는다. 또 어릴 때 노출된 환경이 감정을 경험하고 표현하는 방식에도 영향을 미친다. 가난하고 혼란스럽고 적대적인 환경에서 자란 사람은 생존이라는 문제와 충분히 갖지 못해서 생긴 모든 스트레스, 압박감에 집중하는 경향이 있다. 예측 불가능한 혼돈과 적대감 때문에 종종 정서적인 혼란과 두려움을 느끼곤 한다.

이런 환경의 잠재적인 영향은 다양한 단계(신체적·신경학적·심리적)에 걸쳐 성인기로 이어진다. 당신의 부모가 사려 깊고 신뢰할 수 있고 힘을 주는 행동보다 충동적이고 일관성 없고 가혹하며 심지어 될 대로 되라는 식의 행동을 주로 보여줬다면, 당신은 스트레스가 심한 상황에서 어떻게 반응해야 좋을지 깨닫지 못하거나 자신의 선택이 어떤 식으로 삶의 질에 장기적인 영향을 미칠지 따져보는 데에도 어려움을 겪을 수 있다. 이런 모습은 어릴 때 안정감과 일관성, 따뜻함, 감응성, 기회를 바탕으로 길러진 사람들과 대조를 이룬다.

적어도 초기에는 이런 상황이 당신이 날마다 경험하는 것들을 얼마나 인식하고 접촉할 수 있게 하는지, 즐겁거나 불쾌한 일을 경험하는 걸 얼마나 안전하다거나 위험하다고 느끼는지 등에 영향을 미쳤을 것이다. 하지만 불쾌하거나 고통스러운 감정을 참고 이겨내는 방법은 반드시 배워야 한다. 이 감정들 때문에 많은 실수를 저지르게 되기 때문이다. 만약 이런 감정을 제대로 관리하지 못한다면,

관계를 망가뜨리고 꿈을 망치며 목표와 모험을 좇으려는 추진력이 저하되고 변화 앞에서도 회복력을 유지하는 능력이 약해진다. 이럴 때 리셋을 사용하면 어려서부터 익힌 부적응 패턴을 바꾸는 데 도움이 된다.

여기서 말하는 모든 사실은 우리 삶에는 천성(유전과 선천적 기질)과 양육(삶의 경험)의 효과가 항상 작용한다는 인식을 바탕으로 한다. 나는 힘들고 고통스럽고 비극적이고 충격적인 경험과 사건은 어린 시절은 물론이고 나이가 든 뒤에도 우리가 기능하는 방식에 명백한 영향을 미친다는 사실을 충분히 인지하고 있다. 그것이 우리의 발전과 불쾌한 감정을 다루는 능력에 어떤 영향을 미치는지 잘 알고 있고 그 사실을 인정한다. 또 우리에게 생각하는 능력이 있다면, 변화하는 능력도 있다는 걸 안다. 이와 관련해, 과거가 핑곗거리가 아니라 문제를 설명하는 데 도움이 될 수 있기를 바란다.

모든 차이는 감정에 대한 즉각적인 반응에서 생기는 법이므로, 피하지 말고 제대로 인식하려고 애써야 한다. 이것이 당신에게 부탁하는 '하나의 선택'이다. 이 선택을 자주 할수록 행동이 자연스러워져서 결국 감정을 밀어내거나 감정이 다 흘러나오기 전에 반응을 보이려고 하기보다, 자기도 모르는 새에 그 감정을 느끼겠다는 선택을 하게 될 것이다. 여덟 가지 불쾌한 감정이 90초 동안 파도처럼 밀려오는 걸 의식하고 경험하면서 그 순간의 경험에 계속 연결되고자 하면, 시간이 흐르면서 자신감과 회복력, 진정성이 커질 것이다. 이는 생화학적으로 감정이 급증하는 걸 겪어내고, 자신이 어떤 감정을 느끼는지 알려주는 불쾌하거나 불편한 신체 감각을 견디는 일이다. 매일 리셋을 사용하자.

우리의 생존은
유쾌한 감정적 경험보다
부정적인 감정에 대한 인식에
훨씬 크게 의존한다.

여덟 가지
불쾌한 감정을
이해하자

CHAPTER 3

감정은 대체로 보호, 관계, 창의성이라는 세 가지 목적에 쓰인다. 혼자 있을 때든 타인과 함께 있을 때든 안전하고 안심이 된다고 느낀다면, 자기 보호나 생존을 위해 정신적·감정적·신체적 자원을 사용할 필요가 없다. 그러면 이들 자원을 관계와 창의성에 활용해서 누군가와 관계를 형성하거나 위험을 감수하거나 새롭고 의미 있는 일을 추구할 수 있다.

사람들은 대부분 유쾌한 기분은 비교적 쉽게 경험하지만, 한 가지 이상의 고통스러운 감정이 밀려오면 불쾌하고 불편하고 참기 힘들다고 생각한다. 인간이 경험하는 불쾌한 감정은 어떤 것이든 받아들이기가 극도로 어렵다고 여기는 사람들도 있다. 하지만 힘든 감정에 제대로 대처하지 못하면 더 심해질 수 있다. 그 감정이 생각보다 더 오래 머무는 것처럼 느껴질 수도 있고, 이를 피하려다가 유쾌한 감정 상태의 강도까지 약해지거나 둔화될 수 있다.

사람들은 불쾌한 감정이 왜 그렇게 강한 힘을 발휘하는지, 세상에는 고통스럽고 불쾌한 감정이 왜 그리도 많은지 궁금해한다. 가장 기본적인 수준에서 할 수 있는 대답은, 이런 불쾌한 감정이 우리를 보호하고 살아남는 데 도움을 줄 수 있기 때문이다. 이를 진화론적인 관점에서 생각해보면, 위협을 식별하는 능력이 뛰어난 사람일수록 살아남아서 후손을 남길 가능성이 더 컸다.

작가 겸 연구원인 릭 핸슨의 말처럼, 우리는 생존을 위한 부정적 편향을 지니고 있다. 고통스럽고 잠재적으로 위험한 자극에 주의를 기울이는 것이 생존 능력을 유지하고 유전자를 전달하는 데 꼭 필요하다. 우리는 부정적인 것에서 더 많은 걸 배우므로 거기에 집중하는 경향이 있다.[1] 부정적인 감정은 위협을 인지하고 환경에 반응하여 생존하는 데 필요한 정보를 제공한다. 예를 들어 불안감은 위험에 대한 경계심을 높이고, 혐오감은 잠재적으로 독성이 있거나 오염된 음식을 섭취하는 걸 막아준다. 또 두려움은 우리가 계속 살아 있게 하는 데 도움을 준다. 우리의 생존은 유쾌한 감정적 경험보다 부정적인 감정에 대한 인식에 훨씬 크게 의존한다.

그러므로 이런 불쾌한 감정에 접근하고 그 정보를 이용할 수 있어야 한다. 불쾌하지만 그만큼 필요한 감정들이다. 앞으로는 이렇게 중요한 보호 기능을 제공하는 감정에 '부정적'이라거나 '나쁜'이라는 꼬리표를 붙이지 말기 바란다. 그보다는 신체적인 느낌을 보다 정확하게 묘사할 수 있는 '불쾌한', '불편한', '불안한', '힘겨운'이라는 표현을 사용했으면 좋겠다. 이렇게 다른 단어를 사용하는 실험을 해보면, 어떤 감정을 일컫는 용어를 바꿨을 때 이를 경험하는 방식까지 달라진다는 걸 알게 될 것이다. 이 책에서는 앞서 열거한 여덟 가지 불쾌한 감정인 슬픔, 수치심, 무력감, 분노, 당혹감, 실망, 좌절, 취약성에 대처하는 능력에 초점을 맞출 것이다.

그런데 왜 이 여덟 가지 감정이 중요한 걸까? 내가 이 특정한 감정들을 선별한 이유는, 원하는 대로 일이 풀리지 않을 때 사람들이 가장 일반적으로 느끼는 감정이기 때문이다. 40년 넘게 심리학자로 일하면서 내담자들이 이런 감정을 피하는 게 자신감과 진정성을 유지하는 데 가장 큰 장애물이 되고 불안감이나 혹독한 자기비판, 다른 사람의 생각에 대한 걱정 등 각종 문제를 불러일으키는 가장 큰 원인이 되는 모습을 보아왔다.

본질적으로 이 여덟 가지는 사람들이 대부분 피하거나 달아나려고 하는 감정이다. 재정, 건강, 직업, 인간관계를 비롯해 인생의 대부분 영역에서 성공을 가로막는 장벽이 된다. 불쾌한 감정을 헤쳐나가기 힘들다는 이유로 중요한 일을 추진하는 걸 포기하는 사람도 많다.

그렇다면 불쾌한 감정을 극복하는 게 왜 그리 중요한 걸까? 앞서도 말했지만, 살아가면서 나는 할 수 있다는(또는 감정적으로 강하다는) 믿음과 신념이 불쾌한 감정을 경험하고 극복하는 능력과 직접 연결되어 있기 때문이다. 자신의 감정 범위 전체에 대한 인식과 수용력을 증가시키는 순간, 자신에 대한 느낌이 달라지기 시작한다. 이런 감정에 대처하는 능력을 발전시키면, 삶의 모든 측면에서 더욱 온전한 자신이 될 수 있다는 자신감과 자유를 얻게 된다. 그리고 편안함에 이끌리거나 안전책을 강구하려는 경향에서 벗어나, 자신이 정말 소중히 여기고 바라는 것을 깨닫는 통찰력이 생겨난다. 내면에서 치솟는 불쾌한 감정을 직시하고 견디는 능력을 강화하면 외부의 힘든 도전에 맞서는 능력도 더욱 강해진다. 자신이 90초 동안 불쾌한 감정의 파도를 탄 뒤 무사히 반대편에 도착할 수 있다고 믿는다면, 더욱 능력 있고 자신의 선택을 책임질 수 있는 사람이라고 여기게 될 것이다. 그리고 자신이 설계한 삶을 향해 나아가는 게 감지되면 자기 본모습에 더 편안함을 느끼게 된다.

우리는 왜 이런 감정을 피하려고 할까? 바로 다음과 같은 이유에서다.

- 이런 감정이 시작되면 절대 멈추지 않을까 봐 두렵다.
- 너무 강렬해서 자신을 압도할까 봐 두렵다.
- 통제력을 잃은 기분을 느끼게 될까 봐 두렵다.
- 언어적·신체적으로 통제 불능 상태가 될까 봐 두렵다.

여덟 가지 괴로운 감정

이런 감정의 목적은 무엇이고, 우리가 생리적으로 어떤 경험을 하게 되는지 살펴보자. 각각의 감정에 대해서 논하는 동안, 사람들이 저마다 몸에서 느끼는 감정이 다르다는 걸 기억해야 한다. 예를 들어 어떤 사람은 슬플 때 가슴이 아프거나 어깨가 잔뜩 굳는다. 또 어떤 사람은 가슴을 쥐어짜는 것처럼 흐느끼거나 속이 텅 빈 듯한 기분을 느낀다. 각 감정을 고려할 때, 당신은 이런 감정을 몸에서 어떻게 느끼는지 파악해보자. 2장에서 소개한 '인지 실습: 무엇을, 어떻게, 어디에서 느끼는가'를 아직 하지 않았다면 지금이라도 해보길 바란다.

슬픔

슬픔은 우리를 압도할 만한 과거의 불행한 기억을 자주 불러일으키기 때문에 특히 고통스럽다. 우리는 슬픔을 자신이 영향력이나 통제력을 거의 발휘할 수 없다고 생각되는 환경이나 사람에 의해 발생한 상황과 연관시킨다.[2] 또 비탄이나 상실감, 아주 강렬하거나 가슴이 터질 듯한 아픔과도 연관시킨다.

슬픈 감정을 느낄 때, 사람들은 종종 우울하다고 말하곤 한다. 슬픔은 일시적이며 특정한 순간이나 경험의 산물이다.[3] 우울증은 계속 슬픈 기분을 느끼면서 긍정적인 감정을 경험하지 못하는 상태다.[4]

어떤 경험이나 계기 때문에 우울증이 유발될 수도 있지만, 그게 우울한 상태를 유지하는 유일한 원인은 아니다.

슬픈 감정이 들면 기억 및 학습과 관련된 뇌 영역으로 이루어진 변연계[5]의 활동이 증가하고, 그 결과 우리는 더 많은 부정적 자극에 주의를 기울이게 된다. 정서 반응을 담당하는 뇌의 주요 영역인 편도체가 흥분하면 더 겁에 질려서 반응하는 경향이 있다. 또 과거의 기억을 많이 끄집어내는 경향이 있는데, 거기에는 특히 슬픈 기억이 두드러지게 많다.[6] 이 뇌 부위를 자극하면 안전하고 즐거운 것에만 접근하고 위험한 것은 피하려고 하는 선천적인 경향이 활성화된다.[7] 슬픔은 다른 사람에게 손을 내밀어 지금 내가 고통받고 있으며 위로가 필요하다는 걸 알리게 할 수도 있다. 또 힘든 순간에 위로와 도움을 줄 가능성이 가장 큰 이들에게 다가갈 수 있게 도와준다. 하지만 다른 이들이 안전하지 않다고 생각하면, 그들을 피하면서 슬픔 안에서 자신을 고립시키게 된다.

수치심

수치심은 자신이 불충분하거나, 불완전하거나, 흠이 있거나, 하자가 있거나, 나쁘다는 믿음과 관련이 있다.[8] 또 높은 수준의 혹독한 자기비판과도 관련이 있는데, 이 때문에 수치심이 더욱 심해진다. 이 두 가지는 수치심이 자기비판으로 이어지고 자기비판이 다시 수치심으로 연결되는 악순환 속에서 서로 뒤얽힌다. 그러니 왜 많은 사람이 수치심을 느끼고 싶어 하지 않는지 쉽게 이해할 수 있을 것이다.

수치심에는 두 가지가 있다. 사회적인 기능을 하는 '일반적인 수치심'과 자기는 사랑받을 수 없는 사람이고 타고난 결점이 너무 커서 절대로 이 단점을 보완할 수 없다고 느끼는 '핵심 수치심'이다. 이 두 가지는 기원이나 기능이 서로 다르다.[9]

일반적인 수치심은 보통 사회적으로 거부당했다고 느끼거나 자존심 또는 사회적 지위가 위협받았다고 느끼는 데서 비롯된다.[10] 이 경우 신체는 자신에 대한 위협을 인식했을 때와 마찬가지로 공포 반응을 보인다. 자신을 보호하기 위한 행동에 나설 채비를 하느라 코르티솔이 대량으로 분비된다.[11]

수치심에 대한 가장 일반적인 반응은 순순히 받아들이는 것이다. 자신이 잘못했다고 순순히 인정하면 다른 사람의 공격성이 감소하는 경향이 있다.[12] 수치심을 표현하면 양쪽 모두 좀더 긍정적인 사회적 행동을 하게 된다. 자신의 잘못을 인정한 사람은 그 행동을 보상하기 위해 친사회적인 행동을 하고, 그러면 수치심을 일으킨 사람역시 보다 협조적이고 너그럽게 행동하는 경향이 있다. 수치심에는 부정적인 내용이 담겨 있지만, 사람들이 너그러운 태도로 수치심을 표현하면 서로를 친절한 태도로 대하게 되고 사람들을 하나로 묶어주는 긴밀한 유대관계가 형성된다.[13]

핵심 수치심은 어릴 때 심한 비판이나 신체적 학대, 언어폭력을 경험한 사람들에게서 나타난다. 적절한 재접촉이나 치유 과정 없이 이런 해로운 상황에 만성적으로 노출되면 핵심 수치심이 생긴다.[14] 일반적으로 수치심과 관련된 코르티솔과 공포 반응은 개인의 신체적·정서적 건강에 많은 피해를 주는데 사람들은 계속 참아낸다.[15] 이렇게 수치심을 느끼는 상태가 계속되면, 사람들을 피하게 되고 자존감이 떨어지며 사회적 불안이 커지고 우울증에 걸릴 위험도 커진다.[16] 나는 심리치료사로 일하는 동안 성적 학대나 성폭력 때문에 발생한 수치심이 만성적인 대인 기피로 이어지는 모습을 여러 번 봤다.

무력감

무력감은 자신이 작고 힘없고 연약한 존재라는 느낌과 연관이 있고, 사람·사건·상황에 영향을 미칠 수 없을 때 생기는 경우가 많다. 안절부절못하는 기분으로 다가올 일을 마냥 기다리기만 하는 것인데, 이 경우 불안감까지 생길 수 있다. 자신이 통제하기 힘들거나 통제가 아예 불가능한 상황 또는 상황이 내 손에서 벗어났다고 생각될 때 무력감이 느껴질 수 있다.

통제력이 부족하면 어렵고 고통스러운 상황을 피할 수 없다.[17] 무력감도 수치심과 마찬가지로 신체의 공포 반응과 각성을 야기해서 이런 피할 수 없는 상황에 대처할 준비를 하게 한다.[18] 무력감을 느끼면 변화하려는 동기가 생기기도 한다.[19] 그리고 스트레스 요인에 대처하면 그게 자기 통제 범위 밖에 있더라도 자존감과 문제 해결 능력, 자기 효능감을 키울 기회가 생긴다.[20]

그러나 장기간에 걸쳐 무력감을 느끼면, 예를 들어 학대받거나 무시당하는 상황이 오래 지속되면 해를 입게 된다. 동물과 인간은 '학습된 무기력'을 경험할 수 있는데, 이는 우울 상태와 비슷하다. 피할 수 없는 고통에 직면하는 것에 너무 익숙해진 나머지 더는 행동에 나서거나 변화를 이루려는 의욕을 갖지 못한다.[21] 학습된 무기력도 핵심 수치심과 마찬가지로 오랫동안 지속되는 상태이며, 더 면밀한 주의가 필요하다.

분노

분노는 주로 두 가지 기능을 한다. 하나는 보호 반응으로, 사회적 소통을 용이하게 한다. 괴로움이나 피해, 고통에 대응하는 방법으로 이를 이용할 수 있어야 한다. 어떤 상황에서 부당한 취급을 받았는데 그때 자기 행동이 도덕적으로 옳았다고 생각하면 분노가 치밀 수 있다.[22] 분노를 부정적인 감정으로 여기는 시선이 압도적으로 많지만, 한편으로는 보호적이고 친사회적인 반응을 끌어낼 수도 있다. 일테면 사회적으로 불리한 처지에 있는 사람들을 위해 행동하거나, 부당한 취급을 받는 사람을 위해 항의하거나, 희생양이 된 사람을

돕게 한다.[23]

분노는 자신에게 중요한 것에 대한 당신의 감정적 투자를 반영한다. 제대로 표현하자면, 분노는 상대방이 당신에게 상처를 줬고 다시는 그와 비슷한 행동을 하지 말아야 한다는 걸 알려준다. 마찬가지로, 만약 당신이 상대방에게 상처 입히는 행동을 했을 때도 그 고통을 표현하는 감정이 분노다.[24] 나는 내담자들 중 자신을 괴롭히는 이들이 한 번도 분노를 표현해본 적이 없다는 사실을 알게 됐다. 하지만 분노를 드러내서 자신이 상처받았다는 사실을 알리지 않는다면 가족이나 친구, 동료 등은 당신에게 계속 해로운 행동을 할지도 모른다.

분노는 혈압, 심장 박동 수, 얼굴로 향하는 혈류 증가(홍조)와 관련이 있기 때문에 불편할 수 있는데[25] 이는 전부 공포나 공황상태와 관련된 신체 반응이다. 이런 신체 반응은 불안감을 주기 때문에 사람들은 어떻게든 피하려고 한다. 하지만 안타깝게도 회피는 효과가 없으며, 심지어 피해를 줄 수도 있다. 분노를 적절하고 도움이 되면서 정중한 방식으로 표현해야 하는데, 그 방법은 문화권에 따라 다르다.

무력감을 느껴 분노 표출을 피하거나 이전의 고통스러운 기억에 사로잡혀 있다가, 분노가 격해지면 미친 듯이 화를 내거나 공격적인 태도를 보이면서 모욕적인 말부터 폭력적인 행동까지 다양한 양상을 나타낸다. 미국 · 영국 · 호주 · 프랑스 같은 나라에서 이런 행동이 많이 나타나는데, 이유를 불문하고 공격과 폭력은 불법으로 간주된다. 하지만 아동 학대(페루, 나이지리아, 터키, 수단), 배우자 폭행(인도, 중국, 파키스탄, 요르단), 성폭력(파키스탄, 남아프리카) 같은 공격적 행위를 문화적·사회적 규범에 따라 여전히 옹호하는 나라들도 있다. 세계 각지에서는 편협한 사고방식, 고정관념, 특정 집단에 대한 차별 등의 형태로 공동체 폭력이 계속되고 있으며, 갈등을 해소하는 방편으로 폭력을 사용하는 사례도 꾸준히 이어지고 있다.[26]

분노가 반드시 폭발하듯 터져 나오거나 남을 상처 입히거나 파괴적일 필요는 없는데, 많은 이들은 자신이 겪은 분노 경험 때문에 이 감정을 피하려고 애쓴다. 분노를 숨기거나 피하면, 나중에 끔찍한 대폭발로 이어질 수 있다. 감정을 영원히 무시하는 건 불가능하다. 이런 분노 폭발의 원인이 되는 생각들도 있다. '난 그냥 조용히 있을 거야. 다른 사람을 상처 입힐 말은 하지 않는 게 좋아', '내가 화났다고 말해봤자 소용없어. 어차피 아무 영향도 미치지 못할 테니까', '저들은 내가 소리를 질러야만 내 말을 진지하게 받아들일 거야' 같은 생각들 말이다. 종종 악영향을 미치는 감정 표현 방식인 소리 지르기도, 사람들이 흔히 기대하듯 속이 시원해지기보다 더 큰 분노로 이어지는 경향이 있다.[27]

최상의 상황에서는 단순히 화가 났다는 말만으로도 분노를 전달할 수 있다. 특히 당신의 목적이 선의에서 우러난 것이고, 내부에 있는 사람들이 안전하다고 느낄 수 있는 가정적·사회적·업무적 환경을 촉진하기 위한 것이라면 이 방법이 통할 것이다. 하지만 다른 사람들이 자기 말에 귀를 기울이지 않거나 이해하지 못하거나 심각하게 받아들이지 않는다고 여기면 더 크고, 심술궂고, 격렬하고, 냉소적이고, 예측 불가능하고, 물리적인 방식을 이용해서 분노를 점점 강도 높게 표현하는 경우가 많다. 또 무력감을 느끼거나, 자신이 주변에 아무 영향도 미치지 못한다고 생각하거나, 다른 대안이 없다고 여기거나, 자신의 감정 상태를 제대로 관리하지 못할 때도 마찬가지다.[28]

분노를 오용하거나 부적절하게 표현하는 것도 다 분노를 키웠기 때문에 발생하는 일이다. 하지만 이런 분노 표출 방식은 애초에 남에게 상처를 주려는 의도도 없고 원래 '나쁜' 것도 아닌 분노 자체와는 전혀 다른 문제다.

데이비드는 분노를 제대로 다룬 본보기라 할 만하다. 그는 분노를 보다 건설적으로 표현하는 방법을 배운 뒤, 여자친구인 캐리에 대한 공격적인 태도를 바꾸겠다고 굳게 결심하고 그 결심을 실천했다. 그들은 커플 상담을 받으려고 나를 찾아왔다. 데이비드는 어릴 때 신체적인 학대를 당했고 어머니가 아버지의 가정폭력에 시달리는 모습을 본 적이 있기 때문에 분노를 제대로 표현하지 못했고, 때로는 남용하는 어른으로 자랐다. 데이비드는 여자친구와 언쟁을 벌일 때마다 사태를 금세 격화시켜서 모진 말들을 퍼부었고, 여자친구에게 직접 손을 대지는 않았지만 신체적인 위해를 가할 것처럼 가까이 다가가곤 했다. 캐리는 데이비드의 행동 때문에 그에게서 물러나 대화를 거부했고, 데이비드는 자신이 그녀에게 차단당해서 다시 연결될 방법이 없다는 생각에 종종 감정이 더 격화됐다. 그래서 악순환에 빠지곤 했다.

나는 데이비드에게 직장에서도 이런 식으로 행동한 적이 있는지 물어봤다. 그는 그런 적이 없다고 말했다. 난처한 상황에 처할 가능성, 직장의 행동 기준, 해고에 대한 두려움, 최근에 관리직으로 승진했으니 좋은 역할 모델이 되고 싶다는 욕구 등을 이유로 좋은 모습만 보였다고 한다. 데이비드와 내가 이해하고 있는 내용이 서로 같은지 알아보기 위해, 그가 자신이 말한 이유들 때문에 직장에서는 분노를 좀더 건설적인 방법으로 표현하기로 한 게 맞는지 확인했다. 그런 다음 그가 사적인 관계, 즉 자신이 사랑하고 결혼을 생각 중인 사람에 대해서 가지고 있는 이중적인 기준과 상반된 규칙에 대해 이야기했다. 그가 직장에서 공격성을 드러내지 않고 행동이 점점 과격해지지 않을 수 있다면, 집에서도 당연히 똑같은 통제력을 발휘할 수 있을 것이다.

데이비드에게 캐리와의 관계에서도 동료들을 대할 때와 똑같은 결정을 내리라고 하고, 당장 그날 밤부터 시작해보라고 제안했다. 그는 내 제안을 받아들였고, 그 후 데이비드와 캐리를 상담하는 내내 그가 다시는 여자친구에게 공격적인 행동을 하지 않았다는 걸 알게 됐다. 그는 화가 치밀어오르는 걸 느꼈지만, 그때마다 캐리를 대하는 낡은 패턴을 바꾸겠다는 결정을 내렸다.

분노 조절

분노를 표현하는 방식 때문에 고민이라면, 보다 효과적으로 분노를 조절할 수 있는 다음의 단계들을 참고하자.

- 분노를 관리하는 방법에 문제가 있다는 걸 인정한다.
- 점점 거칠어지거나 타인을 비하하거나 위협하거나 신체적으로 해를 입히지 않는, 선의에서 우러난 친절한 행동을 하겠다고 결심하고 실천한다.
- 자기 몸 어디에서, 어떤 분노가, 어떻게 느껴지는지 주목한다.
- 분노를 터뜨리기 전에 자신의 분노 표현 패턴에 주목한다.
- 자신의 패턴을 파악하고 신체에서 나타나는 분노의 단서를 관찰하면, 보다 건설적으로 분노를 표현할 방법을 택할 수 있다.
- 분노가 느껴지면 마음을 가라앉히기 위해 5~10회 정도 천천히 심호흡을 한다.
- 양손을 등 뒤에서 깍지끼고 마음이 진정될 때까지 기다린다.
- 선의와 침착함을 유지할 수 있는 자기 대화를 나눈다.
- 분노의 파도가 완전히 가라앉은 뒤에 말을 꺼낸다.
- 언성을 높이지 말고, 상대를 깎아내리거나 비꼬는 말투를 쓰지 않고 말한다.

당혹감

당혹감은 실수를 저지르거나 기대와는 다른 일을 했다는 사실을 자신은 물론 다른 이들 앞에서 인정해야 할 때 느끼는 감정이다. 심장 박동 수 증가, 근육 긴장, 안면 홍조, 체온 상승 같은 신체적인 불편함을 겪을 수 있다. 사람들은 당황하면 일반적으로 시선이 마주치는 걸 피하고, 말을 제대로 하지 못하며, 오히려 미소를 짓거나 평소보다 몸을 더 많이 움직인다.[29] 당혹감과 함께 찾아오는 신체적·사회적 불편함은 견디기 힘든 경우가 많다. 하지만 사교적인 면에서는 사실 이런 모습이 더 호감 가는 사람으로 만들어주기도 한다. 사람들은 누군가가 당황하는 모습으로 실수를 인정하면 더 관대해지는 경향이 있다.[30]

또 자신이 한 일을 후회한다고 말하면 다른 사람들이 더 동정해주는 경향이 있고, 이를 통해 치유와 재연결이 가능해진다. 실수를 인정하면 당혹감이 변화를 위한 동기를 제공해서 더 성장하도록 도와준다. 하지만 일이 잘못된 걸 직시하려고 하지 않으면 생각과 행동, 타인과의 관계에서 부적응적 패턴에 갇히게 된다.

실망

실망은 충족되지 않은 요구와 욕망, 기대에 직면했을 때 느끼는 감정이다. 뭔가 긍정적인 것을 기대하거나 예상했는데 원치 않은 불리한 결과가 생기는 일이 종종 있다.[31] 실망은 무력감과 특정 상황에 대해 통제력이 부족하다고 느끼게 한다.[32]

사람들이 실망감 때문에 힘들어하는 이유 중 하나는 예상치 못한 순간에 허를 찔리기 때문이다.[33] 언제나 실망할 가능성이 있다는 걸 알면서도, 자신의 희망과 꿈을 좇을 때는 그 사실을 계속 무시하거나 일축한다. 이는 불확실성으로 이어지며, 종종 뜻밖의 상황이 발생하기도 한다. 불확실성은 친숙한 환경에서 겪는 최악의 상황보다 더 큰 두려움을 유발한다. 다시 말해, 놀랍거나 예상치 못한 일을 접할 때마다 불안감이 싹트는 것이다.

실망은 다른 사람들의 공감을 불러일으켜서 필요한 지지를 얻을 수 있게 돕는다. 관계 안에서 실망감을 표현하면 상대에게 행동을 바꿀 필요가 있다는 사실을 전할 수 있다.[34] 실망감은 또 동기를 부여할 수도 있다. 실망을 경험해본 사람은 자신이 이루려는 일을 성취할 수 있도록 더 열심히, 끈질기게 일하려는 동기를 얻게 된다.[35]

실망은 종종 후회와 대조를 이룬다. 후회는 자신이 원하던 결과와 비교해 지금 얻은 결과가 싫을 때 잘못된 결정을 내렸다고 생각하는 데서 생긴다.[36] 이와 달리 실망은 그저 더 나은 결과를 원하는 것이기 때문에 여전히 같은 선택을 하게 된다.

한 가지 차이가 더 있다. 실망은 기분이다. "시험 성적이 나빠서 나 자신에게 실망했다"라고 할 때 '실망했다'라는 말은 판단을 드러낸다. "나 자신이 부끄럽다"라고 할 때의 수치심도 마찬가지다.

좌절감

생리학적으로 좌절은 높은 수준의 흥분이나 급성 스트레스 반응(투쟁-도주 반응)의 활성화와 관련이 있다.[37] 투쟁-도주 반응은 생명을 위협하는 상황이 닥쳤을 때 신속하게 대응하게 하여 싸워서 그 위협을 물리치거나 안전한 곳으로 도망칠 수 있게 해준다. 높은 수준의 좌절감은 심장 박동 수, 호흡, 얼굴 근육 활동의 증가를 통해 감지할 수 있다.[38] 이는 일반적으로 외부의 스트레스 요인이나 문제에 주의를 집중하고 주의력을 계속 유지하게 한다.[39] 좌절감은 또 동기부여 기능도 해서, 상황에 잘 적응해 위협이나 스트레스 요인을 해소하거나 감소시킬 수 있게 한다.[40]

현실적인 차원에서 보면, 좌절감은 분노와 실망의 결합이라고 할 수 있다. 좌절감 때문에 큰 어려움을 겪는 사람들은 대개 자녀들이 슬픔이나 실망감, 기타 불쾌한 감정을 느끼지 않도록 보호하는 부모 밑에서 자란 사람들이다. 언제나 욕구와 바람, 욕망을 즉각적으로 충족했거나(과보호를 통해) 성취와 성공만 경험해본(학교 등에서) 사람들은 현실적인 좌절과 맞닥뜨리면 금세 허우적댄다.

어릴 때 모든 일을 쉽게 해결했다면 좌절을 겪는 일이 적었을 것이다. 그 결과 좌절에 대처하는 방법을 배우지 못했기 때문에, 나이가 들면서 겪는 이런 일들을 헤쳐나가기가 더 어렵게 느껴진다. 하지만 성인이 된 뒤에라도 배우는 게 중요하다.

좌절감에 제대로 대처하지 못하는 사람들은 포기하고 물러나거나 금세 화를 내거나 짜증을 부린다. 심리학에서는 이를 '낮은 좌절 인내도'라고 부른다. 우리의 목표는 좌절을 이겨내는 능력을 키워서 원하는 바를 추구하는 것이다.

취약성

취약성은 여덟 가지 감정 가운데 가장 독특한데, 이는 부분적으로 다른 감정과의 상호작용 때문이다. 나는 취약성을 '상처받거나 배우려는 열린 자세와 의지'라고 정의한다. 취약성에는 두 가지가 있다. 하나는 보호 및 생존과 관련이 있는 선천적인 것이고, 또 하나는 다른 대상에 의지하기 위해 스스로 선택한 것이다. 또한 취약성 자체에는 이중적인 성격이 있다. 가장 큰 정서적 강점으로 간주되는 동시에 정서적 약점과도 연관이 있기 때문이다.

무의식적 취약성

이 유형의 취약성은 유명한 심리학자이자 신경과학자인 스티븐 포지스 박사가 '신경지neuroception'라고 명명한 개념을 통해 설명할 수 있다. 신경지는 안전과 위험, 생명을 위협하는 상황을 감지하는 잠재의식적 능력이다.[41] 인간은 이런 생물학적 보호 반응을 타고난다. 나는 이를 '무의식적 취약성'이라고 부르는데, 일정 수준에서 보면 모든 사람이 항상 취약하다는 개념과 관련이 있다. 우리는 누구나 상처를 받을 수 있으며, 다들 그런 경험을 한다. 그건 우리가 통제할 수 없는 일이다.

이런 무의식적 취약성은 생활환경이 급변할 때 뚜렷이 나타난다. 스트레스 반응을 유발하거나 우리에게 다칠 수 있다고 경고하는 실생활의 사건과 마주치면 취약하다는 느낌이 강해지고 증폭된다. 예상치 못한 비극적 사건 또는 충격적인 사건을 목격하거나 경험할 때마다(그게 자기에게 실제로 벌어진 일이건, 아니면 단순히 TV에서 본 것이건 간에) 자신의 취약성에 대한 인식이 고조된다.

그런 위협이 없을 때는 매시간 또는 매일 의식적으로 그런 생각을 하지는 않지만, 어딘가에서 고통받고 죽어가는 사람들에 대해 알게 되거나 관련된 이미지를 보면 그에 반응해 공감과 취약성을 느끼는 일이 많다. 특히 그 상황이 자신이 살면서 겪는 상황과 유사할 때는 감정적 반응이 더 크게 나타난다. 예를 들어 대규모 음악 행사에 참석하는 걸 즐기던 사람이 어떤 콘서트에서 사고가 발생해 사람들이 죽거나 삶이 완전히 변해버렸다는 걸 알게 되는 경우가 그렇다. 다만 자연재해(지진, 홍수, 산사태, 화재, 토네이도, 허리케인 등)나 인재(총기 폭력, 강간, 전쟁 등)를 멀리서 목격하는 경우에는 그 순간 즉시 신체적으로 더 취약한 상태에 처하지는 않는다. 이때 우리에게 생기는 변화는 자신이 취약한 존재라는 사실을 좀더 명확하게 인식하게 되는 정도다.

의식적 취약성

우리가 의지할 수 있는 취약성도 있다. 개인적·직업적·사회적인 위험 감수를 진지하게 고려할 때는 상처받는 것(비웃음, 조롱, 놀림, 부끄러움 등)에 대해서도 마음을 열게 된다. 대중 연설, 운동 경기 참가, 연기, 노래, 악기 연주, 자기 글이나 그림 공개 같은 상황을 생각해보라. 심지어 제스처 게임을 하면서 친구들 앞에서 연기를 할 때도 취약하다는 기분이 들 수 있다. 당혹감과 무력함은 취약성과 동일시되는 가장 흔한 감정이다.

더 개인적인 차원에서 살펴보면, 자기 개인적인 역사의 중요한 부분을 남들에게 알릴 때도 의식적인 취약성이 필요하다. 실망, 슬픔, 분노 또는 배려와 사랑의 마음을 표현하는 것도 전부 의식적·의도적으로 자신의 취약성을 드러내는 방법이다.

나는 스스로 취약해지고자 할 때 가장 큰 감정적 힘을 발휘하게 된다고 믿는다. 취약한 모습을 보였을 때 생기는 가장 달갑지 않은 결과가 다른 일곱 가지 불쾌한 감정 중 한 가지 이상을 경험하는 것이라면, 그리고 자신이 이런 감정에 대처할 수 있다는 걸 안다면, 나약한 감정을 유도하는 활동이나 일을 많이 선택할 가능성이 커진다. 즉 자신의 목표를 추구하기 위해서 위험을 감수하는 게 쉬워진다는 뜻이다.

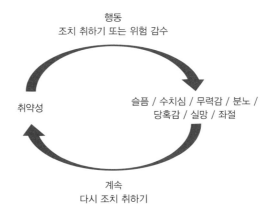

이 모형이 반대 방향으로 움직이는 모습도 볼 수 있다.

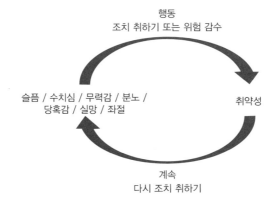

나머지 감정을 편안하게 경험하고 이겨낼 수 있다고 믿는다면, 자신
이 원하는 바를 추구하기 위해 취약한 모습을 보이거나 위험을 감수
하기가 쉽다.

의식적 취약성은 취약해지는 쪽을 택한다는 것이다. 그리고 취약

성을 택한다는 것은 다른 일곱 가지 감정을 참을 수 있다는 뜻이다. 우리는 그래야만 한다. 왜냐고? 이런 감정은 일이 뜻대로 되지 않을 때 가장 일반적으로 나타나는 감정들이기 때문이다. 그리고 다른 일곱 가지 감정에 대처할 수 있다면 의식적이든 무의식적이든 취약해지는 걸 감당할 수 있다. 어디서부터 시작하는지는 중요하지 않다. 시작한다는 것 자체가 중요하다. 어느 쪽으로든 감정에 의지하자. 양쪽 다 자신은 유능하고 재주가 있다고 느끼는 결과를 얻게 될 것이다.

취약성과 정서적 약점

관계 취약성이 정서적 강점과 약점 모두와 관련이 있다는 얘기로 돌아가 보자. 앞에서 말한 것처럼, 자신에게 의미 있는 일을 추구하기 위해 위험을 무릅쓰고 '도전해보겠다'고 의식적으로 결정할 때 가장 큰 감정적 힘을 발휘할 수 있다.

하지만 만약 자신이 감정적으로 나약하다고 여기거나 그렇게 말한다면, 그건 대부분 다른 쪽에서 나약함을 느끼고 있기 때문이다. 이 경우의 취약성은 자신이 상처 입을 수도 있다는 인식과 관련이 있다. 원치 않는 감정적 결과에 직면할 위험을 감수하고 싶어 하는 사람은 없기 때문이다. 잠깐 앞의 내용을 떠올려보자. 1장에서 우리의 감정적 경험과 단절되거나 주의를 산만하게 하거나 억압하는 모든 태도와 행동은 우리를 취약하게(감정적으로 약하게) 만든다고 얘기했다. 이런 식으로 행동하면 자신을 보호해줄 수 있는 생각이나 감정, 욕구, 인식, 기타 정보 흐름에 접근할 수 없다. 그 결과, 힘든 상황이나 사건에 진정성 있고 이로운 방식으로 대응할 수 있는 감정적 자원이 적기 때문에 상처받을 가능성이 더 크다.

예를 들어 어떤 여성이 자기를 모욕하는 남자친구에게 느끼는 실망과 분노를 계속 억누른다고 해보자. 이때 몇 가지 상황이 발생할 수 있다. 시간이 지나면서 그녀는 이런 감정을 느끼는 데 어려움을 겪게 되고, 설령 느낄 수 있다고 하더라도 의식적으로 그 감정을 차단하기 때문에 분노가 그녀를 보호해줄 수 없다. 어떤 경우든, 그녀는 자신이 무능하고 상처받기 쉽다고(나약하다고) 느끼게 될 것이다.

감정 인식 그리드 Emotional Awareness Grid™

감정 인식 그리드는 당신이 자신의 감정에 어떻게 반응하는지 잘 알 수 있게 도와준다. 다음 표의 왼쪽에는 여덟 가지 불쾌한 감정이 나열되어 있고, 상단에는 그 감정에 대해 나타낼 수 있는 반응을 나열한 카테고리가 있다. 자신의 감정에 반응하는 방식을 가장 정확하게 나타낸 설명에 체크 표시를 하면 된다.

대부분 사람은 다음에 열거된 한 가지 이상의 감정 때문에 힘든 시간을 보내고 있다. 이 모든 감정을 비교적 쉽게 받아들이는 사람은 거의 만나보지 못했다. 어떤 사람은 실제로 이 그리드에 열거된 모든 감정 때문에 힘들어하기도 하는데, 당신이 그런 상황이라도 너무 걱정하지는 말기 바란다. 함께 노력하면 이 감정들을 편안하게 받아들일 수 있게 될 것이다.

이런 감정을 억누르거나 억지로 전환하지 않고, 쉽고 효과적으로 관리하고 있는가? 첫 번째 단계에서 가장 중요한 건 인식이다. 다음 표를 작성해보자.

	압도 당한다	그런 감정이 존재하지 않는 것처럼 행동한다	무시 한다	회피 한다	인정 한다	참는다	받아 들인다	포용하고 거기서 교훈을 얻는다
	1	2	3	4	5	6	7	8
슬픔								
수치심								
무력감								
분노								
당혹감								
실망								
좌절								
취약성								

감정 경험 그리드Emotional Experience Grid™

이제 감정을 억지로 전환하거나 무시하는 것부터 다른 사람에게 그 감정을 표현하는 것에 이르기까지의 연속선에서 자신은 감정을 어떻게 이용하고 있는지 주목해보자. 자신이 감정을 억지로 전환하거나 무시하거나 억누르거나 그 감정에 사로잡혀 있는지, 감정을 제대로 자각하고 있는지(자신이 슬프다는 걸 느끼고 우는 것), 그 감정을 신체적으로 충분히 경험하고 있는지(눈물이 나와서 우는 것), 자기에게 영향을 미치는 이들에게 그 감정을 편안하고 적절하게 표현하는지 등을 표시한다.

	감정을 억지로 전환하거나 무시하거나 억누르거나 사로잡혀 있다	(신체 감각을) 인지하고 있다	충분히 경험한다	말로 표현한다
슬픔				
수치심				
무력감				
분노				
당혹감				
실망				
좌절				
취약성				

감정을 조절하기 힘들면, 감정을 경험하고 표현하는 데에도 문제가 생긴다. 위의 그리드에 표시한 자신의 응답을 확인하면서, 제대로 경험하거나 표현하기 어려운 느낌 또는 감정에 주목하자. 이 특정한 감정과 관련해 겪고 있는 문제는 무엇인가? 자신을 힘들게 하는 게 뭔지 아는가? 관찰한 내용을 기록해두자.

감정 조절

이제 자신이 어떤 식으로 힘든 감정을 겪고 있고, 그중에서 특히 관리하기 힘든 감정이 뭔지도 알게 됐으니, 그런 감정을 느낄 때 '어떻게 해야' 하는지 알아보자. 그러려면 우선 자신의 생각과 감정, 욕구, 감각, 인식을 인정하고 받아들이고 신뢰해야 한다.[42] 감정 경험의 이런 요소들을 인식하고 나면, 그 정보를 평가하고 이해하고 활용해서 결정을 내리거나 자신을 표현하거나 행동을 취할 수 있다.[43]

어떤 이들은 견디기 힘든 감정이 들면 재빨리 그 기분을 끊어내거나, 주의를 딴 데로 돌리거나, 막으려고 한다. 최근에 어떻게든 눈물을 흘리지 않으려고 하는 40대 여성 두 명과 이야기를 나누었는데, 그들은 정말로 수십 년 동안 울어본 적이 없다고 했다. 한 사람은 슬픔과 눈물을 너무 오래 억누른 탓에 극심한 두통과 턱 통증에 시달렸다. 다른 한 여성은 정서적인 삶을 제대로 누리지 못했고, 평소에도 자기 생각은 얘기하지만 감정에 대해서는 절대 얘기하지 않았다. 이 여성들도 리셋이 뭔지 이해하자 둘 다 눈물을 흘릴 수 있게 됐다. 그들은 감정의 물결이 밀려간 뒤 곧바로 찾아오는 조용한 평온을 경험했다. 지속적인 연습 끝에 두 여성의 남자친구들도 이제 자신들의 내면에 많이 접근할 수 있게 됐고, 그 결과 관계의 친밀감에도 변화가 생겼다고 전해왔다.

나는 25년 넘게 대학원 강의를 하면서 감정을 억지로 전환한다는 개념에 대해 가르쳤다. 어느 학기엔가 이 주제로 강의를 하고 전체 토론까지 마치고 나서 몇 주가 지났을 때의 일이다. 내가 가르치는 대학원생 아리엘이 자기는 특히 감정과 관련된 신체 감각을 전환하거나 단절시키는 방법으로 감정을 다스려왔다고 말했다.

아리엘은 먼저 자신의 TV 시청 패턴부터 설명했다. 그녀는 자기 내면의 불편한 감정을 자극하는 장면이 나오면 바로 채널을 돌렸다. 불안감을 유발하는 긴장감 넘치는 장면이건, 분노나 폭력을 묘사한 장면이건, 공감을 불러일으키는 뉴스나 슬픈 기억을 떠올리게 하는 광고건 가리지 않고 감정을 자극하는(그리고 결과적으로 신체적인 감각까지 자극하는) 장면이 나올 때마다 매번 채널을 돌린 것이다.

그녀의 목표는 대니얼 시겔이 '감정 내성 범위'라고 부른 영역 안에서 자신의 감정적 경험에 대처하는 것이었다.[44] 이는 효과적으로 기능하는 일상적인 능력에 지장을 주지 않는 선에서, 인생의 여러 사건과 상황에 대한 다양한 감정적(그리고 신체적) 반응을 이해하고 대처할 수 있는 영역이다.[45]

아리엘은 지금까지 자신이 감정을 피하려고 노력해왔다는 걸 새롭게 인식하면서, 감정을 경험하고 처리하는 방식을 크게 바꿨다. 그녀는 우선 자신의 패턴에 주목하고, 그다음에는 감정적인 동요를 느낄 때마다 채널을 바꾸고 싶다는 충동을 참는 연습을 했다. 그런 훈련을 통해 감정의 파도를 타는 방법을 깨우쳤다.

아리엘은 자신의 행동을 바꾸려는 의욕이 강했다. 그녀는 어떤 감정이 환기되는지 서서히 의식한 다음, 그 감정이 신체 어디에서 어떤 느낌을 주는지에 주목했다. 그리고 그 감정을 견뎌내는 능력이 더 커질 수 있도록, 그 경험을 피하지 않고 계속 머물렀다. 시간이 지나면서 아리엘은 자신이 과거의 고통스러운 사건에 대한 기억에서 벗어나려고 TV를 볼 때 불편한 기분이 드는 걸 피했다는 사실을 깨달았다. 하지만 이제는 그런 상황에서 배울 수 있는 것들에 초점을 맞추면서 단순한 추억으로 바라볼 수 있게 됐다. 시간이 더 지난 뒤, 아리엘은 다른 사람들에게 자신의 속마음을 표현하기 시작했다. 그리고 그토록 오랫동안 자신을 꼼짝 못 하게 가둔 감정과 거리를 두던 버릇을 버렸다.

아리엘은 리셋을 이용해 자신의 감정적 불편에 맞서면서부터 불편한 생각과 감정, 신체 감각을 조절하는 능력을 키워 감정 내성 범위를 넓혀나갔다. 이 영역이 확장되자, TV 시청처럼 감정을 촉발하던 상황에 대한 정서적 반응이 별로 위협적으로 느껴지지 않았다.

아리엘의 경험담에는 TV 시청처럼 단순하고 일상적인 상황이 포함되어 있어서 더욱 흥미롭다. 그러나 그녀는 이런 일상적인 행동을 하면서도 자신이 두려워하는 어떤 감정 때문에 불쾌감을 느낄 기회나 가능성을 일부러(무의식적이기는 해도) 거부했다. 수업 시간에 이와 관련된 토론을 하기 전까지, 아리엘은 자신이 그저 채널을 자주 바꾸는 습관이 있을 뿐이라고 생각했다. 습관적인 채널 변경이 사실 불쾌한 감정을 피하기 위한 대응 기제라는 생각은 해본 적도 없었다.

감정 내성 범위 확대: 무서운 영화 요소

아리엘은 TV를 보면 너무 심한 자극을 받아 감정이 격해지고 활성화되기 때문에(신경과학 용어로는 '과잉각성'), 평소처럼 제대로 기능하면서 자아감을 유지하기 위해서는 TV가 환기시키는 모든 이미지와 생각, 감정, 기억, 신체 감각에 대처할 수가 없었다.[46] 그녀는 위협적이지 않은 상황에서 이런 극단적인 감정 유발 반응을 경험했고, 이 때문에 감정적인 균형을 잃어버렸다.

사람은 또한 과소각성이나 완전한 무감각 같은 다른 극단을 경험할 수도 있다. 과소각성은 과잉각성처럼 폭발적으로 반응하는 게 아니라 마음의 문을 닫고 가만히 있는 것이다. 과소각성인 사람은 신체적인 감각이 느껴지지 않고, 감정적 반응이 적으며, 정서적인 무감각이나 생기 없는 공허함을 경험할 수 있다.[47]

어느 방향으로든 극단적인 반응(특히 적절치 않은 상황에서도 '항상' 이런 반응을 보이는 경우)을 보이면 갈수록 적응력이 떨어진다. 과잉각성과 과소각성 모두 쇄도하는 감정에 압도당하는 기분을 느끼는 상태다. 하지만 감정의 홍수에 대처하는 전략은 서로 다르다. 한쪽의 전략은 폭발적인 반응을 보이는 것이고, 다른 한쪽은 마음의 문을 닫고 물러서는 것이다. 아마 당신도 이 두 가지 설명에 들어맞는 사람을 한두 명쯤은 떠올릴 수 있을 것이다. 자신은 어떻게 반응했는지 생각해보자.

매일 또는 매시간 많은 요소가 당신의 감정 내성 범위를 넓히거나 줍히는 데 영향을 미친다. 예를 들어 차분하고 집중되고 만족스럽고 상쾌하고 활력을 느끼면 감정 내성 범위가 넓어진다. 반면, 신체적으로 피로하거나 감정적으로 소비된다는 느낌이 들면 감정 내성 범위가 좁아질 수 있다.[48] 당신이 사랑하고 당신을 지지해준다고 생각되는 사람들과 함께 있으면 내성 범위가 넓어지고, 잘 모르거나 좋아하지 않는 이들과 함께 있으면 내성 범위가 좁아진다. 호기심 가득한 태도를 취하면 내성 범위를 넓힐 수 있고, 비판적인 태도는 내성 범위를 좁힌다.

감정 내성 범위를 균형 잡힌 시선으로 바라보려면, 무서운 영화를 좋아하는지 싫어하는지 생각해보면 된다. 무서운 영화를 즐기는 사람은 그 영화를 볼 때 느껴지는 아드레날린 분출이나 다른 신체 감각 때문에 좋아한다고 말하곤 한다. 무서운 영화를 싫어하는 사람은 대개 그와 똑같은 이유로 싫어한다. 그들은 폭력의 위험, 불안한 예상, 폭행, 놀라움 등으로 촉발되는 신체 감각을 싫어한다. 여기에 '더 나은' 반응이나 '더 나쁜' 반응은 없다. 단지 무서운 영화를 싫어하는 사람들은 감정 내성 범위가 좁고, 무서운 영화를 좋아하는 사람은 자신이 보는 내용 때문에 생기는 신체적 감각에 대한 내성 범위가 넓을 따름이다.

감정 내성 범위는 감정을 경험하는 방식에 사람마다 많은 차이가 있는 이유를 보여준다. 감정 내성 범위와 함께 강도, 민감성, 회복 과정 등 감정을 인지하는 방식에 영향을 미치는 요소들도 매우 관련성이 높다.[49] 여덟 가지 감정을 각기 다른 강도로 느끼므로 감정에 자극받는 정도도 사람마다 크게 차이가 나고, 감정을 인식한 뒤 이를 얼마나 많이 또는 적게 경험하는지도 저마다 다르다. 자극에 반응할 때, 특정한 감정을 인식하는 강도는 방출된 신경전달물질의 양과 그때 뇌에서 발화되는 뉴런 수에 따라 달라진다.[50] 신경생물학적으로 감정이 '범람한다'라고 느낄 때는 실제로 그런 상황에 처해 있는 것이다.

어떤 불쾌한 감정은 수월하게 처리하면서 다른 감정은 그러지 못하는 이들이 많다. 예를 들어 당신이 슬픔과 분노, 당혹감은 아무렇지 않게 받아들여서 감정을 폭발시키거나 마음의 문을 닫아걸지 않는다고 가정해보자. 하지만 실망감의 경우, 조금만 실망해도 마음이 흐트러지거나 모든 게 허물어지는 기분이 든다고 해보자. 그렇다면 실망감이 너무 강렬하고 참을 수 없게 느껴져서 다른 불쾌한 감정과 똑같은 방식으로 처리하는 게 불가능한 거라고 말할 수 있다.

이는 아주 작은 자극에도 '평가 시스템'을 가동시키는 민감도의 경우에도 마찬가지다.[51] 평가는 지금 벌어지고 있는 일에 즉각적이고 세심한 주의를 기울이도록 경고하는 뇌 기능의 한 측면이다. 당신도 패턴을 감지할 수 있을 것이다. 어떤 사람은 아주 미약한 자극이나 도발에도 거의 즉각적으로 반응하는 반면, 어떤 사람은 주변의 영향을 받지 않거나 아무 일도 없는 것처럼 행동한다.[52] 후자에 속하는 이들 중에는 심지어 어떤 상황이 불쾌하다는 것조차 알아차리지 못하는 사람도 있다. 어떤 사람은 각성도가 너무 낮아서 외부의 신호에 완전히 무감각하기도 하다. 예를 들어 1(낮음)부터 10(높음)까지의 척도에서, 나는 3일 때 당황함을 느끼지만 쉽게 당황하지 않는 사람은 상황이 7 정도 되어야 알아차리는 식이다.

내성, 강도, 민감도 범위는 사람들이 자기 내면에서 다양한 감정 상태를 경험하는 방식과 감정에 반응하는 다양한 방식을 이해할 수 있도록 도와준다. 우리가 같은 상황에 대처하고 있다고 가정해보자. 친한 친구가 생일 파티에 또 오지 않았다. 나는 그에 대한 반응으로 슬픔을 느끼는 데 비해 당신은 화를 낸다. 아마 내게서 화난 반응을 끌어내려면 더 큰 자극이 필요하고, 당신에게 슬픈 반응을 끌어내고자 할 때도 마찬가지로 더 큰 자극이 필요할 것이다. 사람에 따라 어떤 감정이 다른 감정보다 더 자연스럽게 나타날 수 있다는 얘기다.

그리고 자신의 반응을 '극복하는' 문제와 관련해서는, 내가 당신보다 더 쉽고 빠르게 그 반응에서 벗어날지도 모른다. 이를 회복 과정이라고 하는데, 감정 내성 범위의 한도를 넘어섰을 때 자신을 달래고 진정시킬 수 있는 쉽고 빠른 방법이다.[53] 심호흡, 명상, 자기 생각과 감정을 판단하거나 반성하는 능력, 자신을 지지해주는 친구와의 대화, 일기 쓰기, 산책 등은 모두 감정을 조절하고 반응의 강도를 낮추고 회복을 촉진하는 활동이다.[54]

나는 내담자를 비롯해 많은 사람이 여덟 가지 불쾌한 감정을 경험하는 동안 각자 감정을 느끼는 강도와 민감성, 회복 정도에 차이가 있음을 관찰했다. 당신이 슬픔을 느끼는 방법은 내가 느끼는 방법과 다르다. 내가 분노를 경험하고 표현하는 방법 역시 당신이 이를 경험하고 표현하는 방법과 다르다. 또 내가 여러 가지 감정에서 회복되는 속도도 당신의 회복 속도와 다르고, 그 밖의 것도 다 마찬가지다. 경험은 매우 개인적이기에 사람마다 차이가 있다. 유전학, 기질, 살아온 역사, 트라우마 때문에 감정 내성 범위가 좁아지거나 넓어지기 때문이다. 그것이 특정한 감정을 처리하는 방식이나 타인과의 상호작용, 민감도, 회복력에도 영향을 미친다는 걸 고려하면 이런 차이가 생기는 것도 당연한 일이다.[55]

매우 민감한 사람

내 주변에는 자신이 매우 민감하다거나 감성이 과도하다고 이야기하는 사람들이 많다. 이런 사람들은 감정을 매우 강렬하고 민감하게 느끼고, 종종 자신의 감정뿐만 아니라 다른 사람들의 감정까지도 '흡수'한다고 말한다. 그 결과 감정이 흘러넘치는 기분을 느끼는 일이 많다. 당신도 이렇게 민감하다면 감정에 대처할 다른 전략을 개발할 필요가 있다. 이게 자기 얘기처럼 들린다면, 일레인 아론이 쓴《타인보다 더 민감한 사람》이 많은 도움이 될 것이다.[56]

감정에 꼬리표 붙이기

연구 결과를 보면 감정에 정확한 이름을 부여하거나 꼬리표를 붙이는 게 왜 중요한지 알 수 있다. 감정을 말로 표현하면 실제로 그 감정 자체에 대한 신경 반응이 바뀌기 때문이다. UCLA의 심리학자 매슈 리버먼 박사는 감정에 꼬리표를 붙이면 감정적인 상태가 생각하는 상태로 전환되는 효과가 있다고 말한다. 그는 연구를 통해 감정에 꼬리표가 붙으면 편도체(도주-투쟁 반응의 중심)와 그 외 변연계 부위의 활동량이 줄어들고, 우측 외배측 전두엽피질(사고를 담당하는 부분)의 활동량이 늘어난다는 사실을 발견했다.[57]

리버먼은 이런 영향을 발휘하는 꼬리표 붙이기를 '부차적인 감정 조절 전략'이라고 불렀는데, 불쾌한 감정을 의도적으로 떠올리거나 되새기는 것은 감정적 경험을 처리하고 조절하는 데 효과적인 방법이 될 수 있다.[58] 감정에 이름이나 꼬리표를 붙이면 마음을 가라앉히거나 긴장을 늦추고, 중심을 잡고, 감정이 범람하는 일을 줄일 수 있다. 또한 충동성을 감소시키고, 통제력을 높이는 등 여러 가지 효과를 발휘할 수 있다. 매우 효과적인 방법이며, 이를 말로 하든 글로 쓰든 상관없이 똑같은 이득을 얻을 수 있다.[59]

오랫동안 감정을 피했다면, 처음에는 구체적인 감정 상태를 구분하는 능력이 떨어져서 기분이 '좋은지 나쁜지' 정도만 느낄 수 있다. 그러다가 시간이 지나면 '마음이 아프다'라거나 '속상하다' 같은 일반적인 감정 설명으로 옮겨갈 수 있다. 더 나아가 자신의 감정을 파악하고 설명하는 데 능숙해지면 경험을 완전히 바꿀 수 있다. 그 결과 더 힘이 생긴 듯한 느낌이 들고, 감정적으로 강해지며, 자신감이 커지고, 마음이 편안해질 것이다.

일을 할 때든 개인 생활을 누릴 때든, 감정을 더 정확하게 표현하거나 되돌아볼수록 마음이 차분해진다. 예컨대 단순히 '상처받았다'라거나 '속상하다'라고 말하는 것 이상의 뭔가가 필요하다. 이런 말은 너무 일반적이고 모호해서 당신이 실제로 느끼는 감정을 완전히 담아내긴 어렵기 때문이다. 불쾌한 감정을 표현할 자기만의 언어를 만들려면, 먼저 이 여덟 가지 불쾌한 감정에서 출발해야 한다.

내담자들이 '기겁했다'라고 말하는 걸 자주 듣는데, 그들에게 이 말은 대개 슬퍼서 울기 시작했다는 뜻이다. 하지만 어떤 사람들은 화가 나거나 좌절했다는 의미로 쓸 수도 있다. 그러니 '기겁했다'라는 말은 슬프다거나, 화가 났다거나, 좌절했다고 말하는 것보다 모호하면서 동시에 훨씬 극단적인 표현이라는 걸 알 수 있다. 감정에 정확한 꼬리표를 달면 그 감정을 느끼는 강도에 차이가 생긴다.

내가 파악한 여덟 가지 불쾌한 감정은 가장 흔하고 일상적인 불편한 반응이다. 그건 우리가 내리는 결정, 현재 맺고 있거나 앞으로 맺고 싶은 관계, 추구하고 싶은 목표나 꿈에서 큰 역할을 한다. 그런데도 우리는 그 감정을 느끼지 않으려고 많은 노력을 쏟는다.

일반적으로 여러 가지 정서적 문제나 도전이 여덟 가지 불쾌한 감정을 경험하고 관리하는 데 어려움을 더할 수도 있다. 당신이 이런 불쾌한 감정 상태를 참는 데 어려움을 겪는다면 인간관계나 중독 문제 또는 자신의 관심사, 목표, 꿈을 추구하기 위해 위험을 감수하는 것 같은 인생의 여러 부분에서 고군분투하고 있을 것이다. 아마 여덟 가지 불쾌한 감정을 한꺼번에 겪지는 않을 테고, 사실상 그럴 확률은 거의 없다. 평소에는 그중 몇 가지, 또는 단 한 가지 감정만 마주하고 있을 것이다.

하지만 여덟 가지 불쾌한 감정을 경험하고 극복할 수 있다면, 더 집중력을 발휘하고 차분하고 자신 있고 기운차다는 느낌이 들 것이다. 먼저 그런 경험을 해야 자신감이 생기지, 자신감이 먼저 생기는 게 아니다. 원하는 대로 되지 않는 일과 관련된 감정을 충분히 감당할 수 있다고 느끼기 전에는 능력도 자신감도 생기지 않는다. 이 여덟 가지 불쾌한 감정을 모두 온전히 경험하고 대처하는 것이야말로 자신감과 회복탄력성, 진정성으로 향하는 첫걸음이자 자신을 사랑할 수 있는 첫걸음이다. 자신을 사랑하는 것은 원하는 삶을 사는 데 매우 중요한 부분 아닌가.

당신은 자신이 생각하는 것보다 용감하고,
보이는 것보다 강하며, 생각보다 더 똑똑하다.

A. A. 밀른

90
SECONDS
TO A LIFE
YOU LOVE

2

기분이 엉망인 데는 다 이유가 있다

AVOIDING PITFALLS

방해물이
문제다

CHAPTER 4

내면과 연결되고 주변 환경에 잘 적응하는 일을 방해하는 것들이 이 장의 중심 주제다. 한마디로, 정서적 힘을 방해하거나 약화시키는 것들이다. 자신의 감정과 분리되거나 무시하겠다는 선택을 하는 것은 곧 불편한 상황이나 경험과 거리를 두면서 안도감을 느끼는 길을 택한 것이다. 불행히도 시간이 흐르면 그렇게 의식적 또는 무의식적으로 내린 순간적인 결정 때문에 큰 대가를 치르게 될 수도 있다. 진실, 즉 자신이 생각하고 느끼고, 감지하고, 관찰하고, 아는 것을 계속 피하면서 현실을 외면하는 태도는 여러 가지 도전이 기다리고 있는 문을 여는 것이나 마찬가지다.

현실을 외면하는 태도는 부정, 무시, 의심, 의문, 모든 종류의 강박적이거나 중독적인 행동, 기타 현실에서 벗어나게 해주는 사고 패턴이나 행동 등을 통해서 확인할 수 있다. 강박이나 중독의 예로는 술이나 약물에 대한 의존, 과식, 충동구매 등을 들 수 있다. 현실을 외면하는 정도와 그런 행동을 지속한 기간이 앞으로 직면하게 될 문제 유형에 영향을 미치는데, 신체에 나타나는 진짜 통증과 질환, 불안, 감정적 무감각, 영적 우울 등이 여기 포함된다. 중요한 건 자신이 자주 하는 현실 외면 행동이 뭔지 알아내고, 지금 이 순간의 경험에 계속 머물겠다는 선택을 하는 것이다.

그런 선택을 하면, 자신이 뭘 아는지를 의식하고 미리 계획을 세워 행동하게 된다. 불쾌한 생각과 감정을 무시하고 억누르는 게 아니라 그 존재를 인정하게 된다. 그 생각과 감정을 직면하고 느껴야 한다. 자신의 경험을 인식하고 연결되는 것은 단절과 대조되는 정서적 힘의 첫 번째 구성 요소다. 이런 수준의 인식은 결정을 내리고, 자신을 표현하고, 행동을 취할 수 있는 여지를 만들어주는데 이 모두가 자신감을 높이는 요소들이다.

자기 내면의 경험을 인식하고 민감하게 반응하는 능력을 자기 적응력이라고 한다. 구체적으로는 인지(생각, 태도, 신념, 해석, 기억, 의도, 가치관, 의미), 감정(감정과 영향 또는 감정을 표현하는 방식), 감각 운동(물리적 감각적 반응, 신체 감각, 움직임)의 세 가지 기본적인 수준에서 정보를 받아들이고 이해하는 것이다.[1] 이런 적응력이 안겨주는 정보와 지식이 정서적 힘의 바탕이 된다.

우리의 감정은 어떤 이유가 있기 때문에 존재한다. 따라서 감정 표현을 거부하는 것은 곧 그들의 존재 목적을 부정하는 것이다. 인생의 도전에 대처할 힘을 기르려면 자신의 감정을 있는 그대로 정직하게 경험해야 한다. 앞서도 말한 것처럼 정서적인 강인함을 기르려면 순간순간의 경험을 인식하고 자신이 아는 걸 받아들여야 한다. 불쾌한 감정에도 편안하게 대처하는 능력을 갖추면, 전보다 더 유능한 사람이 됐다는 기분이 들 것이다.

통제력 상실

사람들은 자신이 상황을 통제할 수 있거나 실제로 '통제하고 있는가'라는 문제에 집중할 때면 흔히 현실을 외면하거나 마음의 문을 닫는다. 여덟 가지 불쾌한 감정 중 어느 하나라도 그냥 끓어오르게 놔두면 부끄러운 모습이 노출됐다거나, 위협받고 있다거나, 격심한 혼란 상태에 빠진 듯한 느낌이 들 수 있다. 이는 잘못된 생각이다. 이런 감정들은 우리를 보호하기 위해 존재한다. 그런데도 사람들은 자신이 상황을 통제하고 있다고 생각하는 편이 더 안전하다고 느낀다. '만사를 자기 뜻대로 하고 싶다'고 말하는 이들을 얼마나 많이 만나봤는가. 어쩌면 당신 자신도 그런 생각을 하고 있을지 모른다.

'통제'라는 말은 외부에서 뭔가를 부과하거나 자기 외부에서 어떤 일이 일어나고 있음을 전제로 한다. 어떤 사람은 상황이나 사건을 통제하려고 한다. 하루 일정을 계획하는 방식, 휴가를 가서 여러 가지 활동을 하는 순서, 옷장과 서랍 정리 방법, 책상 위의 사물을 정리하는 방법 등을 예로 들 수 있다. 또 어떤 사람들은 다른 사람의 반응이나 결정, 감정까지 통제하려고 한다. 원하는 결과를 얻기 위해 사람들의 감정을 조작하고, 특정한 이미지나 평판을 얻으려고 노력하는 것 등이 그 예다.

문제는 사람들이 통제란 그런 외부 상황을 관리하는 것, 즉 자신들이 인식되는 방식이나 극도로 감정적인 상황에서 행동하는 방식 등과 관련이 있다고 여긴다는 것이다. 하지만 사실은 혼란스럽고 '통제 불가능한' 감정들이 존재하는 자신들 내면의 삶에 진짜 초점을 맞춰야 한다. 내면의 삶이 통제할 수 없는 수준으로 느껴지기 때문에 그 대신 외적인 삶에 통제력을 발휘함으로써 편안함을 느끼려하는 것이다.

나는 그 때문에 사람들이 통제 개념을 헷갈린다는 걸 알게 됐다. 그들은 자신의 감정을 통제(막거나 멈추는 것)할 수 있다고 생각한다. 하지만 자신이 생각하는 대상과 그 방식(실제 생각과 사고 패턴), 자신의 행동 등은 어느 정도 통제할 수 있지만 감정 경험을 통제할 수는 없다.

물론 통제를 시도하는 것은 일상적인 사건이나 상황에 대한 자연스럽고 자발적이면서 무의식적인 반응이다. 그렇지만 생각, 감정, 욕구, 인식 등은 의식적으로 자각한 뒤부터 관리만 할 수 있을 뿐 막을 수는 없다는 걸 기억하자. 이런 맥락에서 볼 때 통제력을 잃는 것에 대한 두려움은, 정말 느끼고 싶지 않은 어떤 감정(대개는 여덟 가지 불쾌한 감정)을 느끼는 것에 대한 두려움이라고 할 수 있다.

따라서 사람들이 통제와 관련해서 말하는 문제점은 대개 내면의 정서적 삶을 경험하는 데 따르는 어려움이다. 그들은 이를 경험하고 싶어 하지 않고, 완전히 막거나 멈추기를 바라며, 그것과 관련 맺는 조건을 직접 정할 수 있기를 바란다. 그리고 종종 통제력을 잃은 상황을 '편안함'을 잃은 것(슬프거나 실망하거나 화가 난 것)으로 번역하곤 한다. 여덟 가지 불쾌한 감정은 안락한 상태에서 벗어나 고통스럽거나 불편함을 느끼는 감정 상태로 만든다. 또 편안함이나 통제력을 잃었다는 것은 더 취약해진 느낌이 든다는 뜻일 수도 있다.

자신의 감정 상태를 의식하고 인식하면, 감정과 느낌을 감시하거나 조절하거나 수정하는 능력이 생기는데, 이는 감정을 제대로 인식해야만 가능한 일이다. 이런 인식을 통해 그 경험에 어떻게 대응하고 해석할지를 선택할 수 있으며, 어떤 조치를 취할지도 결정할 수 있다. 그러려면 경험을 가로막거나 차단하거나 분리하거나 외면하지 않고 함께해야 한다.[2]

나의 목표는 당신이 감당할 수 있는 선에서 최대한 많은 감정적 경험과 접촉하도록 돕는 것이다. 이상적인 상황에서라면 자신에 대한 경험과 지식을 통해 얻을 수 있는 감정 정보에 자유롭고 유동적이고 자발적으로 접근할 수 있을 것이다. 당신이 감정을 잘 조절하

면서 여러 가지 상황과 사건에 적응력 있고 유연한 방식으로 대처할
수 있기를 바란다.

분리와 외면

40대 초반의 커플인 레아와 코터는 둘 다 화이트칼라 직종에서 일
한다. 레아는 엔터테인먼트 업계, 코터는 비즈니스 컨설턴트 업계
의 전문가다. 두 사람이 결혼한 지는 12년이 조금 넘었다. 이들 부
부에게는 열 살인 제이슨과 일곱 살인 클로이 두 아이가 있다. 하
지만 그들의 결혼 생활은 간섭이 심한 시어머니, 잦은 출장과 업
무상 가족과 떨어져 있는 시간이 긴 직업, 경제적 어려움, 명확하
게 의사소통을 하기보다 서로 말을 삼가는 경향 등 여러 가지 이
유 탓에 어려움에 처하게 됐다. 레아는 코터가 소셜 미디어 게시
물, 뉴스 알림, 친구들에게서 온 문자 메시지, 풋볼 리그의 최신 소
식을 알리느라 끊임없이 윙윙대는 휴대폰에만 정신이 팔려 있자
화가 났다. 코터는 기분이 나쁠 때마다 인터넷으로 물건을 마구 사
들이는 레아의 소비 습관에 짜증을 냈다. 또 그녀가 매일 밤 습관
적으로 포도주를 몇 잔씩 마셨기 때문에 이 문제 때문에도 신경이
날카로워졌다.

둘 다 자기 자신과 결혼 생활에서 눈을 돌릴 방법을 찾아낸 게

분명했다. 레아와 코터가 좋은 관계를 회복하도록 돕는 과정은, 그들이 서로에게 다가가기보다 이런 방해물들을 통해 멀어지고 있는 모습을 보여주는 것에서부터 시작됐다. 시간이 흐르면서 두 사람은 각자 현실을 외면하기 위해 의지했던 것들을 그만두고 자기들이 이루고자 하는 목적이 무엇이었는지 다시 깨달으면서, 현실을 외면하게 된 원인인 힘든 감정과 대화에 의지하기로 합의했다. 그들은 애초에 두 사람이 멀어지게 된 원인을 잘 해결해나갈 수 있을 것이다.

감정적 인식과 지금 진행 중인 경험에 연결되는 것이 가장 중요한 목표이긴 하지만, 레아와 코터 같은 많은 이들은 경험하는 자아와 깨닫는 자아를 단절하는 방식으로 감정적 경험과 연관을 맺는 습관적인 패턴을 발전시킨다.

다들 알겠지만 자신이 아는 것들을 외면하려고 애쓰는 방법, 즉 기본적으로 불쾌한 경험과 자신을 분리하기 위한 대처 전략은 무수히 많다. 그중 몇몇은 밀접하게 연관되어 있거나 심지어 반복되는 것처럼 보일 수도 있는데, 전부 약간씩 다른 각도에서 현실 외면과 단절 문제를 해결하기 위해 고안된 것들이다. 어떤 각도에서는 자기 모습이 보이지 않을 수도 있지만, 다른 각도에서는 매우 명확하게 알아볼 수 있을지도 모른다.

다섯 번째 기록: 어떤 방법으로 현실을 외면하는가?

다음 실습으로 넘어가기 전에, 당신이 불쾌한 감정에서 시선을 돌리기 위해 사용하는 방법은 무엇인지 생각해보자. 그리고 잠시 시간을 내서 그 방법들을 전부 적어보면, 내가 얘기한 방법들과 얼마나 일치하는지 확인할 수 있을 것이다. 어쩌면 내가 얘기하지 않은 방법들을 적을 수도 있다. 잘 모르겠으면, 그냥 다음에 제시하는 목록을 기준으로 삼으면 된다.

실습: 현실을 외면하는 방법 파악하기

다음 목록 가운데, 자신이 평소 사용하는 현실 외면 방법 옆에 체크 표시를 한다. 여기서 한 걸음 더 나아가고 싶다면, 자신이 멀리하려는 게 뭔지 살펴보자. 대개는 여덟 가지 불쾌한 감정이나 불쾌한 생각 또는 의견에서 벗어나기 위해서일 것이다. 시간을 내서 자기에게 실제로 무슨 일이 벌어지고 있는지 적는다.

☐ **여덟 가지 감정 가운데 한 가지 이상을 끊어내거나 외면하거나 억누르거나 차단하기 위해서 하는 활동이 있는가?**

일, 수면, 운동은 매우 흔한 외면 방법이다. 이 가운데에 혹시 있다면, 당신은 어떤 방법을 이용하는가?

☐ **기술, 영화, 게임, 장치 등을 이용해서 다른 데로 관심을 돌리는가?**

우리는 어떤 기분이나 감정적인 갈등과 거리를 두기 위해 게임이나 웹 서핑, 휴대폰 확인 등을 하면서 쉽게 주의가 산만해진다. 당신도 이런 활동에 빠져 있는가?

☐ **감정적인 고통을 차단하거나 끊어내기 위해 중독성이 있거나 강박적인 행동을 하는가?**

예를 들면 강박적인 음식 섭취나 정서적 섭식, 과식, 굶기, 지나친 운동, 알코올 남용, 마약이나 처방 약 또는 스테로이드제 남용, 충동구매, 사재기 같은 것들이다. 당신이 자주 하는 행동을 적어보자.

☐ **불쾌한 기분에서 벗어나기 위해 신체적인 불편에 지나치게 집중하는가?**

불쾌한 감정에 대처하는 것보다 자기 몸에 집중하거나 신체적인 불편을 표현하는 게 훨씬 쉽고 허용 가능한 일일 수 있다. 때로는 신체적인 문제를 은유적으로 사용해서 지금 감정적으로 벌어지고 있는 일을 파악할 수도 있다. 예를 들어 어깨가 아프다면 지금 '어깨에 짊어지고 있는' 과도한 근심은 무엇인가? 피부 자극이 심하다면 '당신을 괴롭히는 문제' 또는 스스로 인정하거나 표현한 적 없는 고민거리는 무엇인가? 정말 중요한 건 감정적인 문제인데 괜스레 신체적인 문제를 토로해본 적이 있는가?

□ 고통스러운 감정에서 벗어나기 위해 널리 알려진 방어 기제를 사용하는가?

사람들이 부인, 유머, 지식화, 합리화, 회피 같은 방어 수단을 사용하는 건 흔한 일이다. 당신도 이런 방법에 의지하는가? 주로 어떤 방법인가?

□ 감정을 바꾸는가?

가장 견디기 힘든 감정을 다른 감정으로 표현하는 경우다. 일반화처럼 느껴질 수도 있지만, 남자들은 종종 슬픔, 실망, 나약함 같은 '연약한' 감정을 받아들이기 힘들어서 대신 분노, 좌절, 압박감, 스트레스, 짜증, 분노 등으로 표현한다. 여자들은 분노나 좌절 같은 '격한' 감정을 힘들어하므로 대신 상처, 실망, 슬픔, 눈물로 표현한다. 당신은 어떤 감정을 다른 것으로 바꾸는가?

□ 기본적인 감정에 의존하는가?

경험하는 데 어려움을 겪거나 다른 불쾌한 감정을 모두 표현하는 데 사용하는 감정 한 가지(예를 들어 슬픔 같은)가 있는가? 이는 곧 실제로는 다른 감정을 느끼고 있을 가능성이 매우 큰데도 대부분의 상황에 대한 반응이 한 가지 방식으로만 표현된다는 얘기일 수 있다. 어떤 사람들은 분노 이외의 감정들이 존재하는데도 모든 반응을 분노로 표현한다. 어떤 사람이 일관되게 한 가지 감정만 계속 드러낸다면, 다른 불쾌한 감정들, 특히 연속체의 반대쪽 끝에 있는 감정을 경험하고 표현하는 데 어려움을 겪을 가능성이 크다. 당신도 기본적인 감정에 의존하는가? 그건 어떤 감정인가?

☐ 분노, 슬픔, 실망 같은 다른 불쾌한 감정은 미뤄두고 불안감만 허용하는가?

불안감을 느끼는가? 자신에게 정말 솔직하다면, 그 불안감이 실은 다른 불쾌한 감정을 가리기 위한 것이라는 사실을 깨닫게 될 것이다. 이 문제는 다음 장에서 자세하게 논의하겠지만, 나는 경험을 통해 다른 불편한 감정(실망감이나 분노 같은)을 느끼는 것보다 불안감을 느끼는 편이 쉽다는 걸 알게 됐다. 특히 그 불편한 감정이 다른 사람에게 향하거나 겉으로 드러내야 하는 경우라면 더 큰 불편을 초래할 수도 있다. 그 순간 존재하는 진짜 감정을 온전하게 느낄 수 있으면 해방되는 듯한 기분이 든다. 불안감을 많이 느낄 경우, 그것이 다른 불쾌한 감정을 가릴 수도 있는가? 그렇다면, 여덟 가지 불쾌한 감정 가운데 어떤 것을 감추는가?

☐ **자신이 경험하는 것들 대부분에 대해 의문을 품거나 의심하는가? 그리고 그 의문에 다시 의문을 품는 무한한 고리에 갇히게 되는가?**

이런 접근방식은 당신의 감정을 마비시키고 자신을 표현하거나 목표를 달성하기 위해 행동을 취하는 걸 방해할 수 있다. 끊임없는 의문과 의심은 정신을 마비시키는 유독한 효과를 발휘하고 정신을 산란하게 해서 취약성을 느끼지 못하게 한다. 최근에 빠져들었던 무한한 의문의 고리나 여전히 당신을 괴롭히는 중요한 의심을 쭉 적어보자. 그리고 그중에서 하나를 골라 그 의심을 더 강화하는 기분에 대해 적는다.

☐ **추론을 이용해서 감정을 외면하려고 하는가?**

의문이나 의심의 경우와 마찬가지로, 어떤 일이 벌어진 이유에 대한 설명과 이야기를 만들어내면 지금 벌어지는 일의 진정한 반응에서 점점 멀어지게 된다. 당신도 어떤 일을 순순히 받아들이기보다는 이유를 추론하거나 합리화하거나 배경 설명을 만드는 편인가? 그럴 때 그런 추론이나 배경 설명이 당신에게 어떤 도움이 되는가?

☐ 혼란스럽거나 우유부단하다고 느끼는가?

우유부단하게 굴거나 혼란스럽다고 주장하는 건 결정을 피하는 한 가지 방법인데, 특히 그 결정을 내렸을 때 결정을 잘못했다고 여기게 되거나 결정의 결과가 자기 기대와 달라 실망감이나 당혹감을 느끼게 될 경우에 더욱 그렇다. 이런 혼란과 우유부단함은 현실을 외면하게 한다. 혼란스럽거나 어떤 결정을 내려야 할지 잘 몰라 계속 미뤄왔던 결정을 전부 적어보자.

☐ 사방이 꽉 막힌 듯한 기분을 느끼는가?

프로젝트에 착수해야 한다고 생각하거나 이미 시작한 프로젝트를 생각할 때 꽉 막힌 듯한 기분을 느끼는가? 결과에 실망하는 걸 두려워하면 하던 일을 잠시 멈추게 되는 경향이 있다. 그러고는 결국 일을 멈췄다는 사실 때문에 실망하게 된다. 아니면 기대치를 유달리 높게 설정한 탓에 옴짝달싹 못 하게 됐다는 기분을 느낄 수도 있다. 이런 침체에서 벗어나는 방법은 행동을 취하는 것이다. 뭔가 시작하자. 그 일에 전념하고 멈추지 말자. 그냥 계속해나가자. 일단 일에 추진력이 생기면 속도가 점점 더 빨라진다. 어떤 프로젝트를 완료하고, 어떤 목표를 달성하고 싶은가? 당신은 추진력을 얻기 위해 어떤 행동을 취할 생각인가?

☐ 자신이 감정을 느낀다는 사실에 어떤 기분이 드는가?

슬픔을 느끼기 시작하면 슬프다는 사실 때문에 화가 나는가? 아니면 화가 치미는데, 분노는 용납할 수 없는 감정이라는 생각 때문에 화를 낸 자신에게 실망을 느끼는가? 아니면 실망한 자신이 부끄러운가? 어떤 감정을 느낀 것 때문에 다른 감정을 품게 되면, 초기의 반응과 가장 진실한 감정 경험을 외면하게 된다. 이는 당신의 진짜 감정을 덮는 두 번째 층의 역할을 하며, 이 두 번째 층 때문에 더 많은 감정적 고통과 문제가 생긴다. 이 주제와 관련해서는 무수히 많은 변형이 존재한다. 당신의 상황은 어떤가?

☐ 불쾌한 감정을 받아들인 다음 이를 실제보다 더 극단적으로 만드는가?

예를 들어 자넬은 연이어서 여러 차례의 실망을 맛봤다. 우리가 얘기를 나누는 동안, 자넬은 처음에는 이렇게 속상한 상황을 '실망스럽다'라고 얘기하다가 점점 '절망적이다'라고 말했다. 각각의 실망은 혼자 힘으로 해결할 수 있었지만, 시기상 너무 연이어서 발생하는 바람에 대응하기가 힘들어 절망감으로 바뀐 것이다. 실망감이 비통함과 원한으로 바뀐 테드의 사례도 있는데, 그의 부정적인 태도 때문에 주변 사람들이 함께 어울리고 싶어 하지 않았다. 어쩌면 당신도 슬픔을 느낄 때 이를 더 극단적인 방법으로 묘사했을 수 있다.

감정을 실제보다 더 극단적으로 느꼈을 때 생기는 문제점은, 당신이 경험하는 자연스럽고 건전한 감정이 해로워진다는 것이다. 슬픔 같은 감정은 쉽게 증폭되어 비통함이나 원한 같은 더 해로운 감정으로 바뀔 수 있다. 특정한 감정에 대한 극단적인 반응은 내면에 스트레스를 유발하기도 한다. 이 전략 때문에 감정이 마비되거나 쇠약해지고, 무반응 또는 위축감으로 이어진다. 불쾌한 감정을 과장해서 표현하는 바람에 더 극단적인 상황이 생긴 적이 있는가? 그 결과 어떻게 됐는가?

□ **부정적인 자기평가나 자기 대화, 가혹한 자기비판을 많이 하는 바람에 자신의 감정이 스스로에 대한 심술궂고 불쾌한 비판으로 바뀌었는가?**

불쾌한 감정을 생각이나 믿음으로 바꾸는, 즉 현실 외면에 능한 사람들이 많다. 무력감을 자기는 무능하고 자격도 없고 쓸모없는 사람이라는 생각으로 바꾸는 것이다. 또는 당황스러운 기분이 드는 건 자신의 타고난 부족함을 반영하는 거라고 믿기도 한다. 당신은 어떻게 감정을 자기 파괴적인 비판으로 바꾸는가?

☐ 자신을 다른 사람과 비교하는가?

자신과 다른 사람을 비교하는 건 혹독한 자기비판의 변형이다. 이 경우 다른 사람들에게만 초점을 맞추고 자신의 경험은 무시하게 된다. 자신과 타인을 비교하는 긍정적인 이유가 딱하나 있다면, 다른 사람이 이룬 일을 자기도 할 수 있다는 자신감을 얻기 위해서다. 그 외에는 전부 취약성을 느끼거나 실망하거나 슬프거나 좌절감이 드는 걸 외면하기 위함이다. 당신은 현재 자신을 누구와 비교하고 있는가? 그런 비교는 앞으로 어떤 포부를 이루기 위해 하는 것인가, 아니면 현실을 외면하기 위한 것인가?

☐ 다른 사람들 앞에서 하는 말과 행동을 비롯해, 자기 삶의 모든 부분에서 완벽해지는 데 주력하고 있는가?

완벽해지는 것에 집중하고 있다면, 불완전한(그러나 매우 실제적인) 현재의 삶을 살아가거나 자발적이고 진실한 모습을 보이는 것이 불가능해질 수 있다. 이는 다른 사람들의 호의적인 시선을 받기 위해 자신의 반응을 조절하려는 노력이다. 당신은 불쾌한 감정들과 거리를 두는 방법으로 취약성을 이용하는가? 완벽주의를 이용해 어떤 감정을 감추고 있는가?

☐ 진짜 걱정거리 또는 감정을 외면하거나 피하기 위해 한 가지

문제에 집중하는가?

남자친구가 더 매력적인 여성을 만나 자기를 떠날지도 모른다는 두려움을 계속 느낀다는 여성들의 얘기를 자주 듣는다. 이런 우려는 사실 그들이 취약함을 느끼거나 자신이 말하는 두려움과는 무관한 고통스러운 감정 또는 다른 걱정에 사로잡혀 있을 때 생겨나는 경우가 많다. 그 두려움이 현재의 경험과 전혀 무관하다고 할지라도, 불쾌한 감정에 직면할 때마다 계속 찾아오는 끈질긴 두려움이 있는가?

☐ 감정을 외면하기 위해 상관도 없는 세부 사항에 지나치게 주의를 기울이는가?

자기 삶의 정말 중요한 문제를 외면하기 위해 그다지 중요하지 않은 세부 사항에 지나치게 관심을 쏟을 수 있다. 이렇게 사소한 걸 문제 삼다 보면 이런저런 분석은 할 수 있어도 실제 행동에 옮기는 일은 없기 때문에 결국엔 아무 쓸모도 없다. 당신도 가끔 이런 현실 외면의 덫에 빠지는가?

☐ 현재의 감정적 경험과 거리를 두려고 과거나 미래에 초점을 맞추고 있는가?

어떤 사람은 벌어진 일들을 머릿속으로 계속 반복하면서 과거에 머물러 있고, 어떤 사람은 미래를 기대하고 꿈꾸면서 이를 현재의 경험을 외면하기 위한 수단으로 사용하며, 또 어떤 사람은 불쾌한 감정을 관리하기 위해 계획하고 준비한다. 트레이시는 앞으로 경험하게 될지도 모르는 실망을 예측하고 극복하기 위해 발생 가능한 실망스러운 시나리오를 수없이 생각해냈다. 하지만 결과적으로 자신의 취약함을 직시하거나 받아들이지 못했을뿐더러 불안감만 고조됐다. 눈앞의 현실을 회피하기 위해 과거의 사건을 다시 체험하거나 미래의 일을 예측하려고 해본 적이 있는가? 자신이 정말 피하려고 하는 게 뭐라고 생각하는가?

☐ **고통의 근원에서 물리적으로 멀어지기 위해 실제로 자리에서 일어나 일시적 또는 영구적으로 그곳을 떠나는 '지리적 해결책'을 사용하는가?**

어떤 이들은 느끼고 싶지 않은 감정과 분리되기 위해 언쟁을 벌이는 도중에 방에서 나간다. 어떤 사람은 마음이 불편해질 것 같은 파티나 약속을 피하려고 딴 도시로 여행을 가거나 자신이 겪는 고통의 근원과 거리를 두려고 아예 다른 도시나 주, 나라로 이사를 가기도 한다. 하지만 어디를 가든 그건 해법이 될 수 없다. 감정적인 문제는 계속 당신 곁에 남아 있을 것이기 때문이다. 당신은 자기 자신과 피하고 싶은 감정의 근원 사이에 실제로 물리적인 거리를 만든 경우가 있는가? 만약 그 감정에서 도망치지 않고 있는 그대로 느끼고 극복했다면 무엇이 달라졌을까?

☐ 어떤 사건, 상황, 사람, 기회를 신경 쓰지 않는 것처럼 말하거나 행동하는가?

"상관없어"라고 말하는 건 불쾌한 상황에 대해 흔히 보이는 반응이다. 하지만 속으로는 그 일에 정말 신경을 쓰고 있다면, 그런 말을 아무리 해도 바뀌는 게 없다. 좀 더 정확하게 말하자면 '상관하고 싶지 않아'가 솔직한 마음일 것이다. 감정이 아직 그대로 남아 있기 때문이다. 당신이 벗어나려고 하는 감정은 무엇인가?

☐ 마음에 들지 않는 자신의 경험을 다른 사람에게 투영하는가?

이 전략은 자신의 싫은 점을 다른 사람에게 투영하는 것이다. 예컨대 당신이 자기 외모에 불만을 느끼거나 사람들과 함께 있을 때 어색함을 느끼는 경향이 있다면, 남들을 외모로 판단하거나 그들의 어색해하는 모습을 지적할 수도 있다. 사실 이는 자신에 대한 당신의 생각이고 취약하다는 기분을 덜 느끼려는 시도다. 자신의 감정적 경험과 단절되기 위한 수단으로 그 경험을 남에게 투영하곤 하는가? 그런 행동을 하고 있을 때 바로 알아차리는가, 나중이 되어서야 깨닫는가? 아니면 지금처럼 지적받은 뒤에야 깨닫는가?

☐ 독심술을 쓰는가?

독심술은 다른 사람들이 당신에 대해 어떤 생각을 하고 무슨 말을 하는지 추측하는 것이다. 당혹감이나 취약하다는 기분을 억누르려고 이런 행동을 하는 일이 종종 있다. 다른 사람들이 당신을 어떻게 생각할지 걱정되는가? 그들이 뭐라고 말할 거라고 상상하는가?

☐ 진실을 말하기가 너무 힘들거나, 창피해서 거짓말을 하거나, 대화를 할 때 특정한 정보를 빼고 말하는가?

자신의 행동을 잘 확인해봐야 한다. 진실을 말하면 불편한 감정을 겪게 된다는 이유로 거짓말을 하거나 정보를 빠뜨리는 방법으로 자신을 은폐하는 일이 얼마나 많은가? 지금 거리를 두고 있는 힘든 감정은 무엇인가?

☐ 자신의 요구에 집중하지 않으려고, 다른 사람의 요구를 들어주는 데 모든 관심과 에너지를 쏟고 있는가?

자신의 감정, 욕구, 한계를 인정하기 어려운 경우가 많다. 그럴 때 다른 사람이 나보다 더 많은 문제, 더 극단적인 문제를 겪고 있거나 더 큰 욕구가 있다고 여기면 그들의 요구를 충족시키는 일에 집중할 수 있다. 문제는 이렇게 함으로써 자신의 욕구는 최소화하고 실제 감정과 우려를 무시하거나 회피한다는 것이다. 자신의 감정과 욕구를 직시하지 않으려고 다른 사람이 처한 상황을 핑계로 삼은 적이 있는가?

☐ **자신의 처지를 외면하는 수단으로 자기희생이나 과도한 책임감, 순교 등을 이용한 적이 있는가?**

이 전략은 바로 앞에서 언급한 전략을 약간 변형한 것으로 봐야 한다. 불쾌한 감정이 안겨주는 신체적 불편함을 느끼기보다는 자신이 다른 사람에게 짐이 되거나 희생당했다고 생각하는 편이 더 쉬워 보여서 자신의 진정한 욕구와 감정, 우려를 억누르는 것이다. 꼭 당신 얘기처럼 들리는가?

☐ **자신의 경험에서 벗어나기 위해 비난이나 비판, 험담, 불평 등을 하는가?**

비난과 비판, 타인에 대한 험담, 불평 등은 자신에게 관심을 두지 않고 다른 사람이나 상황에만 초점을 맞추려는 전략이다. 이런 태도는 여덟 가지 불쾌한 감정이 하나 이상(특히 슬픔, 분노, 실망, 당혹감, 취약성) 포함되어 있는 자신의 진정한 감정에 책임을 지지 않을 수 있게 해준다. 나아가 자신의 경험을 외면하고 어떤 상황에서도 책임을 지지 않을 수 있게 해준다. 남을 비난하거나 험담하면 자신의 감정을 회피할 수 있어서 그런 행동을 한 적이 있는가?

□ 비관적이거나, 냉소적이거나, 빈정대는 버릇이 있는가?

비관주의와 냉소주의는 슬프거나 무력하거나 화가 나거나 실망감을 느낀 과거의 경험에서 비롯된 태도다. 비관적이고 냉소적인 태도를 유지하거나 빈정대는 건 실망스러운 일이 벌어지기 전부터 실망감에 대처하려는 방법이다. 앞으로 일이 잘안 풀릴 거라고 예상하면서 살기에 지금 그런 태도를 유지하는 것이다. 이는 당신이 극복하기 위해 애쓰는 슬픔, 무력감, 분노, 실망감에서 벗어나는 방법이다. 당신은 비관주의나 냉소주의, 빈정거림이 해로울 수 있다는 걸 알면서도 그저 쉽고 편하다는 이유로 의지하는 경우가 얼마나 많은가?

□ 현실을 외면하는 방법으로 불평등에 집착하는가?

왜 인생은 공평하지 않은지, 왜 이런 힘든 경험을 해야 하는지 하는 생각에 몰두하다 보면 그 생각의 밑바탕에 깔린 슬픔과 분노, 실망, 무력함, 좌절 등을 경험하지 못하게 된다. 제발 느껴보라고 애원하는 감정이 '제 목소리'를 내게 해주고 90초 동안 파도를 탄다면 무엇이 달라질까? 그런 감정을 경험하는 것이 주어진 상황에 대한 관점을 어떻게 바꿀 수 있을까?

☐ **고통스러운 감정을 멀리하기 위해 공격성, 적개심, 위협, 폭력 등을 사용하는가?**

공격성, 적개심, 위협, 폭력은 비난과 비판의 극단적인 버전이다. 하지만 그 효과는 똑같아서, 자신의 감정과 경험을 외면하고 주어진 상황에서 책임을 회피하게 한다. 공격적인 언어나 신체적인 수단을 통해서 더 깊고 불쾌한 감정을 저지하려고한 적이 있는가?

☐ **혼란이 곧 당신의 삶의 방식인가?**

너무 많은 활동에 관여하고, 다른 사람의 문제에 과도한 관심을 기울이며, 잘못된 일이나 고쳐야 하는 문제에 계속 관심을 기울이다 보면 자신의 경험에 주목하거나 이를 온전하게 받아들이지 못하게 된다. 남에게 필요한 사람이 되고 싶다는 욕구가 자신의 감정적 요구를 무시하거나 흘려버리고 싶다는 욕망에서 오는 건 아닐까?

☐ **평소에 모든 일을 서둘러 처리하는가?**

한 가지 활동이나 경험을 하다가 바로 다음 활동으로 넘어가는 건 그 경험 자체에 대한 감정적 반응을 우회하려는 방법이다. 바쁘게 사는 것은 현실을 외면하는 손쉬운 방법이다. 할 일을 너무 많이 만들어서 차분히 감정을 느낄 시간이 없게 하

는 것이다. 게다가 생산성이 엄청나게 높아지는 보너스까지
받게 된다. 하지만 그렇게 정신없이 일만 하다가는 신체적·
정서적 번아웃을 겪게 되는 실제적인 위험에 맞닥뜨릴 수 있
다. 각각의 활동에 더 많은 시간을 할애할 수 있다면 얼마나
차분하게 일을 진행할 수 있을지 상상해보라. 그게 자신에게
미치는 영향과 의미, 가치를 알아차리고 감정을 느낄 여지도
생길 것이다. 휴식과 조용한 시간은 실제로 벌어지고 있는 일
들에 접근하는 데 도움이 된다. 현재 진행되는 일들 가운데 관
심을 기울일 가치가 있는 것은 무엇인가?

☐ **완료해야 하는 과업, 프로젝트, 대화와 관련된 불쾌한 감정을
느끼지 않으려고 일을 자꾸 미루는가?**

이런 행동은 대부분 사람에게서 흔히 볼 수 있다. 당신의 경
우, 미루는 버릇과 관련이 있는 감정은 무엇인가?

☐ **타인과의 단절을 위한 전략으로 침묵이나 회피를 이용하는가?**

침묵이나 회피를 통해 감정적 반응을 틀어막으면 자기 자신과
단절되는 것은 물론이고 잠재적으로 자기 인생의 중요한 사람
들과도 단절되는 효과가 생긴다. 어떤 면에서 이는 궁극적인
회피라고 할 수 있지만, 그렇다고 해서 감정이 완전히 사라졌
다는 뜻은 아니다. 자신이 그 감정을 인정하지 않는다는 얘기

다. '침묵하던 감정을 일깨워서' 극복하려면 어떻게 해야 할까?

지금까지 열거한 내용은 모두 의식적이고 의도적으로, 또 별로 의식하지 않은 상태에서도 '자신이 알고 있는 걸 외면하고', 그 순간에 온전히 집중하는 걸 피하며, 불쾌한 감정과 생각과 이해를 의식 밖으로 내몰고자 할 때 사용하는 전략들이다. 이 책의 궁극적인 목적은 '당신에게 진정한 자신을 돌려주는 것'이다. 그 방법 가운데 하나가 자신의 본질을 멀리하기 위해 이용하는 모든 외면 방법을 찾아내게 하는 것이다.

이런 식의 회피와 외면은 이제 과거의 일로 만들자. 대신 지금까지 외면 작전을 통해 숨기거나 완화하거나 거짓으로 보호했던 자신의 모든 것을 환영하고 받아들이자. 이런 외면 전략을 모두 없애버리면, 자신에게 돌아가서 자신을 사랑할 수 있는 길이 생긴다.

이 실습이 당신에게 새로운 길을 제시하기를 바라고, 가장 관련성 높은 패턴을 찾아 꾸준히 기록했으면 한다. 이 외면 전략 가운데 자신에게 해당하는 게 있다면, 그런 사람이 당신 혼자만이 아니라는 걸 알기 바란다. 감정을 외면하거나 멀리할 방법이 무수히 많다는 사실은 이런 행동이 얼마나 흔하고 만연해 있는지 알려준다. 중요한 건 이런 새로운 인식을 바탕으로 자신을 발전시켜나가는 것이다.

실습: 방해물 제거하기

1. 외면 전략 목록을 이용해, 자신의 경험(생각, 감정, 욕구, 인식, 감각, 기억, 신념 등)을 깨닫지 못하게 방해하는 모든 방법을 파악한다. 당신이 이용하는 방법을 모두 적는다.

2. 일주일 동안, 좋은 일이든 나쁜 일이든 모든 상황을 낱낱이 경험하면서 자신이 어떻게 반응하는지 살펴본다. 관찰한 내용을 노트에 모두 기록한다. 감정에 가까워지려고 하는 편인가, 아니면 멀어지려고 하는 편인가?

3. 7일 뒤, 상황을 모면하기 위한 행동이나 단절 행동 가운데 가장 바꾸기 쉬운 게 뭔지 파악한다. 그리고 이후 14일 동안, 그런 회피 반응을 실제로 사용하거나 사용하고 싶다는 생각이 드는 순간에 주목한다. 진행 상황을 노트에 꾸준히 기록한다. 어떤 상황에서 회피 행동이 겉으로 드러나는가? 당신이 하는 행동에 특정한 주제가 있는가? 새로운 반응 패턴을 다시 만들기 위해, 이런 식으로 회피하는 걸 멈추고 자신에게 물어보자. '지금 내가 실제로 생각하고, 느끼고, 원하고, 인지하는 건 무엇인가?'

4. 자신이 지금 뭘 피하고 있는지 깨달았다면, 새로운 대응 방식을 만들 수 있는지 알아보자. 예를 들어 몇 년 전 대학원에서 현실 외면에 대해 가르치면서 카페인 섭취를 주제로 얘기를

나눴는데, 몇몇 학생이 불편한 기분을 느꼈다고 말했다. 한 학생은 토론이 한창 열기를 띠던 중에 코카콜라를 마시려고 손을 뻗다가 자신이 지금 뭘 하고 있는지 알아차렸다. 그녀는 한바탕 웃음을 터뜨리더니, 애초에 왜 자신이 그렇게 불편한 기분을 느꼈는지(그녀의 삶에서 카페인이 하는 역할과 관련이 있었다) 곰곰이 생각해봤다. 이 경우 새로운 대응 방법이나 수정 방안은 문제의 뿌리에 접근해서 이를 인정하고 해결하는 것이다. 당신의 새로운 대응 방안은 무엇인가?

5. 14일 동안 자신이 선택한 회피 방법을 파악해 거기서 벗어나려고 의식적으로 노력한 뒤, 이번에는 목록에 있는 다음 회피 방안을 골라서 14일 동안 어떻게 되는지 지켜보자. 당신이 지금까지 이용한 모든 현실 외면 전략에 대해 이를 반복한다.

불안을 겪어본 사람이라면 누구나 알듯이,
오랜 고민은 일상적인 활동에 지장을 주고
일상생활을 즐기는 능력을 무너뜨린다.

나를
좀먹는
불안

CHAPTER 5

일상적으로 느끼는 걱정과 불안을 관리해서 가끔씩만 느끼도록 한다면 어떨까? 그것이 당신의 인생을 어떻게 바꿔놓을까?

걱정과 불안은 대부분이 느끼는 감정이지만, 그 정도는 사람마다 상당히 다르다. 그리고 이 두 단어를 서로 대치할 수 있는 단어처럼 사용하는 경향이 있지만, 실은 큰 차이점이 있다.

걱정은 본질적으로 부정적이고 주로 미래에 발생할 부정적인 사건을 예측하는 데 초점을 두는 언어적 사고 활동이다.[1] 걱정의 목적은 예상되는 위협에 대처하는 것이지만, 그러면서도 회피와 관련이 있다. 특히 다음과 같은 생각들이다.

- 불쾌하거나 부정적인 사건이 발생하는 걸 막거나 피한다.
- 걱정되는 사건을 도저히 피할 수 없다면, 최악의 사태에 대비

하도록 돕는다.

- 감정 처리를 방해해서 불안한 생각을 유지한다.
- 미신적인 사고방식을 강화한다. 즉, 걱정을 많이 하는 사람들
  은 우려하던 사건이 발생하지 않으면 걱정이 사건 발생을 막
  아주었다고 생각한다.
- 감정적으로 부담스러운 주제를 외면한다.[2]

걱정은 주로 과도하고 비현실적이며 통제할 수 없고 만성적인 문제
에 초점을 맞춘다는 특성이 있다. 걱정이 지나치게 거슬리는 수준이
되면 문제가 발생한다. 사실 만성적인 걱정은 범불안장애의 주된 특
징이며, 걱정의 영향 때문에 불안감의 생리적인 지표가 생겨나서 계
속 유지되기도 한다.[3]

반면 불안 또는 불안 염려는 걱정보다 더 포괄적인 개념으로 신
체적 감각(심장 두근거림)과 인지적 요소(두려움), 행동적 요소(회피와 도
주) 등을 망라한다.[4] 심리학자이자 저명한 불안장애 전문가인 데이비
드 발로 박사는 불안을 "근육 긴장, 불편한 감각, 미래에 대한 염려 같
은 신체적 증상이 동반되는 부정적인 기분 상태"라고 정의한다.[5]

이때 나타나는 신체적 증상은 다음과 같다.[6]

- 차분하지 못함: 동요, 초조함, 긴장감
- 쉽게 피로해진다.

- 집중하기 어렵거나 머리가 멍해진다.
- 화를 잘 낸다.
- 근육 긴장, 통증, 쓰라림
- 수면장애: 잠을 이루지 못하거나 자꾸 깸, 불안정한 수면
- 땀을 흘린다.
- 통증, 메스꺼움, 거북함 등의 형태로 나타나는 위장장애

원인에 따른 세 가지 취약성 모델

데이비드 발로는 세 가지 유형의 상호작용 취약성이 불안과 그 외 정서장애의 원인을 찾아내는 데 도움이 된다고 말한다. 여기에는 다음과 같은 것들이 포함된다.

- 일반적인 생물학적(유전적) 취약성: 투쟁-도주 반응에 대한 기준점이 낮아서 스트레스 반응이 빠르게 나타난다.
- 일반적인 심리적 취약성: 세상을 위험하고 위협적인 곳이라고 여기며, 자기에게는 앞으로 맞닥뜨리게 될 도전과 상황에 대처하거나 참아내는 데 필요한 능력이 부족하다고 생각한다. 과보호하는 부모 밑에서 자란 탓에 실패를 딛고 다시 일어서 본 경험이 없어서 자기 통제력이 부족하다.
- 구체적인 심리적 취약성: 두려워해야 하는 대상이 무엇인지

배웠다(이웃 사람들이 어떻게 생각할지 신경 써라, 절대로 남에게 방심한 모습을 보여서는 안 된다, 사람들은 사실 자기 이익만 생각한다 등).[7]

자신이 한 말이나 행동을 다시 떠올리는 것을 비롯해, 미래에 맞닥뜨려야 하는 일이나 과거의 부정적인 사건을 계속 걱정하다 보면 삶에 지장이 생긴다. 어떤 형태로든 불안을 겪어본 사람이라면 누구나 알듯이, 오랜 고민은 일상적인 활동에 지장을 주고 일상생활을 즐기는 능력을 무너뜨린다. 거기에 굴복하고 싶다는 유혹을 느끼게 될 뿐만 아니라, 걱정과 그에 수반되는 불안이 당신에게서 많은 것을 앗아갈 수 있다. 끝이 보이지 않는 상태로 계속되는 생각의 고리는 감정적으로나 신체적으로 사람을 고갈시킬 수 있다.

걱정과 불안은 신체적·감정적인 위협과 위험을 계속 염려하는 것과 관련이 있다. 발로와 연구진은 최근 몇 년 동안 연구를 진행하면서 그런 걱정과 불안이 불쾌한 감정 처리를 피하도록 도와주는 건지도 모른다고 가정했다.[8] 즉, 대체로 볼 때 불안은 감정적 회피와 관계가 있다는 얘기다.

내담자들은 흔히 불안감을 느낀다거나 '불안을 안고 살아간다'라고 표현한다. 하지만 치료라는 관점에서는 이 단어들이 우리가 실제로 겪는 감정을 적절하게 또는 정확하게 묘사하지 못한다. 그리고 불안은 매우 다양한 방식으로 경험할 수 있는데도 사람들은 다양한 감정 상태를 묘사하는 데 하나의 단어만 사용한다. 이 책의 목적상 나도 불안과 걱정이라는 두 가지 경험을 모두 표현할 때 '불안'이라는 말을 쓸 것이다. 불안과 관련된 모든 논의에는 걱정의 개념도 포함되기 때문이다.

불안감이 반드시 감정을 마비시키거나 목표 또는 꿈꾸는 삶을 추구하는 걸 방해하는 건 아니다. 인지심리학에서 뭔가를 '재구성'한다는 건 이를 다른 관점에서 바라본다는 뜻이다. 완전히 새로운 시각에서 불안을 이해하는 것, 그게 바로 우리의 목표다.

불안 해소 전략에 이름 붙이기

내게는 언어가 정말 중요한데, 아마 단어에 관심을 갖게 된 건 어린 시절과 청소년기에 아버지와 나눈 장난스러운 대화 덕분인 듯하다. 어렸을 때 아버지와 '말장난'을 자주 했는데, 아버지는 적절한 단어를 금방 떠올리는 데 놀라운 재주를 가지셨다. 심리학자가 된 지금 나는 단어 선택에 세심한 주의를 기울여서, 내담자들이 스스로 정한 목표와 꿈에서 멀어지지 않고 가까이 다가갈 수 있는 언어를 사용하도록 돕는다. 어떤 말을 쓰느냐에 따라 기분이 크게 달라질 수 있고, 특히 공포나 불안과 관련된 말은 효과가 더 크다. 말하는 내용이 중요하다는 뜻이다.

공포와 불안의 차별화

사람들은 자신이 경험한 걸 설명하기 위해 '두려움'이나 '불안'이란 말을 자주 사용하지만, 나는 이 두 단어가 남용은 물론이고 오용되고 있다고 생각한다. 대개 사람들이 '두렵다' 또는 '무섭다'라고 말할 때 더 적절한 단어는 '불안하다'일 것이다. 두려움과 불안은 다르다. 당신이 선택한 말이 결정과 행동에 영향을 미칠 수 있다는 걸 기억하자. '불안하다' 대신 '무섭다'라는 말을 쓰면 감지된 위협과 위험이 더 강해지고, 당신의 우려와 관련된 더 비극적인 결과가 머릿속에 떠오르게 된다.

여덟 가지 불쾌한 감정을 정리한 내 목록에 왜 두려움과 불안이 포함되어 있지 않은지 궁금할 것이다. 두 감정 다 우리 문화권에 매우 널리 퍼져 있는데 말이다. 심리학자들이 이 두 기지 감정 상태를 어떻게 구별하는지 알면 그 이유를 어느 정도 이해하게 될 것이다.

두려움은 그 순간에 명확히 드러나거나 임박하거나 즉각적인 위험에 대한 생리적·행동적·감정적 반응을 수반한다. 두려움은 상황에 적응하기 때문에, 실제 위협이 존재할 때 몸에서 나타나는 반응은 우리에게 그 위협을 피하거나 달아나라는 신호를 보낸다. 흔하게 드러나는 두려움으로는 엘리베이터 타기, 다리 건너기, 높은 곳에 올라가기, 군중 속에 있기, 동물이나 곤충(일테면 거미)에 대한 두려움 등이 있다. 이런 두려움이 극단적이고 비이성적으로 나타나면 공포증으로 간주한다. 상황마다 개인적인 해를 입을 가능성이 있다.

두려움에 대한 반응은 선천적인 것임을 알아야 한다. 진짜 위험이나 위협이 존재할 때는 우리 몸에 신경생물학적으로 내재해 있는 감정과 반응을 경험하게 된다. 자기 주변에서 어떤 일이 벌어지고 있는지 주목하는 것부터 시작해보자. 실제로 위협적인 뭔가가 존재하는가? 현재 명확한 위험이 도사리고 있는가? 지금 벌어지고 있는 일인가? 만약 그렇다면 싸우거나, 도망가거나, 얼어붙거나, 그대로 기절하고 싶다는 충동을 느끼는 게 정상이다. 그건 당신 몸의 스트레스 반응 시스템이 제대로 작동하고 있다는 뜻이다.

그러나 부적절한 순간에 투쟁-도주 반응을 경험하는 일이 종종 있다. 스트레스 반응이 발생했는데, 당장 눈앞에는 실제적인 위협이나 명확한 위험이 존재하지 않는다. 이럴 때 두려움이라는 반응을 경험하는 건 부적절한 일이다. 이런 부적응적 반응은 엉뚱한 시간에 반응이 나타난 것으로 생각할 수도 있다. 다시 말해, 다리가 무너지는 경우가 가끔 있긴 하지만 당신이 차를 타고 지나는 다리는 당신이 지나가는 동안 무너지지 않을 가능성이 크다. 마찬가지로, 비행기를 타면 불안해하는 사람들이 많지만 매일 뜨고 내리는 비행기 대수에 비하면 사고 발생이 드문 편이다.

위험이 존재할 때 스트레스 반응을 경험하는 건 좋은 일이다. 다치지 않도록 보호해주는 역할도 하므로 필요할 때 온전한 반응이 나타나야 한다. 그러나 두려움이 원하는 대로 풀리지 않는 사건이나 상황의 전조가 되어서는 안 되기 때문에 여덟 가지 불쾌한 감정 목록에 포함시키지 않은 것이다. 실제로 위험한 상황은 드문 데다 단어 선택이 당신의 결정, 느낌, 세상을 보고 경험하는 방식에 영향을 미치므로 자기 기분을 더 정확하게 설명할 수 있는 표현을 쓰라고 권하고 싶다. 불안은 그다음에 고려하는 게 이치에 맞다.

앞에서 설명한 것 외에도, 심리학자들은 불안을 '사람들이 자기 힘으로 통제할 수 없다고 여기는 미래의 어떤 끔찍한 사건에 대한 우려가 퍼지는 것'이라고 규정하기도 한다. 두려움은 불안과 구별된다. 불안이 앞으로 겪을 많은 괴로움이나 위험에 대한 예상이라고 한다면, 두려움은 지금 존재하는 명확하고 구체적인 위험으로 특징지을 수 있다.

공포와 마찬가지로 불안감도 빠른 심장 박동, 가슴이 바싹 죄어드는 느낌, 속이 울렁거리는 느낌 같은 신체 감각을 통해서 저음 느껴진다. 당신이 지금 두려움을 느끼는지 아니면 불안감을 느끼는지 알아내는 게 중요하다. 어떤 위험이나 위협이 존재하는지 알고, 또 그게 아주 가까이에 있는가? 아니면 앞으로 한 시간 뒤 또는 하루, 일주일, 한 달 뒤에 나쁜 일이 일어날지도 모른다는 광범위한 우려와 관련이 있는가?

본인이 느끼는 감정에 정확한 이름을 붙이자. 무서운가, 아니면 불안한가? 대부분의 상황에서는 진짜 무섭다고 털어놓기보다 불안하다고 말할 가능성이 훨씬 크다. 그렇더라도 공포처럼 '불안'도 남용 및 오용되고 있는 건 마찬가지라고 생각한다. 임상 관찰 결과, 불안은 대개 우리가 직면한 상황을 모호하게 묘사하는 말이라는 걸 알게 됐다. 그래서 우선 그 불안감의 밑바탕에서 실제로 벌어지고 있는 일이 무엇인지 살펴보고자 한다.

경험하거나 표현해보지 않은 감정인 불안감

참거나 느끼거나 알기 힘든 무언가를 외면하거나 단절시킨다 해도, 그 감정이 사라지지 않고 불안감으로 나타나는 경우가 많다. 어떤 힘든 감정을 경험하고 싶지 않기 때문에 불안감을 느낄 수도 있다. 그래서 딴 데로 신경을 돌리거나 그런 감정을 억제하기 위해 할 수 있는 모든 일을 한다.

불안은 우산처럼 덮개 구실을 한다. 이 우산은 여덟 가지 불쾌한 감정을 겪지 않도록 막아준다. 당신이 진정한 감정을 깨닫고 접촉하면 불안감이 사라지거나 크게 줄어든다. 따라서 불쾌한 감정의 파도에 올라타 그 파도를 헤쳐나갈 수 있다.

사람들은 다양한 이유로 불안감을 느낀다고 말하며, 조만간 해결해야 하는 일이나 상황과 관련해 바라지 않는 결과가 나올까 봐 걱정스럽다는 말도 자주 한다. 하지만 내가 알아낸 바에 따르면, 그들의 걱정은 원치 않는 결과와 피상적으로 연관되어 있다. 그들이 정말 걱정하는 건 원치 않는 결과에서 비롯될 원치 않는 불쾌한 감정과 마주하는 것이다. 느끼고 싶지 않은 감정을 피하고 싶어서 불안해한다.

취약성은 사람들이 불안하다고 말할 때 가장 자주 은폐하는 감정이다. 취약성에는 자신이 다칠 수도 있다는 인식이 포함된다. 또 남들에게 노출되어 당황스러워하는 기분이 취약성과 연관된 경우도 많다. 실제로는 취약하다는 기분을 느껴야 할 때 그 대신 불안감을 느낀 경우가 얼마나 많은가?

지금 당장 다른 단어를 가지고 실험해볼 수도 있다. 불안감을 느꼈던 상황을 떠올리면서 불안이라는 말을 취약성으로 대체해보자. 그러면 경험이 어떻게 바뀌는가? 불안을 의식적으로 취약성(기꺼이 배우거나 상처받으려는 개방적인 태도와 의지)으로 재구성하면, 이런 상황은 고통을 유발하기보다 성장과 자신감, 회복력을 기를 기회가 되는 경우가 많다. 이 방법이 성공적으로 작동한다면 이런 경험을 통해 성장하게 될 것이다. 이 방법이 성공하지 못하더라도 실망이나 좌절을 꿋꿋이 직시하면 그 경험을 통해서도 성장할 수 있다. 어느 쪽이건 간에, 자신의 취약함을 인정하겠다는 선택이 감정적인 힘을 키우는 데 도움이 된다.

불안은 사람들이 자신을 제대로 표현하지 않는 두 가지 상황에서 나타난다. 첫째는 불쾌한 감정을 외면하거나 완전히 피하면서 자신을 드러내지 않는 상황이다. 둘째는 여덟 가지 불쾌한 감정을 경험하지만, 이를 겉으로 드러내 다른 사람들에게 표현하기보다는 내면에 꽁꽁 감춰두는 상황이다. 자신이 경험한 진실을 남에게 말하는 걸 꺼리거나 거부할 경우, 아무 말도 하지 않거나 실제 기분과 정반대의 말을 하기 때문에 불안감이 생긴다. 그러나 자신의 생각과 감정을 표현하면 불안감을 느끼는 일이 현저히 줄어들거나 완전히 사라진다.

겉으로 표현할 경우 다른 이들에게 상처를 줄 수도 있는 불쾌한 감정들과 달리, 불안은 사회적으로 용인되는 감정이다. 유쾌한 것이든 불쾌한 것이든 자신의 진짜 감정을 얘기하는 건 골치 아프고 불편한 일처럼 보일 수 있다. 중요한 건 자신이 경험한 진짜 감정을 깨닫고, 더는 은폐나 외면을 위해 불안감을 이용하지 않고, 자신의 감정을 있는 그대로 느끼면서 자신이 처한 상황에서 적절하다고 판단될 때 진실한 감정을 표현하는 것이다.

모델 겸 배우인 데릭은 나와 짧은 대화를 나눈 뒤 감정을 경험하는 방식이 달라졌다. 우리는 영화 얘기를 나누고 있었는데, 데릭이 특정한 순간에 불안감을 느낀다는 얘기를 꺼냈다.

내가 사람들이 불안하다고 말할 때마다 관심을 가지는 건, 그들이 불안을 이해하고 경험하고 표현하는 방법을 바꿔주고 싶기 때문이다. 데릭에게 두어 가지 간단한 질문만 던졌다. 우선 신체의 어느 부분에서 어떤 느낌을, 어떻게 경험했는지 물었다. 그는 손으로 가슴 윗부분 전체에 둥글게 원을 그렸다. 내가 물었다.

"불안감과 관련된 단어를 전부 없애버린다면, 실제로는 어떤 기분이 들까요?"

그러자 그는 곧바로 자신의 감정이 실망감이라는 걸 알아차렸다. 그가 진정한 '깨달음'을 얻은 순간이었다.

며칠 뒤에 다시 얘기를 나눌 때 데릭은 자신이 어릴 때 가족을 떠난 아버지와 관련된 다양한 기억을 실망감으로 표현할 수 있었다. 오랫동안 그가 피하려고 애쓰면서 비밀로 해온 기억이었다. 그는 우리가 나눈 대화를 기폭제이자 기회로 삼아서, 처음에는 아버지에 대한 기억, 그리고 이어서 자기 인생의 다른 중요한 사람들에 대한 다양한 기억을 되새겼다.

그는 불안하다는 생각이 실망감을 감출 길을 열어준다는 걸 깨달았다고 말했다. 자신의 반응에 대한 이런 새로운 통찰 덕분에 그는 고통스러운 기억을 훨씬 쉽게 떠올리고 이해하게 됐고, 실망스러운 일이 생겨도 효과적으로 대처할 수 있다는 걸 알게 됐다. 결과적으로 데릭은 불안감이 줄어들고 더 많은 힘을 얻었다.

이런 깨달음의 순간이 감정적 성장을 위한 티핑 포인트tipping point가 되는 경우가 많다. 그 과정에서 내가 하는 일은 진정한 감정을 정의하고 경험할 수 있는 적절한 언어와 도구를 제공함으로써 사고와 감정의 낡은 대본이나 패턴을 깰 수 있게 돕는 것이다.

그룹 치료 과정에 등록한 대학원생 샐리와 제인의 이야기를 몇 주 동안 들은 적이 있다. 그들은 개인적으로 겪은 불안감 얘기를 했는데, 나는 그게 진짜 불안인지 궁금해져서 솔직하게 물어봤다. 내 질문에 두 사람은 갑자기 하던 말을 멈추더니 호기심을 보였다.

우선 그들에게 불안감을 느끼는 일을 줄이는 데 관심이 있느냐고 물었다. 그러자 둘 다 우렁찬 목소리로 "네!"라고 대답했다. 그래서 두 사람에게 불안감을 느꼈을 때의 경험이나 기억을 떠올리면서 이를 다시 느껴보라고 했다. 그리고 그들이 떠올린 기억이나 경험을 내게 알려줄 필요는 없다고 덧붙였다. 그들은 머릿속에 떠올릴 순간을 선택했다.

나는 "불안감을 암시하는 단어를 모두 뺀다면 어떤 감정을 느낄 것 같아요?"라고 물어봤다. 그러자 샐리는 "걱정스러워요"라고 했고 제인은 "무서워요"라고 했다. 둘 다 불안감을 암시하는 데다 모호한 말이기 때문에 그 단어는 사용할 수 없다고 말했다. 그러자 샐리는 "슬퍼요"라고 말했고 제인은 "화가 나요"라고 했다. 이번에는 그들이 머릿속에 떠올린 기억으로 돌아가서 샐리는 슬픔을 느끼고 제인은 분노를 느끼게 했다. 그리고 그 힘든 사건을 회상할 때 앞에서 얘기했던 불안감이 느껴지느냐고 물어봤다. 두 사람은 불안감을 느끼지 않았으며, 이런 변화에 매우 놀랐다고 말했다.

그들이 선택한 기억이 다른 사람들과 관련이 있는지 물어봤다. 이번에도 두 사람 다 그렇다고 대답했다. 마지막으로, 그 순간 그 상황과 관계된 사람들에게 샐리는 슬픔, 제인은 분노를 표했는지 물어봤다. 둘 다 아니라고 했다. 그들의 얼굴에 이제야 이유를 알겠다는 미소가 번지더니 곧 안도의 한숨과 웃음소리가 이어졌다.

샐리와 제인은 그동안 자신들의 진짜 감정을 의식 밖으로 내쫓으려고 노력해왔다. 이는 감정을 느끼려 하지 않거나 '알고 있는 걸 모르는 체하려고 애쓴' 사례다.

충분히 느끼지 않거나 겉으로 표현되지 않은 진실한 감정도 어딘가로 '향해야만' 한다. 대개는 밖으로 표출되지 않은 채 내면으로 향하는 경향이 있고, 이는 불안과 관련된 신체적 감각으로 나타난다. 자신의 생각과 감정을 정확하게 파악하고 느끼고 표현하면 불안감이 사라지고 차분함이 몸과 마음을 지배한다.

다음은 불안감이나 두려움을 느낄 때 흔히 사용하는 단어들이다. 이 단어들은 대부분 뜻이 너무 모호하기 때문에, 이런 단어를 사용하는 사람에게 나는 실제로 의미하는 바가 무엇인지 종종 물어본다. 예를 들어 열 명이 있는 방에서 '기분이 나쁘다'나 '기겁하다'라는 말이 무슨 뜻이냐고 물어보면 아마 열 가지 다른 대답이 나올 것이다. 여덟 가지 감정 가운데 어떤 것이 당신의 진짜 감정을 잘 나타내는지 살펴보자.

⧗

불안과 걱정을 표현하는 단어

걱정스럽다	신경 쓰인다	겁난다
초조하다	불안하다	무섭다
뒤숭숭하다	공황상태다	스트레스를 받는다

압박감을 느낀다	괴롭다	겁먹었다
우려된다	껄끄럽다	힘들다
신경이 날카롭다	떨린다	걱정된다
끔찍하다	조마조마하다	안절부절못한다
이성을 잃었다	불안정하다	안달한다
속상하다	기겁했다	마음을 졸인다
낭패다	대경실색했다	충격받았다
동요했다	겁이 많다	긴장했다

샐리와 제인은 자신들의 감정을 보다 온전하게 느끼고 표현하는 연습을 했다. 그러자 3주 만에 외견상으로도 그렇고 말하는 것도 그렇고 훨씬 자신감 넘치고 여유 있는 모습이 됐다. 불안감을 해소하는 가장 좋은 방법은 불쾌한 감정을 제대로 느끼고 표현하는 것이다. 나는 이 기술을 다듬어서 로젠버그 리셋의 변형인 로젠버그 불안감 리셋The Rosenberg Anxiety Reset™을 만들었다.

나는 내담자들에게 다음과 같은 질문을 한다. 당신도 이를 지침 삼아 자신이 느끼는 진짜 감정을 이해하고, 다른 사람에게 표현해야 하는 감정이 뭔지 알아내기 바란다. 노트에 답을 적어보자.

로젠버그 불안감 리셋

1. 불안감을 느꼈을 때의 경험이나 기억을 확인하고, 당시 느꼈던 불안을 다시 느껴보자.

2. 불안, 두려움, 걱정을 나타내는 말을 모두 제거하면 실제로는 어떤 기분을 느낄까? 여덟 가지 불쾌한 감정을 출발점으로 삼자(예를 들어 '불안하다, 무섭다, 겁에 질렸다, 겁이 난다' 같은 말은 사용하지 않는다. 앞의 '불안과 걱정을 표현하는 단어' 목록을 참조해서 어떤 말을 피해야 하는지 확인한다).

3. 확인된 경험이나 기억으로 돌아가서 불안과 두려움, 걱정을 이 새로운 감정(2번에서 찾아낸)으로 바꾼다. 그 감정을 5~10초 정도 계속 느낀다.

4. 앞서 얘기한 불안감을 느끼거나 경험할 수 있는가? (일반적으로는 다들 아니라고 대답한다. 하지만 계속 불안감이 느껴진다면 그 밑에 깔린 근본적인 감정을 정확하게 파악했는지 다시 생각해보자.)

5. 당신이 선택한 기억이 다른 사람들과 관련이 있는가?

6. 그 상황에서 확인된 기분을 표현하는 게 적절했을까?

7. 이런 기분이 그 상황에서 바로 표출됐는가, 아니면 조금 지나서 표출됐는가?

내가 할 수 있을까? 정말? 앞으로? 지금도?

사람들이 자문하는 것들 가운데는 불안감을 불러일으키는 내용이
많다. '내가 할 수 있을까?', '정말?', '앞으로?', '지금도?' 등이 대표
적이다.

- 이 일을 정말 해낼 수 있을까?
- 이루고 싶은 일을 이룰 수 있을까?
- 나는 성공하는 데 필요한 조건을 갖추고 있을까?
- 프레젠테이션을 잘 해낼 수 있을까?
- 일을 잘 끝낼 수 있을까?
- 사람들이 나를 좋아할까?
- 이 프로젝트를 완수할 수 있을까?
- 나 괜찮을까?

이런 의문은 의심을 키우고 증폭시키며, 의심은 또 불안감을 늘린
다. 의심 때문에 개인적인 힘이 줄고 자원이 부족해지며 자신감이
떨어진다.

이 질문에 맞춰 뇌를 준비시키면, 당연히 뇌는 대답을 하기 위해
최선을 다한다. 이렇듯 불안감을 계속 유지시키는 질문에 대처하는
전략은, 의문문을 전부 평서문으로 바꾸는 것이다. 대체로 단어 순

서만 바꾸면 다음과 같이 평서문이 만들어진다.

- '내가 할 수 있을까?' → '나는 할 수 있다.'
- '정말?' → '당연히 할 수 있지.'
- '앞으로?' → '앞으로도.'
- '지금?' → '지금 당장이라도.'

예컨대 '일을 잘 끝낼 수 있을까?'라고 묻는 대신, 그 질문을 평서문으로 바꿔서 '나는 일을 잘 끝낼 거야'라고 말하는 것이다. 그리고 '내가 어떻게 ○○를 하지?' 같은 변형된 형식의 질문은 '○○할 방법을 찾아낼 거야'로 바꾸면 된다.

의심하는 사람의 리셋

1. 잠시 시간을 내서 앞의 질문을 전부 자신에게 던져보자.
2. '내가 할 수 있을까?', '정말?', '앞으로?', '지금도?'와 같은 유형의 질문이 당신 몸에 어떤 느낌을 일으키는지 주목한다. 더 많은 의심과 불안을 조장하는가?
3. 이제 각 의문문에 상응하는 평서문을 만든다.
4. '나는 할 수 있다', '당연히 할 수 있지', '앞으로도', '지금 당장이라도'라는 문장이 당신 몸에 어떤 느낌을 일으키는지 주목

한다. 이 문장 덕분에 더 유능하고 자신감 있고 권한이 늘어난 듯한 기분이 드는가?

5. 그렇게 문장을 바꾸면 어떤 일이 일어나는지 쓴다.

불안감은 자신의 감정적인 힘을 의심한다

불안감을 많이 느끼는 경향이 있다면, 여덟 가지 불쾌한 감정을 관리하는 데 어려움을 겪는다는 뜻일 수 있다. 불쾌한 감정을 스스로 처리하지 못하거나 감정을 잘 관리하지 못한다면, 전반적으로 삶이 던지는 도전에 대처할 능력이 충분하다고 생각하기 힘들 것이다.

또 자원도 부족할 것이다. 앞서 설명한 것처럼, 자원을 활용하려면 취약하다는 기분을 느껴야 한다. 취약성은 자신의 욕구와 한계를 인정하고, 다른 이들에게 손을 뻗어 도움을 청할 수 있게 해준다.

이런 식으로 불안은 계속 순환하는 것처럼 보일 수 있다. 여덟 가지 불쾌한 감정에 대처하는 게 힘들면 자신이 무능하다는 느낌을 받게 되고, 무능하다고 느낄수록 불안감이 커져서 힘든 감정에 대처하기가 더 어려워진다. 자신이 유능하다고 느낀다면, 즉 여덟 가지 불쾌한 감정을 직접 겪으면서 잘 헤쳐나갈 수 있다고 느낀다면 불안해할 이유가 줄어든다. 자신이 원하는 결과가 나오지 않더라도 그로 인해 생기는 감정을 처리할 수 있다는 걸 이미 알기 때문이다.

자기 확언을 하라

자기 확언과 관련된 엄청난 혼란과 논란을 생각하면, 누가 자기 확언이 불안감을 달래는 데 효과가 있다고 생각할 수 있을까? 확언은 어리석고 쓸모없는 짓이라고 조롱당해온 긍정적인 자기 진술을 말한다. 예컨대 '나는 아름답다', '사람들이 날 좋아하고 존중한다', '나는 몸매도 탄탄하고 더없이 건강하다' 등이다. 그러나 심리학자인 클레이턴 크리처와 데이비드 더닝이 말했듯이, 확언은 외부의 위협에 대한 완충재나 쿠션의 역할을 한다.[9]

확언은 자신이 정체성에 몇 가지 측면을 지닌 다차원적인 인간이라고 여길 때 더 도움이 된다. 이 경우 확언은 그런 관점을 넓히고, 비판을 완화하거나 경감시키며, 위험하다고 여기는 것에 맞서게 해주고, 어려운 일이 생겨도 참고 이겨내도록 도와준다. 이미 확언을 이용하고 있다면 과학이 그 뒤를 받쳐줄 것이다. 확언이란 게 너무 바보 같아 보여서 지금까지 이용해본 적이 없다면 그게 감정적·인지적 유연성을 확장시켜서 인생의 어려움에 더 성공적으로 대처하도록 도와줄 수 있다는 걸 알아야 한다.[10]

'나는 유능하고 재주가 많은 사람이다'라고 말하는 건 불안을 완화하기 위해 사용할 수 있는 확언의 한 가지 예다. 굉장히 기본적인 말처럼 보일지도 모르지만, 의구심을 불러일으키는 의문문을 힘과 자신감을 주는 평서문으로 바꾸면 자신을 경험하는 방식에 변화가 생긴다. 이 문장을 꾸준히 되뇌는 방법으로 많은 이익을 본 사람들이 무수히 많다.

지금 당장 몇 초만 해보자. 그리고 앞으로 낯설거나 힘든 상황에 부딪힐 때마다 나는 유능하고 재주 많은 사람이라는 걸 계속 떠올리자. 이 문장을 머릿속에서 계속 반복하면 된다.

자기 이름을 부르면서 자신에게 말을 걸라

우리가 자기 자신에게 하는 말은 정말 중요하다. 아마도 대부분 사람은 뭔가 당황스러운 일을 저질렀을 때 "난 정말 바보야"나 "나는 제대로 하는 일이 아무것도 없어" 같은 혼잣말을 할 것이다.

혼잣말은 아무 생각 없이 지껄이는 수다라고 여길지도 모르지만, 자신에게 말을 거는 방식이 걱정과 두려움에 대처하는 방식이나 자신에 대한 동정심에서도 큰 차이를 만들 수 있음을 입증하는 연구 결과가 갈수록 늘어나고 있다. 좀더 구체적으로 말하자면, 심리학자 이선 크로스와 그의 동료들은 특히 사회적 상황이나 사회적 요구와 관련이 있는 경우 우리가 혼잣말을 하는 방식이 생각과 감정, 행동을 조절하는 능력에 큰 영향을 미친다는 걸 발견했다.[11]

그의 가장 흥미로운 발견은 '나'라는 대명사를 사용해서 자신에게 말을 걸면 스트레스가 심한 상황(경기나 대회, 공개 연설, 권리 주장 등)에 놓였을 때 좋지 못한 성과를 올릴 가능성이 크다는 것이다. 하지만 자기 이름을 사용해서 자신에게 말을 걸면, 좋은 성과를 거둘 가능성이 커진다. "나는 댄스 오디션을 망치는 게 두려워"라고 말하는 대신, "애나, 넌 아주 오랫동안 연습했고 동작도 빠짐없이 외웠어. 그러니까 그냥 침착하게 하기만 하면 돼"라고 말하는 것이다. "결혼식에서 축사를 하는 게 겁이 나" 대신, "마이크, 친구들은 다 널 좋아해. 게다가 축사를 해달라는 부탁을 받은 건 영광스러운 일이잖아"라고 말할 수 있다. 또는 "프로젝트 마감일을 지켜야 하는데 걱정돼"라고 말하지 말고, "브라이언, 어떤 단계를 밟아야 하는지 다 아니까 그냥 우선순위만 정하면 돼. 넌 한 번도 마감일을 어긴 적이 없잖아"라고 말할 수 있다.

강렬한 감정을 느낄 때 자기 이름을 사용하면, 한 걸음 뒤로 물러나 지금 벌어지는 일과 약간 심리적인 거리를 둘 수 있다. 그런 약간의 감정적 분리만으로도 친구에게 얘기할 때와 같은 현명하고 온화한 방식으로 자신에게 충고하고 논리적으로 설명하는 효과를 얻을 수 있다(단, 감정을 피하기 위해 이런 자기 대화 방법을 사용해서는 안 된다. 그랬다가는 다른 문제로 이어질 수 있다).

크로스 박사는 인칭 대명사를 이름으로 바꾸는 언어상의 이런 작은 변화가 불안을 최소화하는 데 도움이 된다고 말한다. 이 방법을 쓰면 깊이 파고들어 생각하는 걸 줄이면서 사고방식이 유연해져 좋은 성과를 얻을 수 있다. 그리고 자신의 문제를 좀더 현명하게 생각할 수 있다.[12]

이걸 어떻게 활용할 수 있을지 상상해보자. 만나길 피했던 친구와의 갈등을 해결해야 하는가? 그렇다면 자신에게 이렇게 말해보자.

"애비, 어서 친구에게 전화를 걸어. 전에도 친구들과의 갈등을 해결해서 일이 잘 풀렸잖아. 그냥 침착하게 얘기하면 돼. 그리고 잘 안되더라도 극복할 수 있을 거야. 넌 똑똑하고 호감 가는 사람이고, 널 사랑하고 함께 시간을 보내고 싶어 하는 친구들이 많잖아. 그냥 최선을 다하기만 하면 돼. 애비, 넌 할 수 있어."

첫 데이트를 할 때나 공개 연설 또는 봉급 인상을 요구할 때도 이 방법을 쓸 수 있다. 적용할 수 있는 곳은 무궁무진하다!

불안과 결정

두려움, 불안, 걱정 대신 성장을 선택하라

유명한 세포 생물학자인 브루스 H. 립턴 박사는 《당신의 주인은 DNA가 아니다》에서 모든 사람은 성장과 보호 프로세스에 맞춰 프로그램되어 있다고 말한다. 그는 세포가 영양분에 이끌릴 때 나타내는 성장 반응과 독소를 피해 물러설 때의 보호 반응에 대해 설명하면서, 다세포 생물인 우리 인간도 이와 비슷하게 행동한다고 주장한다.[13]

그러나 이런 보호와 성장 프로세스가 동시에 효과적으로 기능하는 건 불가능한 일이다. 립턴은 성장이 에너지를 소비하고 생산하는 과정임을 지적한다. "지속적인 보호 반응은 생명을 유지하는 에너지 생성을 억제한다."[14] 보호 모드(불안한 상태)에 오래 머물러 있을수록 비축해둔 에너지가 고갈되고 이로 인해 성장이 저해될 수 있다.

불안을 내면에서 생기는 스트레스라고 생각해보자. 장기간의 스트레스는 몸에 부정적인 영향을 미치기 때문에 걱정과 불안을 관리하면 전체적인 건강에 도움이 된다.[15] 반대로, 걱정 때문에 성장 프로세스가 계속 억제되면 활력이 현저하게 떨어진다.

사실 우리는 보호와 성장 활동에 동시에 관여할 수 없다. 그건 마치 동시에 양방향으로 움직이려고 하는 것과 같다. 이런 식으로 생각해보자. 두려움 속에서 살아가면 건강이 위태로워져 몸에서 보호 반응이 나타나고, 사랑 · 친절 · 호기심 · 동정 · 감사 속에서 살아가면 성장이 촉진된다. 불안감을 줄이려면 긍정적인 태도를 취하는 데 초점을 맞춰야 한다. 그러려면 성취감과 기쁨을 안겨주는 경험을 추구하는 게 중요하다.

자신을 보호하는 일에 신체적 · 감정적 에너지를 소비하지 않는다면 성장과 관련된 경험, 즉 다른 사람들과 연결되거나 창의력을 발휘하는 경험에 이끌릴 수 있다. 당신을 잘 보살펴준다고 생각되는 사람들이나 미소와 웃음을 안겨주고 풍요로운 기분을 느끼게 해주는 사람들과 시간을 보내야 한다. 좋아하는 활동, 자신의 관심을 사로잡거나 도전 의욕을 북돋우거나 평화로운 기분을 안겨주는 활동에 참여하자. 안전하다는 기분을 느끼면, 목적의식과 의미를 끌어내는 경험을 탐구하거나 추구하기가 쉬워진다.

어려운 쪽보다 쉬운 쪽을 택하라

불안한 사람들은 부정적인 진술에 이어 '가정의 상황'을 묻는 경향
이 있기 때문에 결국 불안감이 더 커진다. 앞에서 얘기한 것처럼, 우
리 뇌는 우리가 제기하는 모든 질문이나 문제에 답을 하려고 애쓴
다. 그래서 어려운 상황을 암시하는 질문('이게 힘들면 어떡하지?', '너무
오래 걸리면 어쩌지?' 등)을 하면, 우리 뇌는 그 질문에 답하기 위해 여러
가지 생각과 감정, 기억을 떠올린다('지난번에 일자리를 찾을 때 생각보다
오래 걸려서 너무 힘들었어. 이번에도 그렇지 않을까?'). 또 불안한 사람들은 인
생이 어렵고 고통스러우며, 목표와 꿈을 이루기까지는 오랜 시간이
걸릴 거라고 예상하는 경향도 있다. 자신이 모든 일을 힘들고 어렵고
고생스럽게 만들려는 유혹을 느끼고 있다는 걸 알아차려야 한다.

좀더 긍정적인 방향으로 질문하고 긍정적으로 말하는 연습을 하
면서, 동시에 자기 인생에 긍정적인 일들이 일어날 거라고 예상하는
연습을 하자.

- '이 일이 쉽다면 어떻게 될까?'
- '모든 일이 순조롭게 진행된다면?'
- '이 문제를 해결하는 동안 재미를 느낄 수 있다면?'

- '어렵다고 생각했던 일들을 전부 웃어넘기면 어떨까?'

아니면 이 질문들을 전부 평서문이나 확언으로 바꿀 수도 있다.

- '이 일은 쉬울 거야.'
- '모든 게 순조롭게 풀릴 거야.'
- '이걸 정말 재미있는 일로 바꿔보자.'
- '이런 어려움쯤은 웃어넘기자.'

결과와 손실

결정은 원래 손실을 뜻한다. 하나만 선택하고 나머지는 선택하지 않기 때문이다. 때로는 손실을 겪어야 한다는 것 때문에 불안감을 느끼기도 한다. 손실은 슬픔, 분노, 무력함, 실망과 연결되어 있다. 손해를 보거나 그로 인해 생기는 감정에 대처할 필요가 없도록, 결정을 내리기 어렵다면서 계속 미룰 수도 있다. 그러면서 그냥 불안감을 느끼는 것이다.

이런 상황에서 자주 추천하는 전통적인 방법이 '장단점' 목록을 작성하는 것이다. 그 외에도 고려해볼 만한 또 다른 전략으로 '결정 시각화'가 있다.

결정 시각화

1. 20분 정도 시간을 내서 조용히 앉아 심호흡을 하면서 마음을 고요히 가라앉히는 데 집중한다.

2. 긴장이 완전히 풀리면, 자신의 상황에서 가능한 선택을 하나씩 하면서 그 선택이 처음부터 끝까지 어떤 식으로 작동하는지 머릿속으로 확인해보자. 유쾌한 감정이든 불쾌한 감정이든, 각각의 선택이 유발하는 감정에 각별히 주의를 기울여야 한다.

3. 단기적(앞으로 몇 주 또는 몇 달 동안) 및 장기적(3년, 5년, 또는 10년 뒤)인 결과를 고려한다.

4. 긴장을 푼 상태로 돌아와서, 이 가운데 하나만 선택할 경우 느끼게 될 상실감을 받아들이는 시간을 갖는다.

5. 고려했던 각각의 선택과 관련해 표면에 떠오른 생각과 이미지, 감정을 기록한다.

불안 속에서 행동 취하기

나는 위험을 무릅쓰는 걸 불안해하고, 실망하거나 당황스러운 상황에 빠지는 걸 두려워하는 사람들과 자주 대화를 나눈다. 예를 들어 그들은 친구가 많지 않은 것에 실망하면서도 거절당하거나 더 많은 실망을 겪을 것이 두려워 친구를 사귀려고 노력하는 걸 두려워한다. 이렇듯 친구를 사귀려고 하지 않음으로써 그들은 이미 자신이 두려워하는 감정, 즉 실망감을 강화한다.

불안은 흥미로운 역설을 제시할 수 있다. 직면하는 걸 두려워하는 감정을 이미 겪고 있으면서도 이를 깨닫지 못하는 탓에 나중에 그와 똑같은 감정을 느끼는 걸 두려워하는 것이다. 하지만 이미 그런 감정을 겪고 있다는 걸 고려하면, 사실상 이를 극복해나가고 있는 셈이다.[16] 이를 깨달으면 처음부터 목표와 꿈을 좇기가 더 쉬워진다.

행동을 취하는 건 불안을 해소하는 한 가지 방법이다. 우리는 자신이 있기 때문에 위험을 무릅쓰거나 조치를 취하는 게 아니다. 오히려 위험을 무릅쓰거나 행동을 취하는 과정에서 자신감이 생긴다. 왜일까? 앞서 말했듯이, 우리는 어느 쪽으로든 성장할 수 있기 때문이다. 성공한다면 당연하게도 그만큼 역량이 커진다. 성공하지 못한다면? 그럴 때조차 감정적인 인내력을 기르고, 좌절감에 대처하고, 목표를 달성하기 위한 끈기를 키우면서 성장해나간다.

자원 활용 리셋 Resourcefulness Reset™

불안감을 줄이기 위해 할 수 있는 일이 있다. 이 실습을 하는 동안 계속 글을 써야 하니, 노트나 노트북을 준비하기 바란다.

1. 구체적인 걱정거리를 3~5개 적는다.

2. 그중에서 하나를 골라, 그 걱정이 논리적인 결론에 도달하게 한다. 걱정거리를 염두에 두고 자문해보자. '이 상황에 대한 걱정이 현실화될 경우 벌어질 수 있는 최악의 사태는 무엇일까?' 답을 얻으면 이렇게 말한다. '설령 그렇더라도 뭐 어때?' 걱정이 더는 뻗어나가지 않을 때까지 이 두 가지 질문을 계속 반복한다.

3. 2번에서 두 가지 질문을 던질 때마다 그에 대한 답을 모두 적는다.

4. 또 그런 사건이나 상황이 발생했을 때 느끼게 될 기분과 각 단계에서 필요할 법한 자원도 적어둔다. 이 정도면 됐다고 생각될 때까지 계속 적으면 된다.

5. 그런 다음 처음에 적은 걱정거리를 읽고, 그에 대한 대답을 하나하나 읽어본다. 각각의 대답을 시각화해서 자신이 감정이나 말, 행동과 관련된 그 상황을 효과적으로 처리하는지 살펴보자.

6. 다음 고민도 같은 방법으로 해결한다. 목록 전체에 대한 작업이 끝나면, 고민의 강도가 줄어들었는지 확인해보자.

살면서 어떤 사건이나 상황에 맞닥뜨렸을 때, 불안감을 줄인다는 건 곧 어떤 일이 원하거나 기대한 대로 되지 않았을 때 느낄 감정에 대처하기 위해서라는 걸 기억하자. 감정적인 자원이든 다른 쪽의 자원이든, 자기는 상황을 관리할 수 있는 자원을 가지고 있다고 여기면서 그에 따라 행동에 나서자.

그렇다면 자원이란 무엇일까? 그건 여덟 가지 불쾌한 감정을 경험하고 극복하는 능력에서 출발한다. 그러려면 자신이 느끼는 감정을 정확하게 파악해서 설명하고, 자신을 손쉽게 표현하는 능력을 키우고, 필요한 경우 행동에 옮겨야 한다(상황을 해결하기 위해 다른 사람의 도움, 조직과 계획, 물질적 재화 같은 자원이 필요할 수도 있다). 이런 요소들이 모두 불안감을 줄이는 데 도움이 된다.

걱정, 불안, 집착은 종종 불쾌한 감정에서 주의를 딴 데로 돌리게 하는 기능을 한다는 걸 기억하자. 그 밑에 깔린 진짜 감정에 집중해야 한다. 그러면 불안감이 크게 줄어들거나 아예 사라질 수 있다.

불안감은 자신이 유능하고 재주 많은 사람인지를
의심하면서 생긴다.

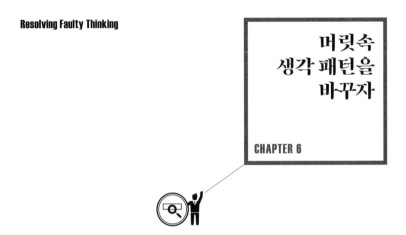

머릿속 생각 패턴을 바꾸자

CHAPTER 6

불쾌한 감정을 경험하고 표현하는 방식은 자신감을 키우고, 자존감을 기르고, 원하는 삶을 추구하는 데 중심적인 역할을 한다. 여기에는 생각하는 내용과 생각하는 방식도 한몫한다. 3장에서 살펴봤듯이, 과거 회상이나 부정적인 자기 대화를 통한 생각은 감정이 빨리 사라지지 않고 오래 남아 있도록 영향을 미친다.

이 장에서는 부정적인 생각이 우리 삶에 미칠 수 있는 또 다른 저해 효과에 대해 이야기할 것이다. 특히 인지 왜곡 같은 잘못된 사고 패턴, '부정적인 감정 지수Bad Emotional Math™', 다른 사람이 날 어떻게 생각할지 걱정하는 것, 매우 나쁜 영향을 미치는 혹독한 자기비판 습관 등을 다룰 예정이다. 특히 잘못된 생각을 지우거나 해결하거나 줄이는 방법을 알려주는 데 집중하고자 한다. 해로운 사고 패턴을 극복하는 방법을 배우면 보다 건전한 사고방식이 제공하는 자유와 힘을 누릴 수 있다.

삶에 대한 사고방식

눈에 띄는 행복감의 정도는 당신이 생각하는 것, 즉 생각의 실제 내용과 관련이 있다. 잠깐 시간을 내서 당신이 하는 생각의 내용을 들여다본다면 뭘 찾을 수 있을까? 그 대부분이 긍정적이고 낙관적이고 수용적인 생각일까, 아니면 부정적이고 비관적이고 냉소적인 것일까? 차분하고 만족감을 주는 생각일까, 아니면 분노와 실망과 불안을 안겨주는 생각일까?

당신이 하는 생각의 전반적인 성격이 부정적이고 비관적이라면, 사고방식을 재조정하는 것이 좋다. 앞서 소개한 브루스 립턴 박사는 우리의 생각과 믿음이 사실상 몸 안의 모든 세포에 영향을 미친다는 설득력 있는 증거를 제시했다. 긍정적인 사고는 건강과 면역 기능을 증진하고, 부정적이거나 비관적인 생각은 세포 퇴화와 면역 기능 저하를 불러온다.[1] 긍정적인 태도가 건강에 미치는 이점과 그런 태도가 어떻게 면역체계 기능을 촉진하는지를 입증한 수많은 연구진이 있는데, 대표적인 이들이 브루스 매큐언 박사와 로버트 사폴스키 박사다. 이들은 부정적인 생각이 신체에 광범위한 영향을 미친다고 밝혔다. 신진대사와 호르몬 분비를 방해하고 이것이 다시 염증과 질병 발생, 면역력 저하 등으로 이어진다.[2] 이와 달리, 긍정적인 생각은 스트레스나 그로 인해 발생할 더 심각한 질병과 싸울 수 있게 도와주는 신경펩티드를 분비한다.[3]

명상과 긍정심리학에 관한 연구에서 도출된 결론 역시 낙관적인 태도, 긍정적인 사고, 긍정적인 가치관, 뇌에 좋은 주의력 집중 활동(명상, 요가) 등이 모두 정서적·정신적 건강에 매우 유익한 영향을 미친다는 걸 강하게 시사한다. 이쯤 되면 긍정적인 감정이 나쁜 영향을 미치는 부분도 있느냐고 묻고 싶어질 정도다.

예를 들어 명상을 살펴보면, 불안과 우울, 스트레스 관리에 효과적인 마음챙김에 기반한 명상 수련(마음챙김 기반 스트레스 감소[MBSR])의 이점이 기록을 통해 충분히 입증되어 있다.[4] MBSR을 실행하는 사람들은 굳이 판단이나 반응을 하지 않고도 자기 내부와 외부에서 벌어지는 일들을 알아차리는 능력(생각과 감정이 훨씬 쉽게 오가도록 하는 것)이 향상된다고 한다. 이런 능력은 정서 조절에 기여하는 동시에 향상된 정서 조절 능력의 결과물이기도 하다.[5] 전체적으로 볼 때 마음챙김 수련은 사고 패턴을 개선하고, 부정적인 사고방식을 감소시키며, 감정적인 문제의 발생을 예방하는 데 도움이 된다.

우리는 긍정적인 감정과 낙관주의를 통해서도 이런 이익을 얻는다. 신체 증상이 줄고 우울 수준이 낮아지며, 자살·조현병·신체적 영향 등이 발생할 위험이 줄고, 사회적 불안이 줄어들며, 약물 사용 가능성이 감소한다. 긍정적인 감정은 사교성도 높여준다. 사교적인 성격이 되면 친구가 많아지고 대인관계도 좋아져서 건강, 사회적 수용도, 정서적 행복, 수명이 증가하고 활기와 활력이 넘치며 창의성(사고의 유연성, 독창성, 문제 해결의 효율성 등)도 좋아진다.[6]

3장에서 보호·인간관계·창의성이라는 목적을 위해 감정을 이용할 수 있다는 이야기를 했는데, 부정적인 감정은 보호 및 생존과 관련이 있다. 보호 모드에 있지 않을 때는 인간관계나 창의성과 관련된 긍정적인 감정을 느낄 수 있다. 한쪽은 우리 삶의 범위와 관심 대상을 좁히고 다른 한쪽은 이를 확장시킨다.[7]

이런 확장 개념은 심리학자인 바버라 프레드릭슨 박사의 연구에도 반영되어 있다. 그녀는 긍정적인 감정이 우리 삶에서 수행하는 역할을 강조하는 확장과 수립 이론을 발전시켰다. 긍정적인 감정을 잠깐씩만 느껴도 시간이 지나면 누적 효과가 생겨 목적(직업)이나 즐거움(취미)을 위해 사용할 수 있는 음악적 능력 같은 오래도록 지속되는 기술을 연마할 수 있다고 한다. 또한 긍정적인 감정은 사람들이 사회적·지적·신체적·심리적으로 자신을 발전시켜서 살아가는 세계를 넓히거나 확장할 수 있게 도와준다. 예컨대 흥미나 호기심은 새로운 걸 탐구하거나 시도하려는 욕구를 불러일으키는데, 시간이 지나도 이 관심이 계속되면 호기심을 품은 분야에서 전문지식을 개발하거나 기능을 숙달할 수 있다.[8]

모든 증거가 사고방식은 감정적 건강뿐만 아니라 신체적 건강에도 직접적으로 영향을 미친다는 걸 보여준다. 우리의 자신감과 건강, 전반적인 행복감을 해치는 부정적인 생각은 무엇이고 사고방식에 긍정적인 변화를 주기 위해 할 수 있는 일은 무엇인지 살펴보자.

부정적인 생각

인지치료 방법을 이용한 우울증 치료로 유명한 정신과 의사 아론 벡은 우울증의 중심에는 부정적인 생각이 자리 잡고 있다고 말한다.[9] 실제로 부정적인 생각은 우울증 경험을 악화시킨다.

부정적인 생각에 시달리는 사람은 자아와 세계, 미래에 대한 경험을 계속 부정적인 방식으로 해석할 수 있다. 구체적으로 말하자면, 자신을 대하는 태도에 늘 비난이 담겨 있다. 세상은 장애물과 해결할 수 없는 문제들로 가득하고, 미래는 암울하고 가망이 없어 보이며, 실패를 거듭하리라는 생각만 든다.[10] 분명 이와 같은 견해는 자신에게 만족하면서 욕구를 가라앉히고 중요한 관심사나 목표를 추구하려는 노력을 저해할 수 있다.

이런 사고방식이 큰 문제가 되는 이유는 힘들었던 과거의 기억을 강화할 수 있기 때문이다. 뇌는 '연상 기관(현재의 신경 발화 패턴을 과거의 생각, 기억, 감각 경험 등과 일치시킨다)'이자 '예측 기계(과거에 일어난 일을 바탕으로 항상 다음 순간을 예측하거나 대비한다)'다.[11] 이 말은 곧 당신이 이전에 학습한 바가 현재를 인식하고 해석하는 방식에 영향을 미친다는 뜻이다. 이때의 학습에는 자신의 마음을 상하게 하는 말, 신체적 고통, 불쾌한 기억, 비관적이고 자기 패배적인 생각 등도 포함된다.

따라서 이런 기억을 떠올리거나 이런 식의 사고 패턴에 갇혀 있다면, 최선을 다해 현재를 살아갈 수도 없고 만족스럽고 행복한 상태를 경험하지도 못한다. 부정적인 생각은 고통스러운 과거 때문에 불안해하거나, 감사할 일도 기대할 일도 축하할 일도 전혀 없는 불운한 미래를 예상하게 할 뿐이다.

부정적인 생각에 대처하는 건 불쾌한 감정에 대처하는 것과 다르다. 물론 부정적인 생각이 여러 불쾌한 감정과 연관되어 있고, 그런 감정을 유발하는 경우도 많지만 말이다. 부정적인 사고는 다른 모든 것을 해석하는 방식에 영향을 미치는데, 어떤 기술을 배우려면 그 일을 수없이 반복해야 하는 것처럼 우리 뇌가 긍정적인 사고를 하도록 훈련시킬 때도 반복적인 노력이 필요하다.

⧖

여섯 번째 기록: 나는 무엇을 생각하는가?

호기심 많고 친절하고 온화한 시선으로 자신을 바라보자.

어떻게 보이는가? 무슨 생각을 하고 있는가? 어떤 생각이 머릿속을

지배하고 있는가? 공통된 주제나 패턴, 추세가 눈에 띄는가?

부정적인 생각 기록하기

이 작업을 시작하기 위해 먼저 다음 일주일 동안은 자기 생각의 본질을 추적하고, 그다음 일주일 동안은 생각의 초점을 바꾸는 연습을 하자.

1. 칸이 두 개 있는 표를 만든다. 한쪽 칸에는 '긍정적 · 낙관적 · 수용적인 생각'이라고 쓰고, 다른 한쪽 칸에는 '부정적 · 비관적 · 냉소적인 생각'이라고 쓴다.

2. 자신이 생각하는 내용을 더 정확하게 의식하려면, 서너 시간마다 한 번씩 하던 일을 멈추고 자신이 생각하는 내용에 세심한 주의를 기울인다. 7일 동안 생각을 추적하면서 감지한 생각들을 기록한다. 모든 생각을 긍정적인 칸이나 부정적인 칸중 하나에 적으면서, 그 생각의 초점이 자신에 관한 것인지(자신에 대한 태도), 세상이 돌아가는 방향에 관한 것인지(장애물이나 기회), 아니면 앞으로 자기 인생의 모습에 관한 것인지(절망적일지 희망적일지) 표시한다.

3. 또 생각의 추세를 평가하여 7일 동안 부정적인 생각과 긍정적인 생각이 나타난 빈도를 기록한다.

4. 둘째 주에는 자신이 부정적 · 비관적 · 냉소적인 생각을 하고 있는 걸 깨달으면, 부정적인 진술을 긍정적 · 낙관적 · 수용적

인 진술과 짝지어서 정신적인 변화를 일으키는 연습을 한다. "그 행사는 결딴이 나거나, 엉망이 되거나, 잘 풀리지 않을 거야"라고 말하기보다 "상황이 내 뜻대로 풀리기를 기대하고 있다"라고 말하자. 이게 너무 어렵게 느껴진다면, "이 행사가 어떤 방향으로 진행될지는 잘 모르겠지만, 무슨 일이 벌어지든 다 받아들일 수 있다" 같은 중립적인 표현을 쓰면 된다.

5. 이 정신 훈련을 계속해서 머릿속에서 언제나 자연스럽게 중립적 또는 긍정적·낙관적·수용적인 생각이 떠오를 만큼 사고 체계를 바꾼다.

사고 패턴: 자신의 사고방식을 의식한다

자신이 무슨 생각을 하는지 알아차리는 것만으로는 충분하지 않다. 그 생각을 어떻게 하는지도 알아야 한다. 당신이 생각하는 내용에는 실제로 생각하는 사상과 주제(완수하고 싶은 일, 문자를 보내거나 전화를 걸고 싶은 사람, 기대하는 사건 등)가 포함되어 있고, 생각하는 방식에는 사고 패턴이 포함된다. 비합리적인 생각과 믿음의 패턴은 우울증 증상을 유발하거나 악화시킬 수 있다. 예를 들어 이런 패턴의 일종인 '개인화personalization'에는 모든 걸 사적으로 받아들이거나, 자신이 통제할 수 없는 상황이 자기 잘못이라고 여기는 것 등이 포함된다. '무엇을', '어떻게' 생각하는지가 감정을 경험하고 표현하는 방식에 영향을 미치기 때문에 이 두 가지에 주목하면서 변화시켜야 감정적인 힘과 자신감, 회복력을 발달시킬 수 있다.

이 사고 패턴의 명칭은 아론 벡 박사의 연구[12]에서 유래한 것이며, 《필링 굿》의 저자인 데이비드 D. 번즈 박사가 이 아이디어를 확장하고 대중화했다.[13] 번즈는 사람들이 저지르는 특정한 유형의 가정과 인지(생각) 오류가 우울증 경험의 원인이 되고, 이로 인해 불쾌한 경험을 하면서 자기 삶에도 불만족하게 된다고 지적한다. 이런 생각의 오류 때문에 자꾸 침체되는 기분에 갇혀서 자아상이 형편없이 추락하고, 타인과 관계를 맺는 데 관심이 없어지며, 목표를 추구하고자 하는 욕구나 에너지가 사라진다.

심리학자들은 이런 비합리이고 잘못된 사고 패턴을 설명하기 위해 '인시 왜곡'이라는 표현을 사용한다. 앞에서 내담자들에게 자주 듣는 인지 왜곡 사례를 몇 가지 소개했지만, 심리학 연구 문헌을 보면 사례가 훨씬 많다. 그중 일부는 서로 겹치기도 하고 여러 개가 동시에 발생할 수도 있다.

다음 목록을 검토한 다음, 그중 자신의 사고방식을 설명하는 인지 왜곡을 선택하는 것부터 시작하자.[14] 더욱 긍정적이고 광범위하게 생각하는 것이 궁극적인 목표다. 한 번에 하나씩 공을 들여야 한다. 왜곡된 부분을 의식하고, 자신이 이를 이용하고 있다는 걸 확인한 다음, 낡은 사고 패턴을 보다 건설적이고 낙관적인 사고방식으로 대체해야 하기 때문에 정신적으로 상당한 노력이 필요하다. 인지 왜곡에 관해 설명한 다음, 당신이 따라 할 만한 방법을 제시하겠다. 그 각각을 바꾸기 위해 더 많은 노력을 기울일수록 더 빠른 시간 안에 감정적 자유를 누리게 될 것이다.

인지 왜곡

1. 이분법적 사고

이분법적 사고를 하는 사람에게는 모든 게 극과 극을 달린다. 세상 만물이 '검은색 아니면 흰색', '좋은 것 아니면 나쁜 것'이고 그 중간은 없다. 그래서 자신에 대해서도 완벽한 사람 아니면 실패자라고 여긴다. 모든 사람과 상황을 이분법적 범주로 바라보는 경향이 있으므로 대부분의 사람과 상황에 얽혀 있는 복잡성을 허용하지 않는다.

'양쪽 다/그리고' 관점

우리가 사는 세계는 매우 복잡하지만, 이를 지나치게 단순한 이분법적인 흑백 관점으로 바라보는 이들이 많다. 당신도 이런 이분법적 관점으로 세상에 접근하고 있진 않은지 알아보자. 다음 예시를 참조하기 바란다.

- 이분법적 사고 패턴을 깨는 결정을 내린다.

- 단 두 개의 선택지만 말하거나 제시하는 때가 언제인지 주목한다('댄스 플로어에서 완벽한 모습을 보여야지, 그렇지 않으면 바보처럼 보일 거야').
- 두 개의 선택지 사이에 다른 가능성을 제시해서('나는 춤을 좋아하고 또 잘 추니까 그냥 나가서 즐길 거야') 이런 사고 패턴에 도전하고, 양극단 사이에 두 가지 가능성('내가 아주 뛰어난 댄서는 아닐지 몰라도, 어차피 거기 있는 사람들 대부분은 다시 볼 일도 없잖아' / '일단 노래 두 곡이 흐르는 동안 댄스 플로어에 있다가, 그래도 계속 어색하면 그냥 자리로 돌아오지, 뭐')을 추가한다. 우선 한 가지 대안을 제시해 패턴을 깨뜨리고, 몇 가지 대안을 더 만들면서 기술을 연마한다.
- 상황에 따라 다르기는 하지만, '양쪽 다/그리고 관점'으로 전환해서 이분법적 패턴을 깰 수 있다('춤을 출 수 있어서 기뻤지만, 상을 받을 만큼의 실력은 아니어서 아쉽다').

2. 지나친 일반화

이 부류의 사람들은 어떤 사실이 특정한 경우에 들어맞으면, 그 '진리'를 모든 상황에 적용한다. 유사한 점이 거의 없는 상황에도 말이다. 독립된 사건에서 일반적인 규칙을 도출해 관련 없는 상황에까지 적용하는 경향이 강하다. 예를 들어 부정적인 사건 하나를 끝없는 패배의 패턴으로 받아들이는 것이다.

하나의 상황은 하나의 상황에만 적용된다

당신이 지나치게 일반화하는 경향의 사람이라면, 어떤 하나의 사실이나 상황은 그 상황에만 해당한다는 걸 명심하자. 한 가지 상황에서 얻은 결과를 조만간 발생할 것으로 예상되거나 곧 다가올 상황에 마구잡이로 적용할 것인지 자문해볼 수 있다.

3. 긍정 격하

무슨 이유를 대서든 긍정적인 경험이 '중요하지 않다'라며 거부한다. 그렇게 하면 일상적인 경험과 모순되는 부정적인 믿음을 유지할 수 있기 때문이다.

긍정적으로 수용한다

긍정적인 면을 격하한다는 것은 곧 남들이 해주는 좋은 말을 따지고 들거나 축소한다는 얘기다. 이럴 때 당신이 취해야 하는 가장 중요한 행동은 자신이 들은 말을 더는 숙고하지 않고 일일이 따지고 드는 것도 멈추는 것이다. 들은 말을 받아들이기 어렵다면, 일단 진심으로 "고맙다"라고 말한 다음, 그 말이 사실이라면 어떨지 생각해보자.

4. 확대(파국화) 또는 축소

세부 사항이나 사건(본인의 실수나 다른 사람의 성과)을 확대하거나 과장할 수도 있고, 세부 사항이나 사건의 중요성(본인의 바람직한 자질이나 다른 사람의 실수)을 축소할 수도 있다. 두 가지 방식 모두 당신의 가치를 감소시킨다.

투 트랙 사고방식을 벗어난다

당신이 자신의 결점이나 다른 사람의 성공을 과장하는 경향이 있다면, 자신의 뛰어난 자질과 다른 사람의 실수를 축소할 가능성도 크다. 이런 패턴은 함께 나타나는 경우가 많다. 자신이 이 중한 가지 또는 두 가지 사고방식에 모두 관여하고 있다는 걸 깨달았다면, 그건 현실적인 생각이 아니라고 자신에게 말하자. 자신의 실수가 그렇게 대단한 것이 아니고, 자신의 뛰어난 자질과 성공이 생각보다 의미 있는 것이라는 사실을 인정하자.

5. 개인화 또는 과도한 책임감

사실은 자신이 책임질 필요가 없는데도 외부에서 발생한 어떤 부정적인 사건의 원인이 자기 때문이라고 생각한다. 타인의 불행이나 일상적으로 벌어지는 불상사를 계속 자기 탓으로 돌리고 마땅한 근거도 없이 외부 사건을 자신과 연결하면, 당신이 하는 경험이나 자신을 바라보는 방식에 부정적인 영향이 미친다.

불필요한 부담은 지지 않는다

개인화는 도전 의식을 북돋우며, 압박감과 부담감이 늘어난다는 점을 제외하면 책임감 있는 사람처럼 보이고 싶다는 욕구를 자극한다. 재빨리 책임을 지겠다고 나섰는데 도저히 통제할 수 없는 상황이 되면, 자신이 그 문제에 어떻게 기여했는지 살펴보고 이렇게 책임을 짐으로써 혹시 다른 이들을 보호하고자 하는 건 아닌지 자문해보자. 또 그 문제의 다른 원인은 무엇이고 누가 책임을 질 수 있을지 생각해보자.

6. '당위' 진술

'~해야 해'라는 말이 들어간 비판적 진술을 통해 자신을 심리적으로 벌하는 것이다. 그러나 이런 표현을 사용하면 좌절과 분노가 끓어오르는 경우가 많다('이 프로젝트를 금요일까지 끝내야 해. 그래야 내가 게으른 사람이 아니라 생산적인 사람임을 보여줄 수 있어').

선택 감각을 늘린다

자신에게 강요하는 걸 멈추라는 말을 들어본 적이 있을 것이다. '~해야 해'라는 말은 제약과 속박의 표현이며, 따라서 이용할 수 있는 선택지가 적다고 느끼게 된다. 선택지가 많다고 느끼려면 사용하는 언어부터 바꿔야 한다. 다음과 같은 방법을 써보자.

- 자신이 '~해야 해'라는 표현을 사용하는지 주목한다.
- 이를 '할 수 있다', '~하기로 했다' 등으로 대체한다.

당신은 이 외에도 여러 가지 인지 왜곡 방법을 사용 중일 수 있다. 이런 방법을 많이 사용할수록 기분도 나빠지고, 현 상황에 갇히거나 제약당하거나 구속된 듯한 기분이 들 것이다. 각각의 인지 왜곡을 거미줄의 동그란 고리 가운데 하나 같다고 상상할 수도 있다. 인지 왜곡을 사용하면 할수록 그 중심에 갇힌 듯한 기분이 들고, 그 때문에 우울해지거나 절망감을 느낄 수도 있다.[15] 잘못된 사고 패턴을 하나씩 멈추면 거미줄의 원이 하나씩 사라져서 마침내 풀려났다고 느낄 수 있을 것이다.

스물여섯 살인 메이시는 아주 오래전부터 느꼈던 고립감과 우울증을 호소하며 널 찾아왔다. 근처에 가족과 친구들이 살았지만 그들과 어울리는 데 흥미를 잃었기 때문에 출퇴근하는 시간을 제외하고는 몇 주씩 자기 아파트에만 틀어박혀 지냈다. 그는 친구들과 만날 약속을 잡았다가도 취소하곤 했다. 직장에서는 마음에 들지 않는 자리에 오래 정체되어 있는 상태라서 일에 불만이 많고 싫증이 났다. 뭐가 됐든 변할 거라는 확신과 희망이 없어진 상태였다.

나는 그녀가 지닌 잘못된 생각과 그것이 미치는 영향을 파악하도록 도와줬다. 그 과정에서 '부정적인 감정 지수(이에 대해서는 뒤에서 자세히 다룬다)'에 대한 메이시의 믿음도 확인할 수 있었다. 자신의 사고

방식이 기분과 동기, 전망에 미치는 영향을 깨닫고 이해하게 되자, 그녀는 오랫동안 이어져 온 잘못된 믿음에 도전하기 시작했다. 그러자 기분이 가벼워졌고, 시간이 지나면서 가족이나 친구들과도 다시 어울리게 됐다. 직장에서도 여러 가지 새로운 기술을 배운 덕분에 승진을 거듭했으며, 예전부터 좋아하던 취미인 음악 활동도 다시 시작했다.

자신이 생각하는 것(부정적 · 비관적 · 냉소적 사고와 주제)과 생각하는 방식(인지 왜곡이나 자신이 사용하는 부정적 사고 패턴)을 모니터링하고 그 두 가지를 모두 바꾸면 장기적인 변화를 이룰 수 있다. 그런 사고방식이 우리의 인생 경험을 제약하고 구속한다는 걸 기억하자. 생각하는 방식과 내용을 바꾸면 선택지가 많아지고, 인생이 더 넓고 희망적인 방향으로 활짝 열린다. 그러면 기분이 나아질 뿐만 아니라 자신에게 의미 있는 일을 추구하고자 하는 욕구에 다시 불이 붙는다.

인지 왜곡을 중단하면 더 자유롭고 온전하게 표현할 수 있는 삶을 향한 길이 만들어진다. 억눌렸던 감정이 풀려나고, 제한된 생각과 갇혀 있는 듯한 느낌에서 자유로워진다. 감정적 유연성이 커지고, 반응하기보다 호응하는 능력이 향상되며, 어려운 상황을 딛고 다시 일어서는 회복력을 키울 수 있다. 당신이 살면서 경험해야 할 것들이 정말 많다. 당신이 진정으로 원하는 것에 가닿지 못하도록 인위적으로 강요하고 정신을 산만하게 만들던 낡은 사고 패턴에서 벗어나기만 하면 된다.

다른 사람들이 날 어떻게 생각할지에 대한 걱정

사람들이 내게 털어놓는 가장 흔하고 빈번한 걱정 중 하나는 다른 사람들이 자기를 어떻게 생각할까 하는 것이다. 당신도 이런 어려움을 겪고 있다면 비슷한 고민을 하는 이들이 많다는 걸 알아두기 바란다. 어떤 사람은 다른 사람이 자기를 어떻게 생각할지 너무 고민된 나머지, 그런 상황을 피하려고 사교적인 행사를 전혀 갖지 않기도 한다.

이들이 하는 걱정을 정리해보면 다음과 같다.

- '내가 너무 뚱뚱하다고(또는 너무 못생겼다거나 매력이 없다고) 생각할 거야.'
- '내가 바보 같은 소리를 한다고 생각할 거야.'
- '내 옷이 이상하다고 생각할 거야.'
- '내가 가면 왜 내가 초대받았는지 의아해할 거야.'
- '다들 날 비웃을 거야.'

이런 우려를 분석해보자. 우선, 다른 사람이 자기를 어떻게 생각할지 걱정할 때는 자기 행동의 중심과 감정적 또는 개인적인 힘을 자신이 아닌 다른 사람에게 맡기게 된다. 자신의 생각, 기분, 감각, 욕구, 그리고 타인과 세상을 경험하는 방법을 비롯해 자신에게 중요한 것들이 전부 안 보이게 된다.

둥그렇게 모여선 사람들 한가운데 서서 자신의 눈을 통해 주위 사람들을 바라본다고 상상해보자. 이게 당신이 지닌 개인적인 힘의 위치다. 이번에는 그렇게 둘러선 많은 사람이 당신을 바라보고 있다고 상상하면서, 자기 눈으로 바라보기 전에 그들의 눈을 통해서 본다고 생각해보자. 이 두 번째 상황에서 당신은 균형을 잃게 된다. 에너지가 원 바깥에서 당신을 향해 밀려오고, 그 결과 개인적인 힘을 잃어버리기 때문이다. 이게 바로 다른 사람의 눈을 통해 인생을 살아갈 때의 기분이다. 이는 마치 온갖 방법으로 자신을 비틀어 다른 사람을 행복하게 해주려고 하는 것과도 같다. 그러다 보면 결국 다른 이들이 좋아하는 것, 필요로 하는 것, 원하는 것에 대해 온갖 가정을 하게 된다. 하지만 그런 건 절대 효과가 없고 당신의 자아의식만 손상될 뿐이다.

다른 사람이 나를 어떻게 여길지 걱정하는 것이 생각을 지배하는 집착이 될 수도 있다. 하지만 나에 대한 다른 이들의 생각에 집중하는 건(실제로는 그들의 생각을 짐작하는 것이지만) 취약하다는 기분을 회피하려는 하나의 방법일 뿐이다. 중요한 사실은, 다른 사람들도 대부분 당신이 자기를 어떻게 생각할지 걱정한다는 것이다!

남들은 당신에게 크게 관심이 없다

남들이 날 어떻게 생각할까 하는 문제는 생각하면 할수록 정말 난감해진다. 어릴 때는 관찰과 피드백 그리고 다른 사람과의 관계가 있어야 발전할 수 있고, 타인과 맺은 관계의 성격이 뇌 구조의 발달 방식과 두뇌 프로세스의 효율성에 영향을 미친다. 그런 피드백은 나이가 든 뒤에도 유용하지만, 다른 사람의 견해에 지나치게 의존하다 보면 자신을 표현할 수 있는 신뢰와 자신감, 친숙함이 발달하지 못한다.

어릴 때는 뇌와 자아 감각을 발달시키기 위해 다른 사람의 피드백이 훨씬 많이 필요하다. 처음에는 부모나 보호자가 그런 피드백을 해주고, 나중에는 교사나 코치들이 피드백을 해준다. 그러다가 청소년기에 접어들면 부모와 다른 권위 있는 사람들은 다소 뒷전으로 물러나고 대신 또래의 피드백에 의존하게 된다.

세월이 흘러 성인기가 되면 그런 피드백에 대한 의존도를 대폭 줄이는 게 중요하다. 나이가 들어 성숙해지면 혼자서도 결정을 내릴 수 있다고 느끼기 때문에, 다른 사람에게서 받아야 하는 영향력과 정보(뭘 해야 하는지에 대한 의견을 듣는 등)가 감소한다. 다시 말해, 자신이 뭘 하고 싶은지 알기 때문에 다른 사람들이 내리는 지시보다 자신의 내적 지식과 지침에 더 의존하는 것이다. 다른 사람의 의견이 도움이 되고 적절하다면 의사결정 과정에 포함시킬 수도 있지만, 궤도를 벗어나게 하는 의견과 정말 건설적이고 의사결정에 도움이 되는 의견을 구분할 줄 알아야 한다. 자신을 의심하거나 의문을 제기하고 다른 사람의 의견을 자기 의견보다 중요하게 여기면 자신에게 의존하는 능력을 제대로 발휘할 수 없다.

이렇게 한번 생각해보자. 태어나서 대략 20대 중반까지는 다른 사람들의 피드백을 이용해 자신을 정의한다. 그리고 이후부터는 다른 이들의 피드백을 이용해 자신의 여러 부분을 개선한다.

신경과학은 왜 우리가 다른 사람이 자기를 어떻게 생각하는지에 그렇게 관심이 많은지를 부분적으로 설명해준다. 다른 사람에게 관심을 기울이는 건 우리의 타고난 특성이다. 스스로 의식하건 의식하지 못하건 간에, 우리는 안전과 위험, 생명의 위협 때문에 항상 다른 사람들과 주변 환경을 살핀다.[16] 그러니 다른 사람들이 자기를 어떻게 생각하는지 걱정하는 건 타당한 일이다.

그러나 그런 걱정이 극단으로 흐르거나 생활의 중심을 차지하게 되면, 삶이 위축되거나 상당히 힘들어질 수 있다. 나는 이런 걱정이 수많은 사회적 불안의 원인이라고 생각한다. 다른 사람이 나를 바라보는 시선이나 그런 시선에 대한 염려를 줄인다면, 자신감이 커지고 인생을 훨씬 더 즐길 수 있다.

당신이 다음과 같은 상황이라면 이 책의 정보가 매우 유용할 것이다.

- 다른 사람들이 내 생각을 하고 있다는 생각이 든다.
- 남들이 날 어떻게 생각하는지에 지나치게 신경을 쓰는 경향이 있다.
- 남들 앞에서 실수를 할까 봐 두렵다.
- 비웃거나 바보로 생각할까 봐 두렵다.
- 위험을 무릅쓰기가 두렵다.
- 부끄럽다.
- 공개 연설을 싫어한다.
- 전화를 걸거나 받는 게 싫다.
- 사교적인 모임을 두려워한다.

먼저 몇 가지 질문에 답해보자.

1. 당신이 일상생활을 하는 동안 다른 이들이 당신 생각을 하는 시간이 몇 퍼센트나 될 것 같은가? 내 질문이 무엇인지 제대로 파악해야 한다. 다른 사람들이 당신 생각을 하는 시간이 몇 퍼센트쯤 되느냐고 물은 게 아니다. 다른 이들이 당신 생각을 하는 시간이 몇 퍼센트나 될 것으로 생각하느냐고 물었다.
2. 다른 사람들이 당신에 대해 생각하리라는 생각을 하면서 보내는 시간이 몇 퍼센트나 되는가?
3. 남들이 자기를 어떻게 생각하는지 걱정하느라 분주한 사이,

당신은 무엇을 놓치고 있는가?

이 세 번째 질문에 대한 답은 다음과 같다.

- 자신의 경험(생각, 느낌, 감각, 요구)에 대한 인식
- 타인에 대한 생각, 그들과 관련되거나 그들과 함께하는 경험
- 자신의 주변 세계를 최대한 온전하게 인식하는 것

다른 사람들이 무슨 생각을 하는지 저절로 알 방법은 없다. 단지 추측할 수 있을 뿐이다. 물론 물어보면 알 수 있겠지만, 직접 물어보면 상대방의 관심이 당신에게 쏠려 있는 경우는 거의 없다는 걸 알게 될 것이다.

요컨대 딴 사람의 생각에 관심이 팔리면 자기 경험이 안 보이게 된다는 얘기다. 지금 이 순간 자신이 하는 경험과 분리된다는 말인데, 그렇게 되면 자신이 무슨 생각을 하는지도 모르고 어떤 경험을 하고 있는지도 알 수 없다. 자기 내면에서 벌어지는 일들과 완전히 단절되는 것이다.

이렇게 외부의 시선이 중심이 된 사고 패턴은 대부분 취약함을 가리기 위한 위장이다. 이런 식으로 행동하면, 자신의 진정한 반응을 경험하기보다는 거짓된 이야기를 만들어내 그 주인공이 될 수 있다. 다시 말해, 자신이 노출되는 것을 허락하지 않고 대신 걱정을 통

해 자신의 연약한 삼성을 통제하려고 하는 것이다. 이는 유익한 생각이 아니라 여덟 가지 불쾌한 감정(그중에서도 특히 취약성과 당혹감)을 외면하려는 행동일 뿐이라는 걸 기억하자.

일례로 체중이 몇 킬로그램 늘었다고 가정해보자. 쇼핑몰에 가서는 거기 있는 사람들 모두 내가 살이 찐 걸 알아차릴 거라며 걱정만 하다 온다. 다들 내가 뚱뚱하다고 생각할 거라면서 말이다. 자신의 체중 증가를 걱정하는 사람은 자신뿐인데, 다른 사람들도 모두 같은 생각을 하고 있다고 가정한다.

이럴 때 당신이 할 수 있는 일은 무엇일까? 다음은 다른 사람들이 나를 어떻게 생각할까에 대한 걱정을 줄여줄 6단계 전략이다.

개인의 힘을 되찾기 위한 6단계 전략

지금까지의 정보를 사용해서 생각을 바꾸는 단계별 방법을 알아보자.

1. 다른 사람들이 자기를 어떻게 생각할지 걱정하거나 고민하는 시간에 주목하자. 이게 바로 외부 시선 사고 패턴이다.

2. 자신에게 물어보자. '남들이 내 생각을 하면서 그렇게 많은 시간을 보낸다고 생각하는 이유는 무엇인가?' 겉보기에는 남들이 무슨 생각을 하는지 걱정하는 것처럼 보이지만, 사실 당신

이 하는 걱정의 중심은 결국 자신이다. 자신이 특별하다는 생각은 절대 안 할지도 모르지만, 이런 중심점만은 바꿔야 한다.

3. 다른 사람이 무슨 생각을 하는지 안다고 가정하거나 그들의 마음을 읽으려 한다는 걸 깨달아야 한다. 당신은 지금 자신에 대해서 하는 생각을 다른 사람에게 투영하고 있는 것이다. 자신이 남의 마음을 읽는 일에 몰두하고 있다는 걸 깨달으면, 다른 사람들이 내 생각을 한다고 가정하고 있었다는 걸 기억해야 한다. 이제 그런 행동을 그만두고 자문해보자. '그들이 정말 내 생각을 할 가능성이 있을까? 만약 있다면 내가 그들이 생각하리라고 생각한 것과 똑같은 것일까?'

4. 이런 외부 시선 사고 패턴을 계속 의식하면서, 이런 식으로 생각하는 건 불쾌하고 불편한 생각과 감정을 외면하기 위한 전략임을 깨달아야 한다. 그 불쾌한 생각이나 감정은 자신이 다른 사람에게 전가한 구체적인 생각과 아무 관계가 없을 수도 있다. '내가 인식하지 못하도록 막으려고 하는 불편하거나 불쾌한 생각과 감정은 무엇일까?'를 자문해보자.

5. 외부 시선 사고는 취약하다는 기분을 외면하려는 전략인 경우가 많다. '내가 취약함을 느끼는 건 무엇 때문일까?'를 자문해보자.

6. 남들이 나를 어떻게 생각할까 하는 생각에 골몰해 있으면, 현재의 경험에서 벗어나게 된다. 현재 당신의 힘의 중심은 외부,

속 다른 사람들에게 가 있나. 이제 나시 방향을 돌려서 자신의 경험과 현재의 순간으로 돌아가야 한다. 사고 패턴이 안에서부터 바깥쪽으로 향하도록 적극적으로 바꾸자. 이를 위한 가장 좋은 방법은 '지금 내게 필요한 것, 내가 생각하고 느끼고 지각하는 건 뭐지?'라고 자문해보고, 적절한 경우 그 대답을 다른 이들에게 전달하는 것이다. 이 방법은 힘과 통제력을 되찾는 데 도움이 될 것이다.

부정적인 감정 지수

내담자들을 돌보면서 사람들이 서로 일치하지 않는 생각이나 믿음을 동일시하는 경우가 종종 있다는 걸 알게 됐다. 나는 이를 '부정적인 감정 지수'라고 부른다. 예를 들어 "어떤 일에 실패하는 건 인간으로서 실패하는 것과 마찬가지야"라는 말을 자주 듣는다. 하지만 임무 실패는 그냥 임무 실패일 뿐이지, 거기에 인간으로서의 성공 또는 가치가 반영되어 있는 건 결코 아니다. 변화와 성장에 필요한 요소에 관해 내담자와 얘기하다가, "흠, 나는 언제나 이런 식이었어요"라는 말을 들었다. 하지만 과거나 현재에 특정한 방식으로 행동했다고 해서 미래에도 늘 그런 식으로 행동하라는 법은 없다.

부정적인 감정 지수는 우리를 제약하고 구속하고 옭아매는 인지 왜곡의 변형을 보여준다. 이런 인지 왜곡 방법을 이용하면 앞으로 변화가 일어나서 더 좋고 행복한 삶을 살 수 있다는 가능성에 대한 믿음을 잃게 될 뿐만 아니라, 그런 변화를 가져올 자기 자신의 능력에 대한 믿음도 잃게 된다. 이로 인한 정서적 효과 때문에 세상이 좁아지고 제한되며, 기회가 사라지고, 불안감·우울·무력감·절망감으로 물들게 된다. 그러니 자신이 생각하는 내용이나 방식을 살펴볼 때는 부정적인 감정 지수를 다른 방법으로 대체하는 것도 고려해야 한다.

다음의 문장 가운데 당신이 부정적인 감정 지수나 긍정적인 감정 지수Good Emotional Math를 이용하는 방식을 가장 정확하게 묘사한 내용에 동그라미를 쳐보자. 부정적인 감정 지수를 어떻게 이용하는지 설명한 문장을 검토한 다음, 자신의 믿음·태도·감정·행동 가운데 무엇을 변화시켜야 긍정적인 감성 지수를 달성할 수 있을지 자문해보자.

부정적인 감정 지수	긍정적인 감정 지수
나쁜 일 한 가지 = 전부 나쁘다	나쁜 일 한 가지 = 나쁜 일 한 가지
예전에 늘 그랬다 = 앞으로도 늘 그럴 것이다	예전에 늘 그랬다 ≠ 지금 또는 미래
항상 그래왔다 = 앞으로도 늘 그럴 것이다	항상 그래왔다 ≠ 지금 또는 미래
그게 지금의 내 모습이다 = 앞으로도 이런 모습일 것이다	그게 지금의 내 모습이다 < 앞으로 보여줄 수 있는 모습
과거 = 현재	과거 ≠ 현재
과거 = 미래	과거 ≠ 미래
현재 = 미래	현재 ≠ 미래
'나쁜' 감정 = 나쁜 자신	'나쁜' 감정 = 불쾌한 감정

'추악한' 감정 = 추악한 사실	'추악한' 감정 = 불쾌한 감정
행동 = 존재	행동 ≠ 존재 (실수 또는 실패 ≠ 나는 실패자다)
내 존재 = 내가 원하는 것	내 존재 > 내가 원하는 것
내 존재 = 내가 가진 것	내 존재 > 내가 가진 것
내 존재 = 내가 느끼는 것	내 존재 > 내가 느끼는 것
내 존재 = 내가 생각하는 것	내 존재 > 내가 생각하는 것
내 존재 = 내가 믿는 것	내 존재 > 내가 믿는 것
내 존재 = 내가 하는 일	내 존재 > 내가 하는 일
내 존재 = 내가 성취(표현)한 것	내 존재 > 내가 성취(표현)한 것
내 존재 = 나에 대한 남들의 의견	내 존재 > 나에 대한 남들의 의견
내 존재 = 내 평판	내 존재 > 내 평판
내 존재 = 내가 남들에게 보여주는 것	내 존재 > 내가 남들에게 보여주는 것
내 존재 = 내가 생각하는 다른 사람들이 인식하는 내 모습	내 존재 > 내가 생각하는 다른 사람들이 인식하는 내 모습
내 존재 = 내 부모(자식)	내 존재 ≠ 내 부모(자식)
내 존재 = 내 라벨	내 존재 > 내 라벨
내 존재 = 내가 앓는 병	내 존재 > 내가 앓는 병
자살 충동을 느낀다 = 행동	자살 충동을 느낀다 = 견디기 힘든 고통에 맞선다

당신에게 이 모든 걸 하나로 합치는 방법을 알려주기 위해, 예전 내 담자였던 에이미가 직장 생활에 대처했던 방법을 소개하겠다. 그녀는 극도의 스트레스와 불안감을 겪었고, 언젠가는 해고될 거라는 두려움 때문에 자신이 먼저 직장을 그만두고 싶다는 욕구에 지속적으로 시달렸다. 그녀가 상사와 동료들에게 받는 피드백은 항상 긍정적이고 고무적이었으며, 그녀의 위치가 위태롭다는 증거는 전혀 없었다. 하지만 그녀의 입에서 나오는 말은 늘 부정적이고 자기비하적이었다. 에이미는 자신이 먼저 나서서 일이 잘못될 수도 있는 모든 방

법을 설명했고, 자신이 지닌 훌륭한 자질이나 성취를 전혀 인정하지 않았다. 상사와 동료들의 긍정적인 피드백은 무시하거나 의심했다.

당신에게도 에이미의 문제점들이 바로 눈에 띌 것이다. 그녀의 생각은 의심할 나위 없이 부정적이다. 그녀의 사고방식을 인지적 왜곡과 관련해서 살펴볼 수도 있다. 첫째, 에이미의 생각은 긍정적인 부분을 격하시킨다. 자신의 생각을 극단적으로 표현하고, 긍정적인 피드백이나 칭찬을 받아들이지 않음으로써 부정적인 면은 확대하고 긍정적인 면은 축소한다. 부정적인 감정 지수의 관점에서 보면 그녀는 남들이 바라보는 시각이나 평판, 자신이 성취한 일 등에 따라 자신의 본모습이 달라진다고 생각한다. 자신의 가치가 최근에 잘 마무리한 프로젝트나 높은 가격으로 체결한 판매 계약에 달려 있다고 여기는 것이다.

이 생각은 전부 바뀔 수 있다. 이런 잘못된 사고 패턴을 끝내기 위해 먼저 인지 왜곡 문제부터 다루기 시작했는데, 여기에는 에이미가 자신의 생각이 얼마나 편파적인지 이해하도록 도와주는 것도 포함되어 있었다. 에이미는 살면서 좋은 일이 일어날 때도 부정적인 면에만 집중했다. 그래서 우리는 승진, 새로운 직책, 많은 돈, 어머니와의 관계 개선, 관심 있는 남자와의 데이트, 잘 정착된 운동 루틴 등 다양한 증거를 살펴봤다. 그녀가 자기에게 쏟아지는 따뜻한 지지와 살면서 생기는 긍정적인 일들에 관심을 보이고 받아들이기 시작하자, 지금까지 부정적인 일에만 집중한 이유가 예기된 실망과 나약한 기분을 피하기 위해서였다는 걸 인정할 수 있게 됐다.

부정적인 감정 지수 실습을 하는 동안, 우리는 그녀가 어떻게 그런 믿음을 발전시키게 됐는지 알아내는 데 시간을 쏟았다. 일테면 자신이 성취한 일이 곧 자신을 규정한다는 생각을 품게 된 이유 등을 분석한 것이다. 한 가지 알게 된 사실은, 에이미는 어떤 일을 해냈을 때만 주목과 칭찬을 받았고 평소 모습 그대로일 때는 사랑도 인정도 받아본 적이 없다는 것이었다. 에이미는 자신이 지닌 생각을 하나씩 살펴보면서 자기는 최근에 이룬 성과보다 훨씬 중요한 사람이고, 스스로 부과한 많은 중압감을 떨쳐낼 수 있으며, 전보다 훨씬 편안하게 긴장을 풀고 더 평온하고 행복해진 기분으로 많이 웃을 수 있다는 걸 깨달았다. 기존의 생각을 하나씩 해결하는 게 높은 스트레스를 해소하는 데 큰 도움이 됐다.

⧖
일곱 번째 기록: 부정적인 감정 지수 체크하기

당신이 가진 생각을 앞의 표에서 제시된 부정적인 감정 지수 목록에 하나씩 대입하면서 어떻게 그런 생각을 발전시키게 됐는지 자문해보자. 생각들을 하나씩 적은 다음, 이를 통해 얻은 이익과 이 생각을 고수하면서 겪은 불이익도 기록한다. 또 바꿔야 하는 부분과 긍정적인 감정 지수에 해당하는 생각을 계속 유지하기 위해 취해야 하는 조치도 적어보자.

생각을 바꾸고 이를 통해 경험까지 바꾸려면 당신이 느끼는 것, 생각하는 것, 생각하는 방식을 비롯해 겹겹이 층을 이룬 매듭을 풀어야 한다. 혹독한 자기비판이나 부정적인 자기 대화를 다룰 때는 특히 그렇다.

혹독한 자기비판 끝내기

'부정적인 자기 대화'라고도 부르는 혹독한 자기비판을 중단하면 자신감과 회복탄력성, 진정성을 키우는 데 상당히 도움이 된다. 혹독한 자기비판 중에는 '너는 쓸모없고 어리석고 무능하고 멍청하고 못생기고 뚱뚱하며, 사랑스럽지도 매력적이지도 않다' 같은 온갖 악담도 있다. 이런 말은 보통 자신이 결함이나 결점으로 인식하는 것들과 관련이 있다.

자신에게 가차 없이 구는 게 동기부여에 도움이 된다고 믿는 사람들도 일부 있기는 하지만, 이런 생각과 말을 이용해 자신을 다치게 하는 행동은 결국 큰 피해를 가져온다. 유해하고 혹독한 자기비판은 사람의 정신을 죽이고, 자신감을 잠식하며, 의욕을 무너뜨리고, 영혼을 고갈시키기 때문이다.

나는 '혹독한 자기비판'이라는 용어를 자신에 대한 비열하고 잔인하고 자기비하적이며 자멸적인 생각을 가리키는 말로 사용한다. 여기에는 의식적인 생각이나 태도, 무의식적인 가정과 믿음이 포함되어 있는데 대개는 자신에 대한 가혹한 비판이나 공격에 초점을 맞춘 부정적인 생각이다. 다른 사람들이 내뱉은 모욕적이고 마음 상하는 말을 혼자 되뇌다가 결국 그게 사실이라고 믿게 됐을 수도 있다. '부정적인 자기 대화'는 그보다 좀더 폭넓은 개념이다. 여기에는 자신과 세계, 그리고 미래에 관한 비관적인 생각과 더불어 자멸적인 생각도 포함된다. 또한 고통스러운 기억과 쓰린 상처, 원망, 원한을 자주 되새기거나 반복하는 것도 부정적인 자기 대화의 한 측면이다.

사람들은 대개 혹독한 자기비판을 심각한 문제라고 생각하고 실제로도 그렇지만, 이것이 여덟 가지 불쾌한 감정과 분리되거나 그 감정들을 외면하는 방법으로 기능한다는 사실은 이해하지 못한다. 예를 들어 슬픔과 실망은 그 자체만으로도 견디기가 몹시 힘들거나 심하게 고통스러울 수 있나. 이는 더 큰 문제인 우울증을 일으키는 촉매 역할을 할 수도 있지만, 독특한 상황을 제외하고는 극심한 손상을 입히지는 않는 경향이 있다.[17] 자신이 가진 기술과 적성을 현실적으로 평가하는 것, 즉 건설적인 비판은 전혀 해롭지 않다. 하지만 혹독한 자기비판은 매우 파괴적이다. 기본적으로 자신의 마음을 이용해 자신의 자아 감각과 현재를 즐기는 능력, 미래의 무한한 가능성에 대한 희망과 믿음, 추구 의욕을 말살하는 것과 마찬가지다.

나는 UCLA에서 심리학자로 일할 때, 당시 박사 논문을 쓰던 내담자 제프와 상담하면서 혹독한 자기비판의 기능을 깊이 이해하게 됐다. 그는 실망과 좌절을 느낄 때마다 논문 작업을 중단했는데, 적절한 연구 사례를 찾을 수 없거나 자기 조언자에게 연락할 수 없거나 글쓰기 자체에 어려움을 겪을 때 그랬다. 제프가 좌절감을 이겨내지 못하고 힘들어하는 이유를 분석하는 동안, 처음에는 단순히 좌절감을 느끼던 그가 자기는 무능하고 무가치하고 자격도 없는 사람이라며 온갖 비판적인 말을 쏟아내는 모습을 보게 됐다. 좌절감이라는 불편한 기분에서 가차 없는 자기비판으로 빠르게 비약하는 모습을 보고 정말 놀랐다. 이때 나는 사람들이 불쾌한 감정과 분리되거나 그 감정들을 외면하기 위해 혹독한 자기비판을 이용한다는 걸 처음으로 깨달았다.

처음에 제프는 실망과 좌절감 때문에 '기분이 나빠졌다.' 그리고 실망과 좌절은 겪어내기가 너무 힘들다는 걸 알았기 때문에, 대신 자신을 무능하고 무가치하고 자격도 없는 사람이라고 묘사하게 됐다. 그리고 당연한 얘기지만, 제프는 무능하고 무가치하고 자격도 없는 자신을 대할 때마다 '기분이 더 나빠졌다.' 이는 사람들이 일반적으로 겪는 과정처럼 보인다. 당신 같아도 기분이 나쁠 것이다. 그런데 이 사례에서 제프가 '기분 나쁜' 정도는 전부 그에게 달려 있는 듯하지 않은가?

혹독한 자기비판을 하면, 그런 힘든 감정을 직접 경험하고 극복할 때보다 훨씬 더 기분이 나빠진다. 이 사례에서 제프도 좌절과 실망을 경험한 다음, 자신의 감정을 해소하고 상황을 해결하기 위해 취해야 하는 다음 조치를 알아냈다.

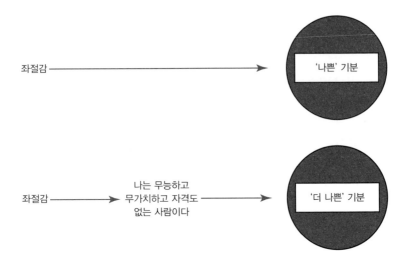

우리는 자신이 느끼는 감정을 제어할 수 없고, 의식적으로 인식하기 전까지는 어떤 감정을 느낀다는 사실조차 모른다. 사람들은 대부분 자신이 통제할 수 없는 불쾌한 기분(좌절감이나 제프의 '나쁜' 기분)을 느끼는 길 좋아하지 않기 때문에, 불쾌한 기분을 느낄 듯한 조짐이 나타나자마자 가혹하고 혹독하며 비판적이고 잔인한 자기 대화 또는 자기 평가에 나선다.

아주 오랫동안 그렇게 부정적인 사고방식을 유지하면 어떤 효과가 생길까? 간단히 말해, 단순히 기분이 나쁘고 끝나는 게 아니라 두드러지게 악화된 기분을 느끼게 된다. 처음에는 불쾌감을 느끼기 시작했을 때와 비슷한 수준의 '나쁜' 기분을 느끼는 것처럼 여겨질 것이다. 하지만 혹독한 자기비판은 출구를 찾기까지 아주 길고 고된 시간을 보내야 하거나 탈출이 아예 불가능해 보이는 훨씬 어둡고 고통스러운 장소로 당신을 데려간다.

　아무리 간절히 원한다 해도, 일단 그런 감정이 생기면 90초 동안 감정의 파도를 타는 것 외에는 별다른 방법이 없다. 다만 자신이 무슨 생각을 어떻게 하는지는 제어할 수 있다. 즉 자신이 생각하는 것이나 자신에게 말하는 내용, 자신을 평가하는 방법 등에 대해서는 통제권이 있다는 얘기다. 따라서 혹독한 자기비판 습관이 발동하려고 할 때, 감정은 통제하지 못하지만 생각은 좌우할 수 있다는 걸 명심해야 한다.

　이 아이디어를 한 단계 더 발전시켜보자. 자기비하적인 말을 할 때는 자기비판적인 생각을 자신이 좌우할 수 있으니 언제 그 생각을 시작하고 끝낼 건지, 얼마나 자주 생각할 건지, 얼마나 강하게 또는 얼마나 오랫동안 생각할 건지 등은 물론 그로 인해서 느끼게 될 나쁜 기분도 전부 통제할 수 있을 것처럼 보인다. 나는 이를 '통제 망상'이라고 부른다. 자기비판적인 생각을 조절하는 방법들(빈도, 강도 등) 때문에 자신이 통제할 수 없는 경험(실망이나 좌절감에 대한 즉흥적인 반응)까지 좌우할 수 있을 듯한 착각에 빠지기 때문이다.

　혹독한 자기비판은 어떤 일이 뜻대로 되지 않았을 때 생기는 불쾌한 감정을 장악할 뿐만 아니라, 불안과 마찬가지로 선제적인 작용을 할 수도 있다. 이 경우에는 혹독한 자기비판이 자기 회의의 형태로 나타나므로 자신에게 중요한 걸 추구하지 못하게 된다. 의구심 때문에 자신을 억제하고, 위험을 무릅쓰는 걸 꺼리기 때문이다.

나는 부정적인 자기 평가나 혹독한 자기비판은 여덟 가지 불쾌한 감정과 분리되거나 그 감정들을 외면하기 위한 우아하면서도 매우 파괴적인 전략이라고 생각한다. 어떤 연구자들은 이를 안전과 자기 보호를 위한 전략이라고 표현한다.[18] 이상한 방법이기는 해도, 혹독한 자기비판은 다른 사람들의 비판으로부터 당신을 보호해줄 수 있다. 하지만 결국엔 다른 사람들 앞이나 삶에서 자신을 온전히 표현하는 걸 방해한다.

⧗ 혹독한 자기비판을 끝내려면

당신 자신의 혹독한 자기비판을 끝내기 위해 어떤 일을 할 수 있을까?

1. 혹독한 자기비판이나 부정적인 자기 대화를 보다 확실하게 인식한다. 자신에게 이런 식으로 말할 때마다, 고통스럽거나 불쾌한 감정을 끊어내고 외면하기 위해 혹독한 자기비판을 이용하고 있다는 걸 알아야 한다.

2. 혹독한 자기비판에 대한 인식을, 느끼거나 알거나 견뎌내기 더 힘든 무언가가 자신의 존재를 알리려고 보내는 신호로 여긴다.

3. '지금 알거나 느끼거나 참기 힘든 것은 무엇인지' 자문해보자. 그리고 이를 인식 안으로 온전히 끌어들인다.

4. 고통스러운 감정이 표면화되면, 몇 차례 깊고 느리게 숨을 쉰

다음 90초 동안 감정의 파도를 탄다.

5. 감정을 극복하는 동안 표면화된 모든 통찰에 주목한다. 예를 들어 화가 났을 때, 갈등을 해결하려면 분노를 표현해야 한다는 걸 깨닫는다.

6. 이 통찰력을 활용해 결정을 내리거나 자신을 표현하거나 행동을 취한다.

7. 자신에게 좀더 친절하고 연민 어린 태도를 갖는다.[19]

8. 자신의 경험을 통해 무얼 배울 수 있는지 자문하면서 자기를 깊이 이해한다.

무능하고 어리석고 무가치하고 자격도 없다는 기분

앞에서 단어의 중요성을 이야기했는데, 혹독한 자기비판에 대한 논의와도 관련이 있기 때문에 '감정'과 관련된 단어로 자주 오인되는 단어들을 마지막으로 확실하게 구별하고 싶다. 구체적으로는 '무능하다', '무가치하다', '자격이 없다', '멍청하다', 그 밖에 사람들이 자기 기분을 설명하기 위해 사용하는 이와 비슷한 단어들에 대해서다.

유의해야 할 점은 이 단어들은 기분을 표현하는 것이 아니라 평가와 비교, 판단을 하기 위한 단어라는 것이다. 평가나 비교나 판단을 할 때는 감정을 느끼는 게 아니라 생각을 한다. 이런 말을 쓰면, 자기는 기분 상태를 설명하고 있다고 생각하지만 실제로는 혹독한 자기비판에 빠져서 기분만 더 나빠지는 결과를 가져온다.

이 말들의 바탕에 존재하는 감정을 생각해보자. '멍청한'이나 '추악한'이라는 말에는 당혹감과 수치심이 숨어 있을 수 있다. '무능한'이라는 말은 당혹감, 수치심, 실망, 무력감을 나타낸다. '무가치하다'나 '자격이 없다'라는 말은 훨씬 심각한 의미가 있는 다른 종류의 무게를 지니고 있다. 평가의 의미가 담긴 이 단어들은 당신이 좋은 걸 누릴 자격이 없다거나, 더 극단적으로 말해서 아예 살 가치가 없다고 암시하는 것으로 들린다.

이 말들 역시 수치심, 즉 자신이 무능하거나 불완전하거나 결점 또는 하자가 있거나 나쁘다는 생각과 자주 혼동된다. 이런 식으로 생각하는 건 우리 인류가 공통으로 지닌 특징이다.[20] 우리는 이런 생각이 어릴 때부터 생기는 경우가 많고 또 정신적인 충격과 연관되어 있다는 사실도 안다. 8장에서는 그 문제를 해결하는 데 도움이 될 틀을 제공할 생각이다.

자신에 대해 이런 생각을 품고 있다면, 다음 사항을 곰곰이 생각해보자.

- 그런 생각이 처음 시작된 시기
- 처음에 그 말을 당신에게 한 사람
- 현재 당신에게 그 말을 한 사람
- 여덟 가지 불쾌한 감정 중 이 생각과 연관되는 감정

이런 생각을 당신이 오랫동안 유지해왔다면, 이로 인해 감정과 단절되고 과거에 갇혀서 자신이 스스로 창조하고 싶은 삶을 살지 못하도록 방해를 받았을 것이다.

여기에 덧붙이고 싶은 생각이 하나 더 있다. 인간인 우리는 스스로가 가치 있는 사람인지 아닌지를 판단할 수 없다고 생각한다. 살아 있다는 것 자체만으로도 우리는 가치 있고 소중한 존재들이다.

자기 자신과 지금까지와는 다른 관계를 발전시키고, 자신의 친한 친구가 되라고 권하고 싶다. 인지 왜곡, 남들이 나를 어떻게 생각하는지에 대한 걱정, 부정적인 감정 지수, 혹독한 자기비판 등은 당신이 그 목표에서 벗어나도록 부추겨서 자신과의 관계를 소원하게 만든다.

자기 자신과 애정 어린 관계를 형성하려면 부정적인 생각이나 인지 왜곡, 부정적인 감정 지수를 인식해서 바로잡아야 한다. 또한 내면 중심적인 사고에 집중하며, 혹독한 자기비판의 파괴적인 힘을 멈추기 위해 꾸준히 노력해야 한다.

생각을 방해하는 이런 문제를 해결하면 자신의 진실한 감정과 연결될 여지가 생긴다. 불쾌한 감정의 파도를 타겠다는 과감한 선택 한 번으로 세상과의 관계가 극적으로 바뀔 수 있다.

로젠버그 리셋

1
현재에 집중하면서 매 순간 하는 경험을
최대한 많이 의식하고 접촉하겠다고 다짐한다.

2
일반적으로 불쾌한 감정에 맞서는 게 더 어렵기 때문에,
슬픔, 수치심, 무력감, 분노, 당혹감, 실망, 좌절, 취약성의
여덟 가지 부정적 감정에 대처하거나 견디겠다는 의지를 갖는다.

3
90초 동안 밀려드는 신체 감각의 파도를 타면서
이런 불쾌한 감정을 견디거나 극복한다.

90

SECONDS

TO A LIFE
YOU LOVE

3

파도를 타듯이 감정을 타자

BENEFITS

진심을
말할 수 있다

CHAPTER 7

갈등이 생기거나 감사를 전해야 하는 상황에서 자기 의견을 당당히 말하라는 얘기를 얼마나 자주 듣는가? 그렇게 하는 게 중요하다는 건 알지만, 자기 속마음을 말할 때 가장 필수적인 요소는 무엇일까? 그게 실제로 어떤 차이를 낳을까?

생각하는 그대로를 편하게 말하려면(원하는 상대와 장소, 시간, 방식을 택해 자신이 하고 싶은 말을 하려면) 자신의 선택에 따라 목소리를 내야 한다. 즉, 진심을 말하는 것이다. 자신을 손쉽게 표현하는 능력은 감정적인 힘, 흔들리지 않는 자신감, 높은 자부심, 전반적인 행복감 발달에 가장 중요한 요소 중 하나다. 자기 생각을 그 자리에서 바로 말할 수 있는 사람은 살면서 힘든 사건이 닥쳐도 감정적으로 덜 흔들리는 경향이 있다. 또 훌륭한 청자가 되면 주위 모든 사람, 특히 가족, 연인이나 배우자, 자녀, 멘토, 동료, 상사, 친한 친구 등 인생에서 가장 중요한 사람들과의 관계가 깊어진다.

일반적으로 좌뇌와 연결되어 있다고 생각되는 언어 능력은 자신의 경험을 단어로 표현할 수 있게 해주며, 이것은 다시 우뇌와 연결된다. 이런 연결과 교류가 이루어지는 과정에서 뇌는 더 긴밀하게 통합된다.[1] 따라서 자신의 내밀한 생각을 종이에 쏟아내는 방식으로든 아니면 다른 사람에게 하는 말을 통해서든, 자신의 경험과 감정을 단어로 표현하는 것은 감정을 효과적으로 다루는 데 도움이 된다. 게다가 대니얼 시겔 박사의 말처럼 뇌가 통합되면 감정적인 건강과 행복이 증진되고 결과적으로 조화로운 느낌, 감정적 유연성, 친절함, 동정심도 늘어난다.[2]

우리의 목소리는 마음과 연결된다. 그리하여 우리의 내면세계, 즉 생각, 감정, 아이디어, 믿음, 기억, 인식, 필요, 욕구, 감각 등을 전달할 수 있게 해준다. 당신도 이렇게 생각을 잘 정리한 뒤 자신에게뿐만 아니라 남들에게도 편안하게 자기 마음을 전할 수 있기를 바란다. 그러면 당신이 아끼는 사람들도 이득을 볼 것이다.

자신을 표현하는 게 이미 쉬운 사람들도 있을 것이다. 만약 그렇다면 아주 좋은 일이다. 하지만 어쩌면 당신은 "네 생각은 전혀 도움이 안 된다. 괜히 입을 열어서 멍청한 모습 보이지 말아라. 얌전히 앉아서 예쁜 표정이나 짓고 있어"라는 말을 들은 적이 있어서 남들 앞에서 말하는 걸 꺼릴 수도 있다. 또는 스스로 '누가 내 말을 듣고 싶어 하겠어? 가치 있는 의견이라고는 하나도 없는데'라고 생각할지도 모른다. 아이러니하게도, 당신은 아직 다른 이들에게 자기 이야기를 많이 털어놓지 않았기 때문에 이 질문에 대한 답을 알지 못한다. 지금까지 당신의 경험을 듣거나 그에 반응할 기회를 가진 사람이 아무도 없었거나 매우 적었던 탓에, 당신 자신의 중요한 점이 뭔지 잘 모를 수도 있다.

어쩌면 그건 '단지' 내 인생일 뿐이니까 남들과 공유하지 않아도 된다고, 별로 대단한 일도 아니라고 생각할지도 모른다. 하지만 그런 식으로 생각하면 자신의 경험이 자신에게 미치는 중요성과 영향력을 축소하게 된다. 내가 말하고자 하는 바는, 만약 그 일이 당신에게 중요하다면 다른 사람에게도 중요할 수 있다는 것이다. 당신이 마음을 열기 전까지는 무엇이 다른 사람들을 감동시키고 영향을 미칠지 알 수 없다.

석사 학위를 취득하기 위해 내 상담 기술 실습반에 등록한 르네가 그런 경우였다. 나보다 스무 살 가까이 나이가 많은 그녀는 전문 상담사가 되기 위해 공부하고 있었는데, 한 가지 눈에 띄는 문제가 있었다. 르네는 수업 시간에 말을 거의 하지 않았고, 말을 할 때도 목소리가 들리지 않을 정도로 작게 말했다.

개별 상담 시간에도 마찬가지였다. 방이 작아서 서로 코앞에 마주 앉아 있었는데도 그녀의 목소리를 들으려면 몸을 기울여야 했다. 목소리가 들리지 않는다면, 상담사가 된다고 한들 어떻게 내담자들을 도울 수 있겠는가.

이런 일이 몇 차례 반복된 뒤 물어봤다.

"당신 목소리의 강도와 음량에 대해서 얘기한 사람이 있었나요?"

"아뇨, 아주 오래전부터 이런 식으로 말했지만 그런 얘기는 들어본 적이 없어요." 르네는 아주 부드러운 목소리로 말하더니 곧이어 이렇게 덧붙였다. "그냥⋯ 내가 말하는 내용이 별로 중요하지 않다는 생각이 들어요."

나는 당당하게 말하는 게 얼마나 중요한지, 그게 그녀가 돕고자 하는 이들에게 어떤 변화를 안겨줄 수 있는지 설명했다. 당당하게 말하는 건 단순히 크게 말하는 것과는 다르다. 자신이 생각하고 느끼는 바를 사람들에게 들려준다는 뜻이다.

르네는 '생각의 볼륨을 높여라'라는 기본 실습에 돌입하면서부터 나와 함께 있을 때만 목소리를 제대로 내기 시작했다. 내가 이 방법을 제안한 다른 학생이나 내담자들과 마찬가지로, 처음에는 르네도 무슨 말을 해야 할지 모르겠다고 말했다. 내 경험에 따르면 사람들은 누구나 머릿속에 자기만의 생각을 품고 있고 또 자신이 무슨 말을 하고 싶은지 알기 때문에, 그것은 그저 변명일 뿐이다. 머릿속에서는 수많은 생각이 끊임없이 소용돌이치고 있다. 마치 자기만의 개인 라디오 프로그램을 진행하기라도 하는 것처럼 말이다. 노래가 한 소절 들리기도 하고 눈에 보이는 상황을 중계방송하거나 오래된 주장을 되풀이할 수도 있다. '말하기 전에 먼저 생각부터 해야 한다'라는 인식이 마음속에 깊이 뿌리내리고 있기 때문에, 자기 생각을 혼자만 간직하고 있는 건 놀라운 일이 아니다. 문제는 항상 생각하는 부분에서 멈추고 절대 말을 안 한다는 것이다!

"당신 생각이 노래라고 상상해보세요. 지금 당신은 헤드폰을 쓰고 있어서 그 노래를 혼자만 들을 수 있는 거예요." 나는 그렇게 말했다. "이제 당신이 하는 생각의 '노래'를 남들과 공유하려면 스피커를 연결해서 볼륨을 높이고 다른 사람들에게 들려줘야 해요."

이런 격려를 받은 르네는 말하는 음량을 바꾸고 강의실에서도 더 당당하게 말하겠다고 약속했다. 그리고 거기서 한 걸음 더 나아가, 같이 강의를 듣는 학생들에게 자기 목소리가 너무 작지는 않은지, 강의실 반대편에 있는 사람들에게도 자기 목소리가 들리는지 알려달라고 용감하게 부탁했다. 다른 학생들도 흔쾌히 수락하면서 그녀가 적절한 음량으로 자기 생각을 표현하는 게 청취자인 자신들에게도 더 효과적이라는 걸 알려주었다.

르네는 6주 만에 완전히 다른 사람 같은 목소리를 내기 시작했다. 또 행동도 달라졌다. 작은 목소리는 자신의 전체적인 생활 패턴 중 한 가지 측면에 불과하다는 사실을 깨닫고는, 이런 깨달음을 수업과도 연관시켰다. 학기 말이 되자 르네는 이렇게 말했다.

"내가 쓴 글씨는 항상 알아보기가 힘들었어요. 그런데 지저분한 노트 필기를 시험을 잘 보지 못하는 데 대한 핑계로 삼았다는 걸 깨달았죠. 이제는 필기도 깨끗이 하면서 더 좋은 점수를 받기 위해 노력하고 있어요. 교회에서 오르간 연주자로 활동하는데, 지금까지는 어려운 화음 배열이 나오면 대부분 빼먹고 넘어갔지만, 이제는 할 수 있는 한 최선을 다해서 연주해요. 그리고 가족들과도 더 자신감 있게 대화하는 게 중요한 역할을 했어요. 그 덕에 가족 간의 관계도 바뀌고 서로가 훨씬 더 가까워졌어요."

생각의 볼륨을 높여라

1. 자신이 하는 생각 가운데 남들과 공유하기가 꺼려지는 게 뭔지 깨닫는다.
2. 자기 생각을 노래라고 상상한다.
3. 말을 하지 않으면 마치 헤드폰을 쓰고 있는 것처럼 혼자만 그 노래를 들을 수 있다.
4. 생각의 '노래'를 공유하려면 스피커를 연결해서 볼륨을 높이고 다른 사람들에게 들려줘야 한다.

나는 오랜 임상 경험을 통해, 진심을 말하는 게 자신감과 진실성, 회복력을 기르는 데 가장 중요한 행동이라는 걸 알았다. 그 변화는 엄청나서 두뇌 건강이 좋아지고,[3] 자신감이 생기며, 관계가 깊어지고, 다른 사람들에게 영향력을 발휘할 수 있다. 무엇을 요구하고 말하느냐에 따라 무한한 기회가 생기기도 한다. 하지만 말을 제대로 하지 못한다면 이런 가능성 중 어떤 것도 현실화할 수 없다.

자기 내면에 갇힌 기분

서른네 살인 모나는 남자친구인 팀과의 관계가 껄끄럽다. 그녀는 제대로 말을 꺼내기가 힘들었기 때문에, 팀과 함께 이 어려운 시기를 넘기기 위해 두 가지 전략을 이용했다. 자신이 하고 싶은 말을 다 하기보다는 그냥 입을 다물거나 팀에게 질문만 한 것이다. 모나는 자신이 우려하는 내용을 다 말할 만큼 자신이 중요한 사람이 아니라고 여겼다. 하지만 이 두 가지 방법 모두 팀에게 혼란과 좌절감만 안겼다. 이런 전략이 효과가 없자, 모나는 자기들의 관계가 어떻게 될지 걱정하게 됐다.

　모나는 자신의 감정과 욕망을 솔직하게 표현하는 위험을 감수하고 싶지 않았다. 그녀는 팀에게 상처받는 것도, 팀에게 상처를 주는 것도 무서워했다. 그래서 팀과 대화를 나눌 때는 단어를 하나하나 골라가며 조심스럽게 말했고, 그 때문에 즉석에서 떠오른 대로 편안하게 나누는 대화는 머나먼 목표처럼 보였다. 모나는 팀이 '독심술'을 발휘해서 자신이 정말 원하는 게 뭔지 이해해주기를 바랐다. 자기 경험을 솔직하게 말하지 않은 탓에, 모나는 서로를 배려하는 애정 넘치는 관계를 만들고 유지하는 데 필요한 생각과 감정을 모두 차단하게 됐다.

여성들이 자신의 솔직한 생각과 전달하고 싶은 뜻을 말하지 않고, 생각을 질문 형식으로 제시하는 경우를 자주 본다. 예를 들어 모나는 "팀, 다음 주말에 잭과 디나의 바비큐 파티에 가고 싶어?"라든가 "팀, 네 사촌의 결혼 선물로 얼마나 써야 할 것 같아?"처럼 말했다. 이미 자신의 의견과 하고 싶은 일, 쓰고 싶은 액수 등을 아는데도 말이다. 자신이 원하는 걸 알면서도 질문을 던지면 오해와 불필요한 의견 충돌이 생길 수 있다.

이런 질문은 듣는 사람, 특히 직설적인 것을 선호하는 남성들에게 혼란을 안긴다. 하고 싶은 말을 터놓고 해버리면 질문을 할 때보다 더 취약하다는 기분을 느낄 수 있지만, 솔직한 마음을 말하지 않은 채 모든 사람을 관계에서 배제해버리면 내면 깊숙한 충족감이나 안정감을 느낄 방법이 없다. 이런 상황을 역전시키면 스스로 편안한 기분을 느낄 수 있다. 진실한 속마음을 말하면 대인관계뿐만 아니라 자기 내면에서도 놀라운 변화를 경험하게 된다.

모나는 서서히 자신의 생각과 느낌을 팀에게 알리기 시작했다. 후반에 진행된 상담 도중에 모나는 이렇게 말했다.

"진심을 말할 수 있다는 걸 깨달은 순간, 내 안에서 뭔가가 솟구쳤어요. 한결 가볍고, 중심이 잘 잡히고, 강해진 느낌이었죠. 팀은 내 기분이 사실 어땠는지, 자신이 나한테 어떤 영향을 주는지 전혀 몰랐대요. 우리 관계는 더 깊어졌어요. 지금도 여전히 말싸움을 하긴

하지만, 이제는 말싸움을 할 때도 더는 내 안에 갇혀 있다는 기분이 들지 않아요."

이전에는 당당하게 말하는 게 너무 위험한 일처럼 느껴졌기 때문에 그냥 피했던 것이다. 그 결과 편안한 느낌이 사라지고 진정한 감정적 친밀감을 느끼지 못해 관계가 껄끄러워졌다.

그런 사람이 모나만은 아니다. 이런 생각 자체를 두려워하는 사람이 너무 많아서, 내심으로는 그렇지 않다는 걸 알면서도 지금 말하는 게 내 진심이라고 자신을 이해시키려 애쓴다. 그렇다면 우리가 속내를 속이거나 완전히 억압하지 않고 진심을 말하는 때가 언제인지 어떻게 알 수 있을까?

프라임 17 The Prime 17™: 진심을 말하고 있지 않다는 신호

자신에게 뭐라고 말하든 당신이 진심을 얘기하고 있지 않다는 걸 알려주는 17가지 지표인 '프라임 17'을 자세히 살펴보면 그 질문에 답할 수 있다. 이 목록을 꼼꼼히 확인해서, 지표가 나타날 때 곧바로 그 패턴을 알아차릴 수 있을 만큼 익숙해지는 게 좋다. 이를 자동차 대시보드에 켜진 경고등이라고 생각하자. 경고등이 켜진 걸 발견하면 즉시 상황을 평가해서 자신의 감정과 말 사이의 단절이나 불일치가 어디서 발생했는지 확인해야 한다. 자신과 관련된 내용에 동그라미를 쳐보자.

1. 긴힌 듯한 기분이 든다.

2. 항상 생각과 감정을 억누르고 있는 기분이다.

3. 여러 명이 대화를 나눌 때는 항상 조용히 입을 다물고 있어서 남들 눈에 띄지 않는다.

4. 자신의 의견을 확신하지 못한다.

5. "몰라", "헷갈리는데", "아무것도 아냐, 괜찮아", "상관없어", "중요하지 않아", "나는 다 괜찮아", "네가 알아서 해"라는 말을 많이 하는데, 이런 말을 통해 자신의 진짜 반응과 책임에서 벗어날 수 있다.

6. 직장이나 학교에서 하고 싶은 말이 있어도 토론에 끼어드는 걸 자제한다.

7. 자신에게 중요한 일을 누구에게도 말하지 않는다.

8. 사람들이 내 말에는 별로 신경을 안 쓸 거라고 여긴다.

9. 사람들이 나를 비웃거나, 어리석다고 생각하거나, 비판하거나, 조롱하거나, 따돌릴까 봐 걱정된다.

10. 말을 하면 심장이 두방망이질치고 몸에서 열이 나며 손바닥에서 땀이 나거나 당황해서 얼굴이 빨개진다.

11. 머릿속에서 크게 외치는 소리가 들리지만, 그런 생각이나 감정을 구체적으로 표현하지는 못한다.

12. 가장 가까운 사람들도 당신의 진짜 기분을 알지 못하며, 당신이 어떤 일에 실망하거나 자랑스러워하거나 흥분했을 때도

마찬가지다.

13. 누군가와 사귈 때도 자기 속마음을 말하지 않음으로써 상대와의 관계를 자신의 진짜 감정으로부터 '보호'한다.

14. 가족이나 친구에게 도움을 청하지 않는다.

15. 자기 생각이나 감정, 요구, 바람이 뭔지 명확할 때도 이를 직접적으로 말하지 않고 질문을 던진다.

16. 자신의 감정과 단절되어 있기 때문에 이를 표현할 수가 없다.

17. 사람들이 내가 얼마나 위대하고, 멋지고, 깔끔하고, 상냥하고, 특별한 사람인지 말해도 곧바로 자신에게 이렇게 말한다. '그래, 하지만 내 본모습을 안다면 그런 말은 하지 않을 거야.'

마지막 포인트는 내가 '속이 텅 빈 초콜릿 토끼 콤플렉스'라고 부르는 것이다. 초콜릿 토끼는 겉보기에는 너무나 매력적이지만 그 안에 든 건 공기뿐, 텅 비어 있다. 당신도 자기 진심을 말하지 않을 때면 이런 기분을 느낄 수 있다. 아무리 칭찬을 많이 받고 열심히 일하고 다른 사람을 위해 봉사해도, 자신이 어떤 사람인지 솔직하게 털어놓지 않았다는 걸 알기 때문에 공허한 속마음을 채울 길이 없다. 당신은 속이 빈 초콜릿 껍데기일 뿐이다.

아마 이 '속이 텅 빈 초콜릿 토끼 콤플렉스'는 어딘가 친숙한 느낌이 들 것이다. 이를 가면 증후군Imposter Syndrome으로 받아들일 수도 있는데, 가면 증후군이란 자신이 이룬 수많은 성과와 광범위한 반대 증거가 있음에도 남들에게 사기꾼처럼 보일 거라는 끝없는 두려움 때문에 자기 회의와 불안감에 빠져 있는 증상을 가리킨다.[3] 당당하게 말하는 걸 어려워하거나 꺼리거나 거부하는 것도 가면 증후군의 원인이 된다.

지금부터는 다른 사람들이 당신을 칭찬할 때 느끼는 깊이와 실체를 자신도 인식할 수 있도록 표현력을 기를 것이다. 비유적으로 말하자면 속이 꽉 찬 초콜릿 토끼가 되자는 것이다. 그러면 필요한 경우 다른 사람들과 맞설 수도 있게 될 것이다. 하지만 우선은 당신을 억누르는 게 뭔지 솔직하게 살펴볼 필요가 있다.

손실률 예측 피하기

자신이 느끼는 걸 솔직하게 말하면 다른 사람들이 당신을 호의적이지 않은 시선으로 바라보거나, 당신이 드러낸 '나쁜' 감정 때문에 당신을 '나쁜' 사람이라고 여기거나, 상처를 받거나, 더는 당신을 좋아하지 않거나 떠나가는 등의 달갑지 않은 반응을 보일까 봐 두려울지도 모른다. 당당하게 말하면 괜히 사기꾼이나 협잡꾼, 속을 알 수 없는 사람으로 비쳐서 중요한 친구 그룹에서 왕따를 당하거나 직장에서 쫓겨나거나 전문가로서의 입지를 잃게 되지 않을까 염려스러울지도 모른다. 아니면 무슨 말을 해야 할지 모르거나, 비판받는 게 두렵거나, 자신이 하고 싶은 말이 중요한 게 아니라고 생각할지도 모른다. 어떤 종류든(관계, 연결, 구성원 자격, 평판, 지위, 명성, 돈, 존경, 기회 등) 손실이 발생할 것이라는 예측은 진실한 대화의 장애물이 된다. 그리고 자기 힘으로는 예상된 손실을 감당할 수 없다고 느낄 수도 있다. 그러나 자신이 여덟 가지 불쾌한 감정을 경험하고 극복할 수 있다는 걸 안다면, 효과적으로 의견을 전달하면서 그 이후에 발생하는 모든 손실에도 대처할 수 있다.

말하기의 중요성

몇 가지 오해를 살펴보자. 앞서도 설명했지만, 당신과 당신이 하는 말은 중요하며, 다른 사람들이 당신의 말에 귀를 기울인다면 자신도 이를 느끼게 될 것이다. '나쁜(불쾌한)' 감정은 나쁜 자아와 동등한 게 아니라, 그냥 불쾌한 감정일 뿐이다. 성실하고, 친절하고, 호의적이고, 호기심 많은 태도로 전하는 생각과 느낌은 사람들을 밀어내는 게 아니라 더 가깝게 만든다.

어쩌면 말을 하기 전에 자신에 대해 잘 알고 정보도 충분히 갖춰야 한다고 여길 수도 있지만, 그것도 사실이 아니다. 이런 믿음은 대개 취약해지거나 무력감을 느끼거나 당황하지 않으려는 노력과 관련이 있다. 자신을 충분히 알고 나서 말해야 하는 건 아니다. 또 자신감이 생겨야만 말할 수 있는 것도 아니다. 오히려 말을 통해 자신의 진정한 모습을 제대로 깨닫게 되고, 말을 할수록 자신감이 생긴다. 그런데 대부분 사람은 이런 진리를 모른다.

또 자기주장을 내세우면 다른 사람들이 떠날지도 모른다는 걱정은 어떨까? 사실 우리가 알아야 하는 진실은, 정말 하고 싶은 말을 하지 못하면 내가 나를 떠나게 된다는 것이다.

당당하게 말하지 않으면 자기 자신과 단절되고 감정을 다 발휘할 수도 없다. 앞서 얘기한 것처럼, 우리는 혹독한 자기비판이나 자기공격의 형태로 나타나는 실망의 경험을 안고 살아간다. 당당하게 말하는 건 이를 치료하는 한 가지 방법이다. 또 당당하게 말하지 않으면 자기 자신의 진정한 친구가 되기도 어렵고, 칭찬을 비롯해 상대방이 하는 말이 진심인지 의문을 품지 않으면서 깊은 우정을 나누기는 더 어렵다. 자기 진심을 말하면 당당하게 말하지 않은 탓에 생긴 자신에 대한 실망과 분노, 다른 사람을 향한 원망과 쓰라림에 사로잡히지 않고 중심을 유지하면서 감정을 온전히 느낄 수 있다.

자신을 표현하는 능력은 자기 경험(생각하고 느끼고 바라고 원하고 지각하는 것)을 알리면서 다른 사람들의 요구와 권리에도 주의를 기울이는 내면 중심적인 사고와 관련이 있다. 외부 시선 사고, 즉 다른 사람들이 나를 어떻게 생각하는지 걱정하고 취약하다는 기분을 느끼게 될까 봐 우려하는 사고는 편안하게 말하는 걸 가로막는 정신적 장벽을 만든다.

하고 싶은 말을 원하는 때 원하는 상대에게 할 수 있으면 해방감을 느낀다. 이미 알거나 느낀 바를 말하는 것이기 때문에, 입에서 나가는 말을 하나하나 숙고하거나 계산할 필요가 없다. 말이 쉽게 나오니까 적극적이고 효과적이며 자발적인 능력을 발휘할 수 있다. 명확한 의도를 가지고 목소리를 내면 진정한 본모습에 가까이 다가갈 수 있을 뿐만 아니라, 자신이 생각하는 모습대로 살아갈 수 있다.

자신이 아는 걸 말하려면, 한 가지 이상의 불쾌한 감정을 90초 이상 느끼겠다고 선택해야 한다. 불쾌한 감정을 효과적으로 참아낼 수 있고 그런 감정의 한가운데에서 진심을 말할 수 있다면, 당신의 일상적인 기능에 로젠버그 리셋이 통합된 것이다.

"우리 어머니가 어떤 사람인지 당신은 몰라요." 마흔한 살의 고등학교 교사이자 환자인 케이트는 그렇게 말했다. "상상을 초월할 만큼 쩨쩨하고 잔인한 사람이에요. '비꼬기의 달인'이기도 하고요. 어머니가 말을 걸면 난 말문이 막히고 너무 두려워서 대답할 수도 없어요. 그러니 뭘 어떻게 할 수 있겠어요?"

이상적인 상황에서라면 다른 사람에게 말을 걸 때, 무엇보다 명확하고 친절하고 정직한 의사소통을 하기 위해 모든 노력을 기울이고 싶을 것이다. 그리고 상대방의 관점을 이해하기 위해 노력하면서 더 깊은 관계를 맺고자 할 것이다. 건전한 관계라면 서로 반대편에 서서 맞붙어 싸우는 게 아니라 같은 편이 되어야 한다. 하지만 두 사람의 관계가 대립적이거나 호전적이라면, 누가 옳고 누가 그른지 또는 누구에게 책임이 있는지 알아내기 위해 말싸움이 빈번하게 벌어질 것이다. 결과적으로 모든 대화는 '이기느냐 지느냐'를 판가름하는 상황이 된다.

상대방이 상황을 호전적으로 만들 때는, 원하는 목표가 동일한 한 팀의 입장에서 대화에 집중하기가 힘들 수 있다. 상대의 말이 나에게 해를 끼칠 수도 있고, 내가 한 말이 나에게 불리하게 작용할 수도 있다. 현실적으로 볼 때, 상대방에게 똑같이 응수할 수 없으면 상황이 더 악화된다.

진짜 위험에 직면하거나 생명의 위협을 받지 않는 이상 적대적인 목적을 위해 목소리를 높이는 건 절대 금물이다. 오히려 다른 사람에게 말할 때는 선의의 진심을 전하는 데 역점을 둬야 한다. 여기서 말하는 선의의 진심이란 우리를 지금보나 너 나은 사람이 되도록 이끌어주는 진리를 따뜻하고 조심스럽고 정직한 태도로 전하는 것을 뜻한다. 이는 우리 모두의 내면에 울려 퍼지는 진실이다. 자신이 알고 있는 사실이 진실임을 인정하고 그 진실을 다른 사람에게 말하면, 더 차분하고 자신 있고 강해졌다는 기분이 들 것이다. 때로는 마음이 불안할 수도 있지만, 진정성 있는 선의의 진리를 말하거나 다른 사람이 말하는 걸 들으면 머리가 더 맑아질 것이다.

케이트는 어머니의 잔인한 발언을 멈추기 위해 그녀와 맞서는 걸 계속 주저하면서 고민했다. 그러다가 마침내 어머니와 대화할 시간을 마련했다. 케이트는 후에 나에게 이렇게 말했다.

"엄마가 내게 하는 말이 얼마나 무감각하고 상처를 주는지 드디어 말했어요. 내 말을 끝까지 들어주기는 했지만, 얼마나 받아들였는지 또 앞으로 바뀌기는 할지 잘 모르겠네요. 그래도 그 말을 입 밖에 꺼낸 것만으로도 훨씬 강해진 기분이 들고 속도 후련해요."

케이트는 자신의 생각과 감정, 욕구를 실제로 표현하고 상대방의 반응에 대처하는 능력이 자신감과 감정적인 힘을 길러준다는 사실을 깨달았다. 자신의 감정을 충분히 느끼고 솔직하게 표현할 수 있다고 느낀 케이트는 이제 대담한 태도로 자신과 자신의 의견을 지지하고 자신의 옹호자가 될 수 있었다.

어떻게 진심을 말하기 시작해야 하느냐는 질문을 자주 받는다. 내 충고는 일단 공손한 태도로 시작해야 한다는 것이다. 그리고 긍정적이고 친절하고 선의로 가득 찬 모습을 보여야 한다. 자신의 진심을 말하는 것이 잔인해지거나 참을 수 없는 태도를 보여도 괜찮다는 허가증은 아니다. 말을 꺼내기 전에 생각을 정리하기 위해 잠시 멈춰야 할 수도 있지만, 어쨌든 자기 생각을 제대로 표현해야 한다.

90초 파도를 기억하자. 정말 화가 나거나 속이 상했다면 강렬한 감정이 가라앉고 파도가 낮아질 때까지 기다렸다가 말을 꺼내는 게 좋다. 위험과 위협이 없을 때의 목표는 마주한 상대를 존중하는 것이다. 따라서 가능한 한 대화에 참여하는 모든 사람의 정서적 진실성과 행복을 유지하도록 애써야 한다. 상대방을 책임질 필요는 없지만, 그들을 대하는 방식에 대해서는 책임을 져야 한다.

자신이 사실이라고 믿고 있는 걸 소리 내어 말하면 자신의 경험이 더 명확하고 실제적이 된다는 걸 기억하자. 일단 말을 시작하면 숨기려고 했던 감정들이 표면화되는 일이 종종 있다. 이제 그런 감정이 고조되기 시작하면 뭘 해야 하는지 알 것이다. 파도를 타면서 진정한 감정을 경험하면 된다. 그리고 용기를 내서 당당하게 말하자.

당신의 생각과 감정이 오랫동안 억눌려 있었다면, 자신을 표현하면서 긍정적이고 친절하고 선량한 목소리를 내는 게 대화의 최우선 목표라는 생각을 품고 상호작용을 시도하자. 당당하게 말하는 게 차이를 만들 수 있지만, 항상 당신이 기대하는 방식으로는 아니다. 그럴지라도 원하는 걸 얻거나 다른 사람에게서 구체적인 반응을 끌어내려면 당당하게 말해야 한다. 다소 직관에 어긋나는 것처럼 보일 수도 있지만, 자신이 원하는 반응을 얻는 건 목표가 아니라 이득이다. 진짜 목표는 그 과정에서 자신의 생각, 감정, 의견을 편안하고 불안하지 않은 기분으로 표현하면서 진정한 자아를 성장시키는 것이다.

본인의 생각, 감정, 욕구, 인식을 표현하고 원하는 반응이 아닌 실제로 받은 반응에 대처하는 능력을 갖추자. 그래야 자신감과 정서적인 힘, 진정성을 키울 수 있다. 자신을 변화시키는 게 상대방의 반응이라고 흔히 생각하지만, 실제로는 자신을 표현하거나 원치 않는 반응에 대처하는 능력이 당신을 더 강하고 회복력이 뛰어난 사람으로 만들어준다. 원하는 것을 얻지 못해서 생기는 여덟 가지 불쾌한 감정을 효과적이고 성숙한 방법으로 처리하면 정서적인 강인함과 유능하다는 느낌을 얻게 된다.

접근방법

다른 사람과 대화하는 걸 더 편하게 느끼려면 두 사람 사이에서 수없이 오가는 대화 내용을 처리할 수 있어야 하는데, 특히 갈등이나 친밀감이 수반된 대화는 더 신경 써야 한다. 아주 당연해 보일지도 모르지만, 이 순간 두 사람 사이에서 벌어지는 일 가운데 일부는 서로의 의식 밖에 머물기 때문이다.

어떤 상황에서든 말을 할 수도 있고 안 할 수도 있다. 앞에서 말했듯이, 말을 하면 당신의 감정이 자기 자신과 다른 사람들에게 더 현실적으로 느껴진다. 당당하게 말하거나 편안하게 말하는 데 어려움을 겪는다면, 말을 하지 않는 것은 곧 자신이 아는 걸 모르는 척하거나 자신의 감정을 외면하려는 시도일 수 있다는 걸 생각하자. 말하기가 힘들다는 건 정말 불쾌한 감정이라는 의미다. 여덟 가지 불쾌한 감정을 경험하고 극복하는 일이 편하게 느껴질수록 말을 하는 쪽을 선택할 가능성도 커진다.

자신의 감정을 경험하려면 90초 파도를 한 차례 이상 타야 한다.

자신의 감정을 알고, 평가하고, 경험하는 걸 외면하는 습관이 있다면 대화를 시작조차 하지 않을 가능성이 크다. 당당하게 말할 때는 정서적 불편함의 불쾌한 본질을 기꺼이 체험하거나 자신의 감정을 알 수 있게 도와주는 신체적 감각을 경험해야 한다.

여기서 한 걸음 더 나아가자. 당당하게 말하는 쪽을 택하려면 자신의 경험을 있는 그대로 받아들이고 여덟 가지 불쾌한 감정을 기꺼이 경험해야 한다. 당신이 감정적인 불편함, 다시 말해 자신이 느끼는 감정을 알아차리는 데 도움이 되는 신체적 감각에 대처할 수 있다고 가정해보자. 당신은 자신의 감정을 드러내기로 했고, 이제 상대방은 당신이 한 말에 반응을 보일 것이다. 당신과 마찬가지로, 상대방도 자신의 경험을 온전히 느껴야 자신을 제대로 표현할 수 있다.

그러면 이제 상대방이 하는 말을 들어야 하는데, 이는 곧 상대가 느끼는 정서적 불편에 관한 얘기를 듣는 불편함을 참아야 한다는 뜻이다. 상대방의 말을 듣고 나타나는 당신의 정서적 반응에 90초 파도로 대처해서, 그의 감정에 압도되지 않고 똑바로 중심을 잡도록 노력하라. 그러고 나면 상대의 반응에 대응할 차례다. 이런 식으로 자신의 경험을 의식하고 표현하는 흐름을 성공적으로 성사시키는 것이다. 당신은 상대방의 정서적 괴로움뿐만 아니라 자신의 정서적 불편함까지 동시에 견디고 있다. 이제 대화 차례가 올 때마다 적절한 대응을 할 수 있을 것이다.

이렇게 할 때마다 멋진 일이 벌어진다. 이제 갈등이나 혼란스러운 상황에 직면할 수 있다. 또 이 기술을 이용해 삶을 진전시키고, 긍정적인 친밀함을 나누는 순간을 향해 나아갈 수 있다.

⌛

말하기의 비결

의사소통과 대화의 기본적인 열쇠는 자기 내면의 불쾌한 감정과 유쾌한 감정을 모두 참아내면서 그와 동시에 상대방이 느끼는 똑같은 감정까지 견디는 것이다.

어려운 대화에 직면할 때

글쓰기는 자신이 생각하고 느끼는 바를 명확하게 알 수 있는 효과적인 방법이다. 만약 당당하게 말하는 것에 익숙하지 않고 무슨 말을 해야 할지 몰라 걱정이 된다면, 대화에서 다루고자 하는 요점을 미리 적어두자. 그 사람을 만날 때 메모한 내용을 가져가자. 그리고 이 대화가 당신에게 얼마나 중요한지를 상대방에게 알리고, 메모는 말하고 싶은 내용을 기억하려고 적은 거라고 설명한다. 대부분 사람은 미리 메모를 해 온 것에 상당히 관대한 태도를 보인다.

처음에 걱정했던 사항을 적어놓으면, 대면 대화에 잘 대비할 수 있다. 한 가지 신택, 여덟 가지 감정, 90초로 이루어진 리셋을 기억하자. 여덟 가지 불쾌한 감정에 기꺼이 대처할 용의가 있다면, 자신의 진심과 계속 연결되어 있겠다고 다짐한 뒤 말을 시작한다. 먼저 관찰한 내용을 설명하고, 오랫동안 간직해온 즐겁거나 불쾌한 감정을 해소한 뒤, 좋아하지 않는 어떤 일을 놓고 상대와 대면하는 것이다. 당당하게 말하는 건 자신감을 키우는 전환점이 될 수 있다. 이는 일회성 노력이 아니다. 여느 기술과 마찬가지로 이것도 꾸준히 반복해서 연습해야 한다.

대화가 어떻게 진행되든 잘 대처해야 한다는 걸 기억하면서 대화를 시작한다. 최선의 결과를 바라되, 대화가 잘 풀리지 않을 경우 여덟 가지 불쾌한 감정 중 한 가지 이상을 경험할 각오를 해야 한다.

말하기 준비 체크리스트

- 전달하고 싶은 메시지는 무엇인가?
- 당신이 꼭 말해야 하고, 상대방이 반드시 들어야 하는 건 무엇인가?
- 대화의 이상적인 결과는 어떤 것인가?
- 현실적으로 기대하는 것은?
- 상대방이 어떤 반응을 보일 가능성이 가장 큰가?

우선적인 제의 The Preemptive Bid™

아무리 긴장된 대화라도 상대방에게 선의와 호의로 접근해야 한다는 걸 잊지 말자. 말하기 어려운 내용은 너무 강하지 않으면서 약간 낮은 목소리로 천천히 말해 부드러운 느낌으로 감싸는 게 좋다. 억양과 어조에 신경 쓰자. 이 대화는 다음과 같은 방식으로 진행해야 한다.

1. 말하기 힘든 주제를 꺼낸 이유는 상황이 나빠져서 좋은 관계가 망가지는 걸 막고, 상황이 지금보다 악화되지 않게 하고, 이미 존재하는 감정적 거리를 회복하고 싶기 때문이라는 걸 밝힌다.

2. 상대방을 배려하고 사랑하는 마음을 인정한다. 고객 서비스 센터처럼 모르는 사람과 대화할 때는 당신이 느끼는 분노와 좌절, 괴로움을 전달하는 동시에 상대방이 그 고통의 원인은 아니라는 말을 한다(그게 사실인 경우). 낯선 사람에게도 좌절감을 표하면서 공감하는 태도로 다가갈 수 있다. 상황이 진행되는 방향이나 최종 결과가 마음에 들지 않더라도 누군가를 비방하는 건 잔인한 행동이다. 모든 사람이 온전한 상태를 유지하는 데 도움이 되는 방식으로 행동하자.

3. 상대방의 반응(당신을 비웃고 조롱하거나, 당신의 걱정을 일축하고 깎아내리거나, 자리를 박차고 나가버리는 것)이 우려스럽거나 걱정된다는

사실을 인정한다. 당신이 대화를 더 일찍 시작하지 않은 이유가 있다면, 지금까지 주저했던 이유를 먼저 언급한다. 지금까지 말을 못 하게 가로막았던 장애물을 공개적으로 논의하면서 선제적으로 행동하면 상대방도 당신 말에 더 귀를 기울일 테고 당신에게 상처를 주는 식으로 행동할 가능성도 줄어든다.

생각을 표현하는 데 도움이 될 일반적인 대본을 소개한다.

"○○야, 한동안 마음에 걸리는 일이 있었는데, 그냥 넘어갈 수도 있겠지만 내 감정을 억눌러 참는 바람에 우리 사이가 멀어지고 있다는 걸 깨달았어. 계속 이런 거리를 유지하고 싶지는 않아. 사랑해. 그리고 함께 앉아 얘기를 나누게 돼서 정말 기뻐. 우리가 더 가까워졌으면 좋겠어. 지난번에 아무 말도 하지 않은 건, 내가 화난 이유를 말하면 네가 이를 가볍게 여기고 대수롭지 않게 생각할까 봐 걱정됐기 때문이야. 하지만 그건 내게 중요한 문제니까 그 사실을 알아줬으면 좋겠어."

당신의 배우자나 연인, 소중한 친구가 이런 식으로 말을 꺼냈다고 생각해보라. 상대의 우려에 더 귀를 기울이면서 관심을 보이지 않겠는가?

화가 나거나 상처를 입거나 좌절감을 느낀다면, 그 감정에 이름을 붙이고 거친 행동을 보이지 않으면서 표현하자. 소리를 치거나 괴성을 지르는 건 분노와 좌절의 표현이긴 하지만 그다지 효과적인 표현 방법은 아니다. 목소리가 크면 상대방이 당신의 말을 듣거나 이해하는 데 도움이 되기라도 할 것처럼 목소리를 점점 높이는 건, 상대방도 당신과 같은 기분을 느끼게 할 수 있다. 최근에 누군가가 목소리를 높이거나 소리를 질렀던 때를 생각해보라. 아니면 상대방이 말을 듣게 하려고 당신이 소리를 지르거나 목소리를 높인 적이 있는가? 그 방법이 얼마나 효과적이었는가?

듣는 사람은 메시지 자체보다 메시지의 강렬함에 더 주의를 기울일 것이다. 소리를 크게 지를수록 듣는 사람은 안전하지 못하다고 느끼게 된다. 결과적으로 그 사람은 당신이 말하는 내용과 자신을 연결하지 못할 것이다. 그러니 열을 가라앉히고, 가능하면 90초 파도가 다 지나간 조용한 상태에서 하고 싶은 말을 하자. 반응을 끌어내기 위해 상대방이 당신과 같은 기분을 느끼도록 목소리를 높이지는 말자. 하고 싶은 말을 하되 함부로 행동해서는 안 된다.

⧗
여덟 번째 기록: 우선적인 제의

애기를 나누는 게 두렵거나 꺼려져서 대화를 거부했던 사람을 생각해보자. 앞서 제시한 대본을 참고해서 그 사람과 며칠 뒤에 나눌 대화를 준비하는 것처럼 대화의 시작 부분을 써보자.

대화에 숨겨진 정말 중요한 요소

다른 사람들과 상호작용을 할 때 당신의 관심은 당연히 대화에 등
장하는 단어, 내용, 이슈, 주제 등에 집중된다. 하지만 두 사람이 실
제 어떤 식으로 대화를 나누는지는 무시하기 쉽다. 대화를 나누는
방식이 훌륭할 때 관계에 풍요로움과 깊이, 친밀감이 더해진다. 말
하는 방법은 상대방 입에서 나오는 실제 단어보다 더 많은 영향을
끼친다. 과거에 상대방이 눈알을 굴리거나, 한숨을 쉬거나, 비꼬거
나, 노골적으로 조롱했을 때 어떤 기분이 들었는지 생각해보자. 그
러면 이런 식의 반응이 관계에 해를 끼칠 가능성이 얼마나 큰지 알
수 있을 것이다. 이렇게 사람을 무시하거나 적대적이거나 업신여기
는 행동은 종종 상대방의 분노를 불러일으키고 자리를 피하고 싶게
한다. 사용하는 단어와 이를 전달하는 방식 두 가지 모두를 타인,
특히 가까운 사람들과 나누는 일상적인 대화나 관계의 일부분으로
여기고 중시해야 한다.

⧗ 빈정거림은 적절한 대화 도구가 아니다

비꼬는 태도는 엇갈린 메시지를 전달한다. 빈정거림에는 두 가지
가 있다. 하나는 취약성과 당혹감을 가리기 위한 장난기 많고 경박
한 빈정거림이고, 다른 하나는 분노·좌절·슬픔·실망 등을 숨기

기 위한 것이다. 첫 번째의 경우에는 상대방을 배려하는 감정을 좀 더 솔직하고 직접적으로 드러냄으로써 그런 태도를 없앨 수 있다. 두 번째의 경우에는 당신을 화나고 속상하게 한 모든 감정을 숨김 없이 직접적으로 솔직하게 말해야 한다. 그래야만 듣는 이가 당신의 진심을 알게 된다.

대화냐, 대립이냐

대립은 독특하고 의미심장한 기술이어서 대부분 사람은 발전시키기 어렵다. 다른 사람들과 대립하지 않으려 하는 이유를 물으면 "으, 나는 그런 말 절대 못 해", "난 당당하게 말하는 게 너무 힘들어", "그렇게 짜증 나는 얘기는 하고 싶지 않아", "그 사람에게 상처 주고 싶지 않아" 같은 대답이 흔히 나온다.

힘든 대화, 불쾌한 사건, 까다롭거나 당황스러운 상황은 언제나 있게 마련이다. 인종 차별주의자인 친척과 함께하는 긴장되는 추수감사절 만찬 같은 사적인 일이든, 고객 서비스 센터와의 대화나 주차장에서 벌어진 접촉사고처럼 모르는 사람과 벌어진 사건이든 간에 우리 주변에는 온갖 갈등이 존재한다.

갈등은 우리 인생의 평범한 일부분이므로 다른 이들과 맞서는 능력은 생활의 중요한 기술이다. 이 기술이 있으면 더 자신감 넘치고 유능하고 유력한 존재가 된 듯한 기분이 든다. 그러나 어떤 권한을 얻기 위한 대립보다는, 마음을 상하게 하는 격렬한 논쟁이나 행동이 난무하는 격한 갈등만 겪어봤을 수도 있다. 그렇다면 관점을 바꿔야 할 때다. 대립은 그냥 자기 경험을 다른 사람에게 설명하거나 관찰한 내용을 말하는 것뿐이라고 생각하자. 이는 아마도 당신이 제공할 수 있는 가장 깊이 있는 형태의 공감일 것이다.

대립 준비 체크리스트

- 친절한 마음에서 우러나오는 행동이다. 선의를 드러내자.

- 공감하는 태도로 접근한다. 대립에는 어떤 열띤 대화도 필요 없다.

- 차분하고 직설적이어야 한다. 목소리를 높이거나 빈정거릴 필요는 없다.

- 관찰한 내용을 말한다.

- 주인의식을 가지고 책임감 있게 행동한다. 당신이 묘사하거나 경험하는 모든 내용 앞에 '나'를 붙인다(본인의 경험을 설명할 때 '당신'이라는 말을 써서는 절대 안 된다. "당신이 날 화나게 했어"라고 하지 말고 "나 화났어"라고 말한다).

- 당신이 우려하는 사안을 얘기하면서 그와 동시에 대화 중에 관찰한 행동, 생각, 감정, 의미, 모순, 불일치, 부조화, 혼합된 메시지 등에 관해서도 설명한다.

- 또 상대방이 당신에게 말할 때의 태도(눈알 굴리기, 외면하기, 화난 어조나 빈정거리는 말투)도 얘기한다.

감정이 폭발하거나 매우 격한 반응이 나올 수 있는 지점에서 대화를 시작하면, 당신의 메시지를 상대방이 이해하기 어려울 뿐만 아니라 대화가 왜 그런 방향으로 진행됐는지를 결코 알 수 없을지도 모른다. 앞서도 말했듯이, 말하는 태도에 격한 감정이 배어 있으면 상대방은 거기에만 주목하게 되므로 전하려던 메시지는 어딘가로 날아가 버린다. 처음부터 흥분한 상태로 대화를 시작하거나 전하고 싶은 메시지가 애초에 불확실하면 문제를 명확하게 설명할 방법이 없다.

관찰한 내용을 부드러우면서도 단호한 어조로 말하면, 말하는 도중에 감정이 실리는 부분을 없앨 수 있다. 적절한 때 그 사안을 얘기하고, 관련이 있다면 해당 사안이 표출되는 방식에 대해서도 말한다. 당면한 주제뿐만 아니라 서로가 대화를 나누는 방식에 관해서도 얘기하면 상대방과의 관계가 깊어지거나 좋은 쪽으로 발전할 수 있다.

모두가 안전하다고 느끼고 대화가 상호 협조하에 잘 이루어지면, 자신의 진심을 전하고 상대의 진심도 들을 수 있다. 진심은 내면에서 진동하고 울려 퍼지며, 사람을 불안하게 만들기는커녕 오히려 마음을 진정시킨다. 결국 사람들은 대부분 진심을 말할 때 안도감을 느낀다. 하지만 온전히 집중하려는 의지가 있어야 한다. 모두가 진심을 주고받아야 더 진실하게 살 수 있고 더욱 온전한 자신이 될 수 있다.

내면의 갈등 vs. 외부 충돌

당당하게 진심을 말하면 때때로 다른 사람과의 사이에 갈등이나 불화, 오해가 발생할 수 있다. 여덟 가지 불쾌한 감정을 견디기 힘들거나 관계가 깨지는 것에 대한 두려움, 또는 다른 사람들을 불편하게 만드는 것에 대한 두려움 때문에 침묵을 지키면서 갈등을 자기 내면으로 돌리는 사람들이 종종 있다.

자기 생각을 표현하지 않았을 때의 문제는, 그런다고 해서 갈등이 사라지는 게 아니라는 것이다. 문제는 여전히 남아 있다. 그 갈등이 존재하는 곳만 바뀌었을 뿐이다. '외부'의 갈등(다른 사람과의 갈등)을 내면에 감추는 바람에 '내부'에서 갈등(불안감 증가, 슬픔이나 분노)이 발생하는 경우가 너무나도 많다.

내담자 브린과 갈등의 본질에 관해서 얘기한 적이 있다. 그녀는 체중이 7킬로그램 늘어난 것을 놓고 남자친구인 제이스가 익살스럽게 '놀리는' 말을 한 것 때문에 화가 났다. 하지만 그 말에 대해 제이스에게 분노와 실망감을 표출하지 않았다. 브린은 제이스와 함께 시간을 보내는 게 점점 더 힘들어졌다.

그 말을 들은 나는 티슈를 한 장 뽑아서 우리 두 사람 사이의 바닥에 던졌다. 그 티슈는 브린과 그녀의 남자친구 사이에서 진행 중인 갈등을 나타낸다.

이 실습을 위해 내가 제이스 대역을 하기로 했다. 브린이 제이스(이 경우에는 나)에게 자기는 화가 났고 상처를 받았으며 앞으로는 그런 말을 하지 않았으면 좋겠다고 말하는 동안 갈등은 여전히 우리 두 사람 사이, 관찰할 수 있고 둘 다 존재를 알고 있으며 공개적으로 처리할 수 있는 그 자리에 남아 있었다. 그리고 이번에는 내가 브린의 대역을 맡았다. 나는 바닥에 놓인 티슈(갈등)를 집어 내 주머니에 넣어서 눈에 띄지 않게 했다. 이 행동은 적극적인 갈등을 나타내지만, 브린이 아직 제이스에게 아무 말도 하지 않았기 때문에 이 갈등은 브린의 내면에 '자리 잡고' 있다. 브린이 제대로 말을 하지 않는 바람에, 원래 외부에 속해 있던 두 사람 사이의 갈등이 눈에 보이지도 않고 반응할 수도 없는 브린의 내면으로 숨어 들어가게 된 것이다.

기분과 갈등은 마법처럼 사라지지 않는다. 바뀌는 거라고는 갈등이 존재하는 장소뿐이다. 사람들 사이에 문제나 갈등이 있으면 겉으로 드러내야 한다. 그래야 곪아 터져서 기분이 몹시 상하거나 감정적인 거리가 생길 가능성이 큰 내면에 갇히지 않고, 적절히 대응해 해결할 수 있다.

견디기 힘든 반복 대화

최근에 친구인 스테판과 얘기를 했는데, 그는 전 부인인 비앙카와 대화할 때마다 반발심이 들고 화가 난다고 했다. 그의 말에 따르면,

비앙카는 요구가 많고, 변덕스럽고, 무책임하며, 행동이나 대화 방향을 도저히 예측할 수가 없다고 한다. 스테판은 비앙카가 열한 살짜리 딸을 잘 보살피고 있는지 또 그녀의 행동이 딸에게 어떤 영향을 미칠지 걱정스러웠기 때문에 비앙카와의 충돌을 최소화하기 위해 그녀의 요구(일정과 계획 변경에 관한 것 등)를 다 들어주곤 했다. 이는 곧 엄마의 예측할 수 없는 행동 때문에 딸이 겪을 혼란을 최소화하고 실망감을 줄여주기 위해 스테판이 자신의 계획을 자주 바꿔야 했다는 뜻이다. 그러나 이런 결정 때문에 스테판은 계속 화가 나고 억울하고 이용당하는 기분이었다. 비앙카와 얘기를 하면 늘 같은 식의 대화가 진행될 거라고 예상했기 때문에 그는 비앙카를 상대해야 할 때마다 무력감과 짜증을 느꼈다.

당신 주위에도 아마 비앙카 같은 사람들이 있을 것이다. 배우자나 연인, 가족, 친구, 동료, 상사가 그럴 수도 있다. 상황을 더 복잡하게 만드는 것 같은 사람과 대화를 나눠야 할 때는 다음과 같은 점들을 고려하자.

우선 대화가 힘든 건 사실 자신의 감정을 다루기가 힘들어서라는 걸 기억하자. 대화를 나눌 때는 자기 내면의 불쾌한 감정은 물론이고 상대방 내면에 자리 잡은 똑같은 감정까지 견뎌야 한다. 스테판의 경우처럼 누군가와의 대화가 너무 스트레스가 심하고 그런 대화를 해야 한다는 생각만으로도 두려움이 몰려온다면, 자신의 불쾌한 감정에 잘 대처하지 못하고 있기 때문이다. 게다가 상대방의 불쾌한 감정까지 느껴야 한다고 예상하거나 상대의 무례하고 마음 상하는 반응에 대응하기가 힘들기 때문이다.

대화를 시작할 때는 상대방의 불쾌한 감정 때문에 생기는 불편함까지 견뎌야 한다는 사실을 인지하고, 어떤 식으로 대응할 것인지(아니라고 말하면서 명확한 경계를 정하는 등) 확실하게 정하고, 자신의 대응 방식 때문에 상대가 더 불쾌하게 반응할 수도 있다는 걸 의식해야 한다. 상황이 안 좋아져 대화를 지속할 필요가 없다는 생각이 들면, 감정이 격해지기 전에 정중하게 대화를 끝내자.

특히 긴장되는 상황일 때 요긴한 또 다른 방법이 있다. 상대가 평소에도 자주 접촉하는 사람이고 그 사람이 어떤 식으로 반응할지 예측할 수 있다면, 대화를 나누기 전에 다음와 같은 표를 만들어 가능한 반응들을 정리해둔다. 그리고 그 사람과 대화나 상호작용을 할 때마다 내용을 계속 추가한다.

힘든 대화 점검표

	6/12	6/14	6/19	...					
내가 배려심이 없다고 비난한다.	✓✓		✓						
나를 탓한다.		✓✓✓	✓						
자신이 한 말을 번복한다.	✓		✓✓						
똑같은 말을 반복한다.		✓✓							
나를 욕한다.			✓						
괴성과 고함을 지르면서 감정이 격화된다.	✓✓	✓✓✓	✓✓						
직접적으로 거짓말을 하거나 정보를 생략한다.			✓						
책임을 회피한다.			✓✓						
...									

이런 식으로 대처하면 상대방의 반응을 사적으로 받아들이지 않게 되고, 결과적으로 그런 반응의 영향을 덜 받게 된다. 상대의 행동을 예측했다면 거기서 한 걸음 더 멀어질 수 있다. 이런 접근법은 다른 사람의 행동이 아니라 자신의 반응을 감정적으로 통제할 수 있다는 생각을 확고히 하는 데 도움이 된다. 그러면 그에게 어떻게 반응하고 싶은지 확실히 정할 수 있고, 또 그 사람이 어떻게 '당신의 감정을 자극하는지' 관찰할 수 있다.

무례하게 굴지 않으면서 경계를 정하는 방법

세레나는 새로 입양한 강아지와 함께 아침 일찍 산책을 나가면서 느긋한 토요일을 보낼 수 있을 거라 기대했다. 그녀는 머릿속으로 그날 할 일들(산책, 주중에 놓친 TV 프로그램 보기, 엄마와 친한 친구들과의 전화 통화, 한가롭게 즐기는 목욕, 친구와의 브런치 등)을 계획하다가 아래층에 사는 애니와 마주쳤다. 세레나는 한 20분 정도는 수다를 떨 수 있겠다고 생각하며 그녀와 대화를 시작했다. 그러다가 몇 가지 심각한 주제에 관한 얘기가 나왔고, 그러다 보니 두 시간이 훌쩍 지나는 바람에 세레나는 산책을 포기해야 했다. 아파트로 돌아가면서, 이번에도 또 다른 사람의 욕구에 맞춰주느라 자신의 욕구와 의도는 무시해버렸다는 사실 때문에 좌절감을 느꼈다. 이제는 브런치를 먹으러 나가기 전에 잠깐 샤워를 할 시간밖에 없었다.

당신도 다른 사람과의 사이에 경계를 정하는 게 어렵다고 느끼는 가? 그렇다면 자신이 다른 사람들에게 어떤 식으로 인식될 것인가 (외부 시선 사고) 하는 생각에 사로잡혀 있거나, 경계를 정할 경우 누군 가의 감정을 상하게 할까 봐 걱정스러워서 그럴 수 있다.

다음에 또 '사람들을 기쁘게 해주고 싶다'라는 생각이 들거나 다 른 사람의 욕구를 자신의 욕구보다 우선시하고 싶어지면, 제대로 중 심을 잡고 자신의 욕구와 감정에 주목하면서 긍정적이고 친절하고 선량한 태도로 상대방에게 다가가 경계와 한도, 필요성과 관련해 진 심을 얘기하자. 이 경우 세레나는 다음과 같이 말할 수도 있었다.

"안녕하세요, 애니! 어떻게 지내세요? 20분 정도 얘기할 시간이 있긴 한데 요즘에 얼굴 보기가 정말 힘드네요. 나중에 제대로 얘기 할 수 있을 때 함께 재미있는 계획을 세워봐요."

공감하는 마음으로 경청하기

마지막으로, 공감하는 태도로 경청하는 법을 배우자. 상대방의 경험 을 정확하게 인식하면 그에게 동조할 수 있다. 동조한다는 것은 그 가 하는 말을 이해했음을, 특히 그 말이 두 사람에게 의미하는 바를 이해했음을 알려준다는 뜻이다. 또 대꾸하는 타이밍도 조절할 수 있 다. 상대가 말하자마자 바로 대꾸하거나 자신이 들은 말을 무시하는

방법이다. 이는 '조건적 의사소통'이라고 말할 수 있는 양질의 대응 방식이다.[4]

다음은 심리학자 앨런 아이비가 제안한 듣기에 관한 '마이크로 스킬'을 내 나름대로 해석해서 실용화한 것으로, 원래 초보 상담자에게 상담 기술을 가르치기 위해 고안했다.[5] 이 기술은 공감하는 청자가 될 수 있게 도와주므로 다른 사람의 생각, 감정, 요구에 동조하는 능력을 키울 수 있다.

상대방에게 관심 기울이기

기본적이고 당연한 일처럼 느껴질 수도 있지만, 다시 한번 상기할 필요가 있다. 다른 사람에게 관심을 기울일 때는 그 사람을 바라보고, 눈을 마주치고, 표정과 고개 끄덕임, 몸짓, "그렇구나" 같은 간단한 추임새를 통해 대화에 참여하면 된다. 그리고 몸을 그 사람 쪽으로 기울인다. 관심과 연결, 참여를 표현하는 몸짓 언어를 이용한다. 이런 행동은 모두 당신이 관심을 집중하여 두 사람 사이에서 벌어지는 일들을 주의 깊게 따라가고 있다는 걸 상대방에게 알려준다.

휴대폰을 확인하거나 TV를 보는 등의 행동은 상대에게 더는 주의를 기울이고 있지 않음을 드러낸다.

개방형 질문

'예' 또는 '아니요'로 대답할 수 있는 질문과 달리, 개방형 질문에는 무한히 다양한 답변이 나올 수 있다. '지금 당장 필요한 게 뭘까?' 또는 '우리 관계를 개선하기 위해 내가 어떻게 해야 할까?' 같은 질문에는 단순한 '예, 아니요' 이상의 대답이 필요하다. '누가, 언제, 어디서, 무엇을, 어떻게 했는가'라는 저널리즘적 접근법을 사용하자(단, 이유를 말하라고 하는 질문은 방어적인 반응을 불러오는 경향이 있으므로 피해야 한다). 일반적으로 방법(어떻게)과 대상(무엇을)에 대해서 먼저 물어보는 게 좋다.

사실 요약

어떤 사람이 얘기하는 내용이 자신의 감정에 관한 것이라고 하더라도, 이때 초점은 사실만 명확히 걸러내는 것이다. 말한 내용을 다른 말로 바꿔서 표현하거나, 상대방이 실제로 한 말을 이용해서 들은 사실을 요약한다.

감정 반사

항상 감정에 먼저 반응해야 한다. 예를 들어 "애완동물을 먼저 보내는 게 얼마나 슬픈 일인지 알아. 네 고양이 핑크는 네게 세상 무엇과도 바꿀 수 없는 존재였지" 또는 "와, 회사 대표로 스톡홀름에 강연을 하러 가다니 정말 흥분되겠는데요" 아니면 아주 간단하게 "그거 정말 짜증 나겠다"라거나 "왜 그렇게 실망했는지 이해했어"라고 말할 수도 있다.

여기서 중요한 건 상대가 직접 언급했든 아니든, 그의 기분 또는 분위기에 반응해야 한다는 것이다. 그게 불쾌한 감정이더라도 다른 감정을 느껴야 한다는 말은 절대로 해선 안 된다. 또 "그냥 잊어버려" 같은 말도 금물이다. 그런 반응은 방어적인 태도, 반발, 포기, 대화 중단을 초래한다.

다른 사람의 기분을 감지했다면, 뻔한 얘기처럼 느껴지더라도 자신이 관찰한 바를 얘기한다. 누군가의 고통을 알아차리는 것만으로도 그의 고통을 덜어주는 데 도움이 된다. 그 사람의 기분에 동의하든 안 하든, 당신이 한 말을 통해 경험을 인정받았기 때문에 상대방도 차분해진다.

상대방은 당신이 자기 말을 들어주거나 공감한다고 느끼면(즉, 당신이 자신을 이해한다고 느끼면), 주목받고(난 혼자가 아니고 누군가가 내 존재에 신경을 쓴다) 인정받고(내 경험이 다른 누군가에게 중요하다는 걸 알게 되니 내게도 중요하게 느껴진다) 깊이 이해받는다는(나 자신이나 당신과 더 긴밀히 연결되어 있음을 느낀다) 기분을 느낀다. 이때 나타나는 가장 즉각적인 효과는 차분함과 활력을 느끼는 것이고, 곧이어 두 사람 사이에 감정적 친밀감이 생겨난다.

이런 상태가 된 다음에야 비로소 문제 해결로 넘어갈 수 있다. 문제부터 해결하려고 하면 불쾌한 감정이 해소되지 않은 채 그대로 남기 때문에 오히려 더 오래가는 경향이 있다. 그 감정에 먼저 대응하지 않고 문제 해결에만 노력을 기울인다면, 특히 여성들은 무시당하는 기분을 느끼기 때문에 대화에 기울이는 관심과 참여도가 떨어진다. 그러니 감정이 먼저라는 걸 항상 기억하자. 감정을 우선시하는 접근법을 사용하면 개인적인 관계부터 직업적인 관계에 이르기까지 모든 유형의 관계에 효과가 있을 것이다.

또 하나 중요한 건 긍정적인 감정을 알아차리는 것이다. "수고했어!"나 "나도 정말 기뻐" 같은 말로 그 사람의 위험 부담, 노력, 성취를 인정해주면 그의 삶에 큰 변화가 생길 수 있다. 진정한 감탄과 인정은 그 사람과 당신의 관계에 매우 긍정적인 영향을 미친다.

침묵 허용

침묵을 허용해서 당신이 말한 내용을 상대방이 받아들일 시간을 줄 수 있다. 반대의 경우도 마찬가지다. 그 빈틈을 말로 채울 필요는 없으며, 서둘러서 대화를 이어갈 필요도 없다. 그냥 천천히 진행하면 된다.

회사나 일터에 활용하는 방법

이 책 전체에서 논의한 많은 개념이 기업문화나 회사 내 개인들이 서로 관계를 맺는 방식에 긍정적인 영향을 미쳐서 팀이나 부서의 운영 방식과 성공에 지대한 영향을 줄 수 있다. 당신이 동료들 사이의 관계 문제를 다루는 상사이건 아니면 고객과 동료와 상사를 상대해야 하는 직원이건 간에, 피드백을 제공할 때는 말하기와 듣기에 초점을 맞춘 이 개념을 활용해보기 바란다. 이런 접근법이 기업문화와 고객 대응 방식을 어떻게 변화시킬지 생각해보라. 자신의 역할과 책임을 명심하면서 이 아이디어를 읽어보자. 당신이 고려해야 할 사항을 몇 가지 정리했다.

- 긍정적이고 친절하고 선량한 태도로 서로에게 다가간다.
- 대화를 나눌 때는 각자 진실한 모습을 유지할 수 있도록 최선을 다한다.
- 특히 화가 나거나 답답할 때는 감정의 파도가 가라앉았을 때만 말을 한다.
- 감정적인 열기를 식히고 차분하고 단호하게 말하며, 상대를 깎아내리는 말은 하지 않는다. 그래야 상대방이 당신의 메시지에 귀를 기울인다.
- 먼저 감정에 대응하고, 책임을 전가하는 게 아니라 문제를 해결

> 하겠다는 의지가 담긴 개방형 질문을 던진 후, 상대의 말에 귀
> 를 기울인다.

자기 인생의 소중한 상대를 위해

"제이크는 문제를 해결하는 걸 좋아해요. 그래서 뭔가를 해결할 기
회를 주면 아주 행복해하죠." 서른여덟 살의 내담자인 멜리사는 이
렇게 말했다. "그 사람 옆에서 뭔가 얘기를 하려고 할 때마다, 그는
항상 내 문제를 해결하기 위해 뭘 해야 하는지 말해줘요. 그래서 말
했죠. '난 그냥 당신이 내 말을 들어줬으면 좋겠어. 해결책 같은 건
필요 없어.' 그러자 제이크는 자신이 뭔가 잘못했다고 생각하고는
위축됐어요."

함께 내담한 마흔한 살의 제이크가 말했다. "응, 맞아. 당신 말투
때문에 헷갈려서 뭘 어떻게 해야 할지 잘 모르겠어. 그럴 때마다 입
을 닫아버렸지. 그러다 보니 결국 우리 관계가 이렇게 끔찍한 상태
에 빠진 거야."

남자들은 문제를 해결하고 올바른 일을 하고 싶어 하면서도, 피드
백을 정보가 아닌 비판으로 받아들이는 경우가 많다. 그래서 처음에
는 자신이 일을 제대로 하지 않았거나 '잘못된 일을 했다'고 생각하
는 경향이 있다. 이로 인해 결국 자기는 '부족한' 사람이라고 여기면
서 '기분이 나빠진다.' 이런 기분 나쁨을 '내가 나쁜 사람이다'로 번
역해서 자신과 감정적인 거리를 두는 남자들도 있다.

남자가 문제를 표현할 때, 그 상황에 대해서 어떻게 생각하는지 물어보면 대개는 그의 이야기를 듣고 그가 느끼는 감정을 알아차릴 수 있다. 그의 감정이 어떤지 알게 됐을 때 적절한 호응과 관심을 보여주면 그의 자아감과 행복감을 높일 수 있다.

반면, 멜리사는 제이크가 항상 해결책을 제시하는 게 불만스러웠다. 제이크는 문제를 해결하기 위해 제시한 방안을 멜리사가 마음에 들어 하지 않으면 화를 냈다. 멜리사는 뭔가를 시도해서 문제를 '해결'하라는 제이크의 해결책이, 자신이 한 얘기를 제대로 듣지도 않고서 하는 말 같아 화가 났다. 멜리사는 제이크가 "정말 실망했겠네", "왜 그렇게 좌절했는지 알겠어" 같은 말을 해주길 바랐다.

여자가 남자에게 자기 말을 들어달라고 할 때는, 자신의 감정에 먼저 반응해주기를 바랄 뿐 그 이상은 아무것도 원하지 않는다. 따라서 남자들은 여자가 문제를 표현하면 그녀의 감정에 먼저 반응해야 한다. 그것이 '해결'이다! 일단 그 과정을 마치고 나면, 그녀가 구체적인 해결책을 들을 준비가 됐는지 어떤지 알 수 있을 것이다.

자신의 진심을 말하고 상대방도 진심을 말하도록 하는 걸 자신감 함양을 위한 중요한 단계로 삼는다면, 건전하고 감정적으로도 만족스러운 관계를 형성하는 놀라운 길을 가게 될 것이다.

다음 단계

편안하게 말하는 능력은 자신이 그 순간에 하는 경험을 인식하고 접촉하는 능력과 관련이 있다. 그리고 자신의 감정적 경험에 적응하고 포용할 수 있으면, 다른 사람과 얘기를 나누거나 경청을 통해 그의 감정적 경험을 받아들이기도 더 쉬워진다. 단, 자신감은 당신이 원하는 반응을 얻는 것보다는 상냥하게 말하는 태도와 상대의 반응에 대처하는 능력을 통해서 얻는 경우가 더 많다는 사실을 알아야 한다.

이 장에서 꼭 기억했으면 하는 메시지가 하나 있다면, 편안하게 말하는 능력을 키우는 게 얼마나 중요한가 하는 것이다. 여덟 가지 불쾌한 감정을 인식하고 90초 파도를 통해 그 감정과 접촉하겠다는 선택을 한 다음, 자신의 진심을 말하자.

이 두 요소를 하나로 합치면 자신감이 어떻게 발전하는지 알 수 있다. 여덟 가지 불쾌한 감정을 견딜 수 있게 되면, 자신의 진심을 말하는 능력이 생긴다. 진심을 말할수록 자신을 더 잘 알게 되고, 당당하게 말할수록 자신감이 커진다. 그리고 자신감이 커질수록 말을 더 많이 하게 되고, 이는 회복력을 기르는 데 도움이 된다. 어떤 대화를 통해 어떤 감정적 결과가 생기든 다 대처할 수 있다는 걸 알기 때문이다.

당당하게 말하면 자신을 믿게 되며 더는 자신이나 타인의 시선을 피해 숨지 않게 된다. 또 이제 한층 더 믿음직스러워졌기 때문에 자신을 사랑하기 시작할 수 있다. 자신을 사랑하는 건 원하는 삶을 일귀가는 과정의 일부분이다.

여기서 또 하나 중요한 요소는 진심을 말할수록 신뢰도가 높아진다는 것이다. 계속해서 진심을 얘기하면, 당신이 하는 말이 자신의 생각이나 감정과 일치하게 된다. 그리고 당신의 말과 행동이 생각 및 감정과 일치하면, 정서적으로 강인하고 자신감 있고 진실한 사람으로 살아가게 된다.

지금까지 감정과 경험에 대한 진심을 표현하는 일에 관해서 얘기했다. 이제는 실패에 대한 두려움, 신뢰의 어려움, 해결되지 않은 슬픔 등 온전하고 진실한 삶을 살아가는 데 방해가 되는 장애물을 제압할 수 있도록 도와주겠다. 이런 장애물을 제거하면, 자신을 더 사랑하게 될 뿐만 아니라 원하는 삶을 만들어가는 데 도움이 되는 기술을 키울 수 있다. 그것이 바로 로젠버그 리셋의 궁극적인 목표다.

진심을 말하는 것은

자신감과 진실성, 회복력을 기르기 위해 할 수 있는
가장 중요한 행동이다

비탄을
극복할 수
있다

CHAPTER 8

지금쯤이면 90초 동안 여덟 가지 불쾌한 감정의 파도를 타는 방법을 통해 일상에서 느끼는 그런 감정들을 성공적으로 극복할 수 있다는 사실을 깨달았기를 바란다. 그런데 그 여덟 가지 불쾌한 감정에 가까이 다가가고 당당하게 자기 목소리를 내기 시작하는 순간, 새로운 도전에 직면하게 될 수도 있다. 지금까지 감정을 억누르고 진심을 말하지 못하게 했던 여러 가지 고통스러운 기억이 표면으로 떠올라 해결을 기다리기 때문이다. 하지만 걱정할 필요 없다. 이는 흔한 일이다.

현재를 온전하게 느끼면서 살아가고 순간순간의 경험과 연결되면 여러 가지 중요하고 긍정적인 변화가 일어날 것이다. '자신이 아는 걸 인정하고', '아는 것들을 말하도록' 스스로 허락하면 당신의 모든 자아의식에 변화가 생기기 시작한다.

오래된 상처 치유

정서적으로 강해진 기분이 들면 불쾌한 감정을 다루는 데에도 더 능숙해진다. 그 결과 일상적인 문제를 관리하는 기술도 더 발달하고, 과거의 상처가 치유되기 시작한다. 추억과 비탄은 자연스럽게 자발적으로 나타나 해결을 기다린다. 감정의 응어리도 유기적으로 표면화될 텐데, 이는 당신의 인식과 성장이 촉진되면서 나타나는 자연스러운 과정이다. 그러나 이런 과거의 기억과 고통을 극복하려면 90초 파도를 타는 것 이상의 방법이 필요하다.

어릴 때나 어른이 된 뒤에 겪은 어떤 일 때문에 이상하게 화가 나거나 슬프거나 무력하거나 실망감이 들 수 있다. 사건이나 상황이 어떻든 간에 이런 감정이 존재한다면 비통해하고 있다는 뜻이다.

순간순간의 기분을 계속 느끼는 동안 이런 기억이 떠올랐다는 사실에 좌절하거나 화가 날 수도 있고, 실제로 기분이 좋아지고 있는 시기에 왜 이런 고통스러운 기억과 감정이 나타나는지 궁금할 수도 있다. 이런 기억 때문에 감정이 자극을 받을까? 물론이다. 비록 영구적으로 계속되지는 않겠지만, 한동안은 고통스러운 생각과 감정과 기억을 마주하게 될 것이다. 이런 감정과 경험을 극복하면 통찰력과 지혜를 얻게 된다.

상실감

상실감은 흥미로운 현상이다. 예기치 않게 어떤 것을 잃거나 사랑하는 사람을 떠나보냈을 때, 그 상실 자체로 인해 예전에 겪은 상실의 기억이 떠오르는 게 보통이다. 후각이 기억을 빠르게 활성화한다는 사실은 잘 알려져 있지만, 내 직업적 경험에 따르면 상실과 이별 역시 무엇보다 빠르게 과거에 겪은 상실의 기억을 끌어낸다.

사람들은 대개 상실을 배우자나 연인, 부모, 조부모, 형제자매, 보호자, 애인, 친척, 친구를 잃은 일과 연관시킨다. 누군가에게는 애완동물을 떠나보낸 일을 의미하기도 한다. 하지만 상실을 훨씬 넓은 관점에서 생각하는 게 정말 중요하다. 상실에는 건강, 사회적 지위, 직장, 재정, 가정, 안전, 위신, 명성, 기회 등 우리 인생의 무형적인 측면도 포함될 수 있다.

따라서 상실에는 어린 시절이나 성인이 된 뒤에 겪은 일(또는 겪지 못한 일)을 직시하고, 자신이 필요로 하거나 원하거나 꿈꿔왔던 일과 실제로 일어난 일 사이의 차이를 인식하는 것도 포함된다. 이 틈새에 대처하는 데 비탄이 관련된다.

비탄은 단 한 차례의 90초 파도로 표면화되지 않을 수도 있다. 파도의 파도 형태로 다가올지도 모른다. 어쩌면 잠시 울다가, 한동안 괜찮다가, 다시 뜻하지 않게 자연스레 눈물을 흘리게 될지도 모른다. 이때도 파도를 타자. 시간이 지나면 빈도와 강도가 감소하면서 항상 진정된 상태를 유지하게 될 것이다.

위장된 비탄 Disguised Grief™

앞에서 얘기한 것처럼, 대부분 사람은 내가 슬픔·무력감·분노·실망이라고 설명하는 비탄을 관계 상실이나 인간 또는 애완동물의 죽음 등 지금 목전에서 발생한 손실과 연관시킨다. 하지만 나는 어린 시절이나 어른이 된 뒤에 발생한 우리 삶의 경험과 관련된 더 깊은 수준의 비탄이 존재한다고 믿는다. 이런 비탄이 우리 마음의 우묵한 곳으로 밀려 들어가 해결되지 않은 채로 남아 있으면 비통함, 원망, 원한, 영적 우울 같은 감정을 불러일으킬 수 있다.

내가 해결해야 한다고 말하는 건 사람들 대부분이 말을 꺼내지도 않고 자신이 겪었다는 사실을 깨닫지도 못하는, 이와 다른 유형의 비탄이다. 나는 이를 '위장된 비탄'이라고 부른다. 위장된 비탄은 '남아 있는 분노, 비통함, 비난, 냉소주의, 유감, 적개심, 질투, 부정성negativity, 비관주의, 후회, 원한, 복수욕, 빈정거림, 자기혐오, 기타 오래 묵은 고통' 때문에 발생할 수 있다. 앞에서 얘기한 것처럼, 어린 시절이나 성인이 된 뒤에 겪은 일(또는 그때 경험하지 못한 일)을 직시하고, 자신이 필요로 하거나 원하거나 꿈꿔왔던 일과 실제로 일어난 일 사이의 차이에 대처하는 것도 여기 포함된다.

디년간의 임상 경험 덕분에 내담지들이 그런 치이니 격치외 관련된 기억을 설명하거나 방금 열거한 14개 단어 중 하나를 사용할 때는, 기억과 말 모두가 그들의 경험이나 감정이나 반응 뒤에 숨어 있는 '감정적인 일' 또는 해결되지 않은 고통으로 이끄는 신호탄 역할을 한다는 걸 깨달았다. 그 신호를 따라가자 내가 그때부터 위장된 비탄이라고 인정하게 된 고통을 만나게 됐다.

곰곰이 생각해보면 비통함이나 원한은 비탄(슬픔, 무력함, 분노, 실망)보다 더 독성이 강한 감정일 수도 있다. 그건 여덟 가지 불쾌한 감정 가운데 한 가지 이상을 악감정이나 적개심과 뒤섞는 것과 마찬가지다.

비탄의 신호가 되는 말

부드러우면서도 정직한 태도로, 다음 단어들 가운데 자신의 감정이나 반응을 나타내는 게 있는지, 그런 마음 상태가 빈번하게 나타나는지, 그게 어떤 구체적인 일과 관련이 있는지 살펴보자. 그리고 자신의 반응이 현재 삶 속에서 벌어지는 어떤 일, 즉 남아 있는 분노, 비통함, 비난, 냉소주의, 유감, 적개심, 질투, 부정성, 비관주의, 후회, 원한, 복수욕, 빈정거림, 자기혐오, 기타 오래 묵은 고통과 연결되어 있는지 생각해보자. 이 목록의 각 단어는 위장된 비탄이 드러내는 다양한 모습을 가리킨다. 이 단어들 중 당신의 마음과 공명하는 게 있다면 다음과 같이 해보자.

1. 그 단어를 적는다.
2. 목록의 각 단어와 연관된 기억을 떠올리면서 그 내용을 간단하게 적는다.
3. 각 기억에 대해, 그 밑에 비탄이 숨어 있을 가능성을 생각해보자. 독성이 적은 감정과 함께 지낼 수 있다면 훨씬 좋을 것이다. 여덟 가지 감정(슬픔, 수치심, 무력함, 분노, 당혹감, 실망, 좌절, 취약성)을 기준점으로 삼아, 이 여덟 가지 중 어떤 것이 적어놓은 기억과 연관되어 있는지 확인한다. 그 감정도 같이 적어둔다.
4. 이 실습을 하는 동안 든 생각이나 관찰한 내용을 기록하고, 그것 때문에 예컨대 원한이라기보다는 슬픔으로 기억한 일을 바라보는 시각에 어떤 변화가 생겼는지도 살펴보자.

리셋을 이용해 슬픔, 무력함, 분노, 실망의 파도를 타더라도 비탄이나 위장된 비탄이 완전히 해결되지는 않을 것이다. 비탄을 극복하고 오랫동안 지속된 고통을 해소하려면 자신의 경험을 이해해야 한다. 이 두 가지가 다 필요하다. 우리가 지금 향하는 목적지가 바로 그곳이다.

자신의 인생 경험 이해

상처 없는 인생은 없다. 그런 상처를 어떻게 경험하고 이해하고 회복할 수 있는지가 자기 성장의 본질적인 요소다. 그 과정이 고통스러울 수도 있지만, 이런 상처와 경험이 어떻게 자신의 성격과 반응, 믿음을 형성했는지 되돌아보는 게 도움이 된다.

자신의 인생 경험을 이해하는 건 몇몇 인생 사건이나 상황이 해결되지 않은 채로 남아 있고, 비탄의 감정이 아직 그런 기억에 결부되어 있을 가능성이 있음을 인정하는 데서부터 시작된다. 이 접근방법의 본질은 다음과 같다.

- 이런 경험이 장기간에 걸쳐 당신에게 미친 영향과 의미를 이해한다.
- 자신과 타인을 용서한다.
- 과거에 자신을 어떤 시선으로 바라봤는지 잊어버린다.
- 자신이 되고 싶은 존재의 새로운 이미지를 만들어낸다.

이런 비탄을 극복하면 반응만 하던 삶에서 당신이 바라는 창조하는 삶으로 전환할 수 있다. 주어진 삶을 그대로 살지 않고 자신이 설계한 삶으로 옮겨가는 것이다.

아픈 기억과 오래된 이야기를 놓아주려면 몇 가지 단계가 필요한데, 그중 첫 번째 단계는 자기 인생을 정직한 시선으로 바라보는 것이다.

실제 경험했던 일의 진실을 내면에서 인정하면 진정한 치유의 길을 계속 갈 수 있다. 이런 진실을 되찾으면 마음속에 잠복해 있는 부정성, 적개심, 유해한 감정, 비통함, 분개, 자기혐오, 자신과 타인에 대한 비난, 유감 등을 해소하는 데 도움이 된다. 이를 완전히 극복하기 위해, 당신이 왜 그런 감정을 느끼는지 이해하도록 도와줄 위장된 비탄의 다섯 가지 주요 측면을 살펴보자. 실제로 이런 감정의 근본을 이루는 것들은 대부분 다음과 같은 패턴이나 비탄의 범주 중 하나에 속한다.

- 겪었지만 겪지 말았어야 하는 일: 부모나 보호자의 부재, 혹독한 비판, 나이에 어울리지 않는 무거운 책임, 조롱과 욕설, 무

시, 학대, 폭력, 위협 또는 당신의 진정한 욕구에 대한 오해와 부적응 등 대부분 인생의 부정적인 사건들이다.

- 마땅히 누렸어야 했는데 누리지 못한 것: 일관성 있는 애정, 관심, 인정, 잘한 일에 대한 칭찬, 중요한 인생 사건에 대한 축하 등 우리에게 필요하고 또 바라는 인생의 긍정적인 측면들이다.

- 한 번도 가지지 못한 것: 부모, 가정생활, 재정, 친구, 교육, 건강, 꼭 필요하거나 원했지만 결코 얻을 수 없었던 기회 등 자신이 처한 생활환경에 대한 인식을 뜻한다.

- 지금 가지지 못한 것: 현재의 생활환경에 대한 인식을 뜻한다.

- 앞으로 결코 있을 수 없는 일: 당신이 하는 일을 있는 그대로 바라봐주지 않거나 당신을 긍정적으로 지지하는 방향으로 바뀌지 않을 부모, 보호자, 연인, 형제자매, 친척, 친구 또는 당신이 원하는 대로 되지 않았고 바꿀 수도 없는 과거의 상황 등을 의미한다.

비탄 리셋 프로토콜 The Grief Reset Protocol™

이미 행한 일은 돌이킬 수 없고 과거에 하지 않았던 일을 이제 와서 할 수는 없다는 사실을 받아들이지 못하는 사람들은 종종 비탄의 수렁에 빠지곤 한다. 이런 사람들이 비탄을 극복하도록 돕기 위해 비탄 리셋 프로토콜을 마련했다.

당신의 인생에서 감정적으로 미완성인 채로 남아 있는 것들을 생각하자. 그중에서 해결하거나 용서하거나 벗어나거나 안도감을 느끼고 싶은 경험을 선택한 뒤 다음의 단계를 따른다. 비통함, 적개심, 원한 같은 다양한 반응이 비탄의 존재를 암시하지만 슬픔, 무력감, 분노, 실망 같은 감정 역시 자신 역시 비탄에 잠겨 있다는 신호임을 알아차려야 한다.

- **G**Grieve: 자신의 진짜 감정이 드러나게 해서 한탄한다.
  - 겪었지만 겪지 말았어야 하는 일(학대, 혼란, 모순, 방치)
  - 마땅히 누렸어야 했는데 누리지 못한 것(인정, 칭찬, 지원)
  - 한 번도 가지지 못한 것(사실, 상황, 인생에서 놓친 기회)
  - 지금 가지지 못한 것(현재의 사실이나 인생 상황)
  - 앞으로 결코 있을 수 없는 일(어떤 변화나 반응은 절대 생기지 않으리라는 것)
- **R**Reflect: 해결해야 하는, 중요하거나 큰 영향을 미치는 기억 또는 비탄을 확인하여 숙고한다.
- **I**Inquire more deeply: 좀더 깊이 알아본다. 장기간에 걸친 경험이 미친 충격, 중요성, 영향, 의미, 관련성 등을 파악해 당신의 인생사를 이해한다.
  - 그 사건이 벌어진 당시 한 이런 경험 때문에 당신은 어떤

사람이 됐는가? (어린 시절? 청소년 시절? 성인기? 지금?)

— 그 경험이 당신과 당신의 전망, 성격 등이 형성되는 데 어떤 영향을 미쳤는가?

- **E**Explore and Extract: 긍정적인 학습 기회를 탐구하고 교훈을 얻는다.

- **F**Free, Forgive, Forge new images: 자신을 해방한다. 지금까지 자신을 설명하던 '낡은 이야기'는 놓아버린다. 다른 사람 또는 당신이 알거나 알지 못했던 일, 하거나 하지 않았던 일을 모두 용서하자. 당신이 되고 싶은 존재의 새로운 이미지를 만들고, 그 새로운 이야기에 따라 살아가기 시작하자.

이 과정이 어떻게 오래된 비탄을 이해하고 떨쳐내는 데 도움이 되는지 이해하기 위해, 각 단계를 좀더 자세하게 살펴보자.

비탄 그 자체를 들여다보기

아직 많은 감정을 품고 있고 또 당신을 쉽게 자극하는 기억이 뭔지 파악하면, 앞에서 간략하게 설명한 비탄 리셋 프로토콜을 활용해서 그 경험을 이해하기 시작할 수 있다. 모든 기억을 대상으로 이 작업을 할 필요는 없다. 한 가지 기억을 이용해 작업을 시작하면 도미노 효과가 발생할 것이다. 하나의 인생 경험을 이해하면 종종 수많은 인생 경험을 동시에 이해할 수 있게 된다.

당신에게 상처를 입힌 사람과 관련된 감정에 대처하는 건 상당히 복잡한 일이다. 사랑이나 그 사람을 보호하려는 욕망이 슬픔, 분노, 실망, 비통함, 원한 등과 섞여 있을 수 있다. 심지어 복수심까지 나타날 수 있는 건 그 사람이 당신이 겪은 것과 같은 상처와 고통을 겪기를 바라기 때문이다. 하지만 여기서 초점은 당신이 자신의 경험을 이해하는 것임을 기억하자. 그런 고통스러운 상황과 관련된 불쾌한 감정을 느끼고 말하는 건 당신의 건강에 정말 도움이 된다. 비록 다른 사람들이나 당신에게 상처를 준 당사자에게는 그 상황이나 감정에 대해 말하지 않더라도, 자기 내면에서 자신을 향해 그 경험의 진실을 인정하는 건 여전히 중요한 일이다.

앞으로 이 진실을 직면하면서 인식이 증가하고 기억이 표면화되고 감정이 드러나는 동안, 각각의 순간(본인의 생각, 감정, 욕구, 인식)을 최대한 온전하게 경험해야 한다. 자신의 감정을 해방할 때가 됐다. 슬프면 슬퍼하고, 화가 나면 화를 내고, 실망스러우면 실망하자. 그리고 '내가 슬프고 화나고 실망하는 건 무엇 때문인가?' 하고 자문해 봐야 자신이 느끼는 감정을 경험 자체와 연결할 수 있다.

기억 회고하기

다음 단계는 기억을 되새기는 것이다. 기억을 되새기는 동안에는 그 기억 속으로 들어가게 된다. 자신의 과거를 생각하기 위한 정신적 공간을 만들면, 특정한 기억이나 다른 기억과 관련된 여러 가지 세부 사항이 떠오를 수 있다는 걸 알아두자. 처리와 해소가 필요한 이런 기억이 떠오르는 동안에도 계속 마음을 열어둔 상태를 유지한다. 지금 느끼는 감정을 극복하면서 전체적인 경험을 생각해보면, 가장 뛰어난 수준으로 문제를 해결하는 데 도움이 된다.

더 자세히 조사하기

다음 단계인 자세한 조사는 그 경험이 장기간에 걸쳐 미친 영향을 이해하는 것과 관련이 있다. 인생의 모든 경험은 한 인간으로서 전반적인 성장과 발전을 위해 존재한다고 생각하자. '왜 내게 이런 일이 일어났을까?'보다는 '왜 나를 위해서 이런 일이 일어났을까?'라고 자문하는 게 좋다. 어떤 식으로 질문하느냐에 따라 답변의 성격이 달라질 수 있다. 여기서 집중해야 할 부분은 그 인생 경험이 발생했을 당시 당신에게 미친 중요성과 충격, 영향, 의미, 타당성 등 그리고 그런 사건이 당신의 인생을 어떤 식으로 형성했는지를 생각하는 것이다.

살면서 힘들고 고통스러운 경험을 할 때면, 종종 그 고통으로 인해 생겨난 삶에 대한 관점을 유지하며 결정을 내린다. 그리고 때로는 그런 관점과 태도, 결정 때문에 경험 자체보다 훨씬 큰 고통이 야기된다.

당신은 그 경험에 어떤 의미를 부여했는가? 그것 때문에 당신이 자기 자신이나 자신의 성격, 능력, 자격을 바라보는 시선에 어떤 변화가 생겼는가? 예를 들어 삶에서 위축되거나 더는 다른 사람을 믿지 않게 되거나 무례하고 비열하고 공격적인 행동을 하기 시작했는가? 아니면 좀더 사려 깊고 친절해졌는가? 자신이 시간을 활용한 방식을 다른 시선으로 바라보게 됐는가?

이어지는 질문들을 숙고하는 동안에는 아무런 판단도 하지 말고 그냥 관찰자가 되어야 한다. 자신을 상냥하게 대하자. 이 모든 측면과 관련된 중요한 질문들은 다음과 같다.

- 그 사건 당시에 겪었던 일 때문에 나는 어떤 사람이 됐는가?
- 그 경험의 결과로 나는 어떤 어린이 또는 청소년이 됐는가?
- 그 경험의 결과로 나는 어떤 어른이 됐는가?

우선 그 경험이 어린 시절이나 청소년기에 당신에게 어떤 영향을 미쳤는지 생각해보고, 그런 성인이 된 당신에게 미친 영향도 생각해보자.

- 그 경험이 발생한 당시에는 당신에게 어떤 영향을 미쳤는가?
- 나이가 들어가면서 어떤 연관성이 생겼는가?
- 오늘날 그 경험은 당신의 인생에서 어떤 의미를 지니는가?

당신의 경험이 미친 영향을 살펴보는 또 하나의 방법은 자기 자신과 다른 사람, 세상, 그리고 미래에 대해 발전시킨 믿음을 고려하는 것이다. 이번에도 이 네 가지 요소에 대한 관점이 사건 발생 이후 시간이 흐르면서 어떻게 변했는지 생각해보는 게 좋다. 당신의 관점은 더 좋은 쪽으로 바뀌었는가? 아니면 나쁜 쪽으로 바뀌었는가?

그 경험을 이해하는 방식을 또 다른 각도에서 살펴보자. 당신이 자신에게 던져야 하는 질문은 다음과 같다.

- 그 경험이 어떻게 당신의 태도를 변화시켰는가?
- 그 경험이 어떻게 당신이 믿는 바를 변화시켰는가?
- 그 경험이 어떻게 당신이 하는 결정을 바꾸었는가?

긍정적인 학습 기회 탐구와 교훈 얻기

그런 경험이 당신에게 미친 영향과 의미를 생각할 때는 그 각각의 경험에서 어떤 긍정적인 것들을 배웠는지 생각해보자. 단, '다시는 누군가를 믿지 말아야겠다'라는 다짐은 긍정적인 학습으로 간주되지 않는다.

한쪽 부모 또는 양쪽 부모 모두 뭔가(알코올, 코카인, 필로폰 등)에 중독된 혼란스러운 환경에서 자란 아이들은 최대한 빨리 집에서 나와 체계적이고 안정적인 학교 안에서 피난처를 찾는 게 일반적이다. 이 아이들은 종종 뛰어난 성과를 발휘하면서 학업이나 과외 활동, 학교 내의 중요한 직책 등에 노력을 쏟아붓는다. 이는 그들이 큰 성공을 거두는 동시에 집과 거리를 두는 데 도움이 되는 전략이다. 수많은 실망으로 인한 고통과 당혹감과 나약함으로 점철된 어린 시절을 되돌아보고 숙고하고 경험한 성인들은 그런 고통 속에서 어떻게 집념 · 근면함 · 집중력이 생겨났고, 시간이 흐르면서 이런 특성들 덕에 어떻게 기회를 잡고 성공적인 경력을 쌓을 수 있었는지를 설명할 수 있다.

고통스러운 인생 경험에서 긍정적인 교훈을 얻을 수 있다면, 이를 통해 자신의 성격과 인생의 중요한 부분을 만들어갈 수 있다. 마야와 나탈리, 로니의 인생에서 그 사실을 확인할 수 있다.

외동으로 태어나 지금은 성공한 인사책임자로 일하고 있는 스물아홉 살의 마야는 처음에는 불안 증세와 금방 끝나버리는 연애 문제를 해결하기 위해 나를 찾아왔다. 마야의 부모는 그녀가 열두 살 때 이혼했지만 그 후에도 부모님이 수없이 말다툼하는 모습을 목격했다. 그들은 싸울 때 고함을 치거나 괴성을 지르지는 않았다. 대신 침묵, 비꼬기, 신랄한 말, 빈정거림을 주고받았는데 이것이 마야를 불안하게 했고 결국 마야는 정서적인 균형을 잃게 됐다. 그녀는 어릴 때부터 부모님 사이를 중재하려고 애쓰면서 두 사람의 미묘한 기분 변화를 알아차리는 법을 익혔고, 자신과 두 사람의 관계 그리고 그들 사이에서 자신이 차지하는 위치를 이해했다.

나와 마야는 성장기에 부모님의 의사소통 방식이 그녀에게 미친 영향, 성인이 된 뒤에 사귄 남자들이 자기에게 반응하는 방식에만 지나치게 몰두한 나머지 누구와도 편안하고 안정적인 관계를 맺을 수 없었던 문제를 논했다. 마야는 부모의 행동이 자신에게 미친 부정적인 영향에 대처하면서 불안감이 줄었고, 타인과의 관계 등 자신이 원하는 것에서 더 많은 자신감과 믿음을 얻게 됐다. 마야는 감정적으로 힘든 어린 시절을 보내는 동안 비언어적인 의사소통 방식과 어조의 미묘한 차이를 읽어내는 능력을 키운 덕에 계약 협상이나 직업적인 갈등을 완화하는 일, 고객의 요구에 부응하는 일 같은 부분에서 효율성을 발휘할 수 있었다는 걸 깨달았다.

유능한 변호사인 마흔세 살의 나탈리는 빠르게 증가하는 소송 사건의 부담과 다니는 법률회사에서 받는 심한 스트레스에 어찌할 바를 몰라 하며 상담을 받으러 왔다. 나탈리가 직장과 가정, 그리고 공동체에서 떠맡은 일들을 듣고(그녀는 교회, 아이들 학교, 변호사협회 등에서 자원봉사자 겸 리더로 활동했다) 그녀가 얼마나 큰 부담감을 느낄지 이해가 됐다. 가족 중 맏이라는 사실과 부모님 둘 다 어린 동생들의 양육과 싸움 중재는 물론이고 어린 그녀의 현명한 조언 능력에까지 의지했다는 점을 생각하면, 나탈리가 삶의 모든 분야에서 발휘하는 효율성이 어디에서 기인한 건지 쉽게 알 수 있었다. 그녀는 자신의 동심과 어린 시절을 잃어버린 것 때문에 어머니와 아버지에게 분노를 느낀다는 점을 인정했다. 그러나 마야처럼 나탈리도, 어릴 때 겪은 그런 부담 덕분에 세심한 양육자이자 성공 가도를 걷는 유능한 전문가로 성장할 수 있었다는 사실에는 감사를 표했다.

서른일곱 살인 로니는 20대 초반에 평생의 사랑이라고 여겼던 사람과 몹시 고통스러운 이별을 겪었다고 한다. 그의 여자친구는 바람을 피운 데다가 로니의 친한 친구들에게 거짓말까지 하는 바람에 고통 위에 또 다른 고통을 얹어줬고, 결국 로니는 친구들과의 관계를 바로잡는 데 몇 달이 걸렸다. 당시 엉망진창이 됐던 상황과 비통한 심정을 생각하면 씁쓸한 기분으로 타인과의 관계를 피할 수도 있다는 걸 알지만, 그런 선택은 자기에게만 상처를 입힌다는 걸 깨달았다. 오히려 평생의 사랑을 잃은 그때의 경험은 항상 열린 태도로 새로운 관계를 받아들여야 한다는 확신을 강화해주었다. 그는 예전의 관계에서 가장 좋았던 부분이 어떤 느낌인지 알고 있으니, 처음 그때처럼 깊은 사랑을 할 수만 있다면 틀림없이 그때의 기분을 다시 느낄 수 있을 것이다.

통찰력을 얻으려면 다음과 같은 질문들을 생각해보자.

- 당시 경험한 일(또는 경험하지 않은 일) 때문에 어떻게 변했는가?
- 보다 만족스럽고 생산적이며 성공적이고 행복한 삶을 살아가는 데 도움이 되는 태도나 기술, 습관, 특성을 개발했는가?
- 그때의 경험으로 성인이 된 지금 활용할 수 있는 긍정적인 교훈이 있다면 무엇인가?
- 미처 의식하지 못했지만, 그때의 긍정적인 깨달음을 이미 활용했는가?
- 당신이 가장 원하는 사람이 되도록 도와주는 이런 경험에서

무엇을 배울 수 있을까?

자신과 다른 사람을 용서하라

비탄 리셋 프로토콜에서 가장 중요한 단계는 자신과 다른 사람들을 용서하는 것이다. 용서한다고 해서 벌어진 일에 동의하거나 찬성하거나 묵인한다는 얘기는 아니다. 그냥 사건이나 경험이 발생했다는 사실을 인정하고 받아들이는 걸 뜻한다. 최고의 자기계발 전문가인 메리 모리시는 용서가 우리 내면에 있는 사랑의 장벽을 제거한다는 말을 자주 한다.[1] 비통해하고 경험이 미친 영향을 이해하고 교훈을 얻으면, 과거를 잊고 현재를 더욱 충실하게 살 수 있는 용서로 넘어갈 수 있다. 남을 비판하지 않는 온화하고 애정 어린 마음으로 이 과정에 접근해야 한다.

자신이 저지른 일과 몰랐던 일을 용서하고, 하거나 하지 않은 일도 용서해야 한다. 당신에게 상처를 입히거나 잘못을 저지른 사람들에게도 똑같이 그렇게 하자. 그러려면 오랜 시간 동안 의식적인 연습이 필요할지도 모른다.

과정이 여기까지 진행됐는데도 여전히 자신의 환경과 체험을 전체적인 발전 과정의 일부로 받아들이기 어렵다면, 자신에게 이 마지막 질문을 던져보자. 이 경험, 사건, 상황이 완전히 해결됐다고 느끼려면 어떤 일이 벌어져야 할까? 만약 불가능한 일이 답으로 나온다면, 수용의 장으로 넘어가야 한다. 이제 그 진실을 받아들이고 마침내 자신과 다른 사람들을 용서해야 할 때가 됐기 때문이다.

우리는 누구나 상처를 받는다. 하지만 상처의 영향 때문에 우리의 능력과 미래의 모습이 타격을 입는 건 원치 않는다. 어릴 때 한두 명에게 상처를 받은 이들이 그때 받은 대우를 훗날 다른 사람들과의 관계에서 본보기로 사용하는 모습을 많이 봐왔다. 일부러 그런 식으로 관계를 맺는 사람들도 있지만, 대부분은 그렇지 않다. 전과 같은 방식으로 다시 상처받지 않도록 자신을 보호하기 위해서 그렇게 행동하는 것이다.

이렇게 생각해보자. 30년 전에 받은 상처를 청사진으로 삼는다고 상상해보는 것이다. 당신은 어린 시절에 자기에게 상처를 준 사람들과 매번 같은 반응, 같은 패턴으로 그 청사진을 주고받았다. 열아홉, 스물다섯, 심지어 마흔 살이 됐는데도 여전히 똑같은 청사진을 들고 다니면서 다른 사람들에게 계속 건네준다.

"이봐요, 새로운 사람. 나는 열다섯 살, 스물한 살, 서른 살 때의 청사진을 지금도 이용해요. 어차피 당신도 내가 열 살 때 주변에 있던 사람들이 그랬던 것과 같은 방식으로 나와 관계를 맺을 테니까요."

하지만 그 낡은 청사진은 당신이 만나는 새로운 사람들과 아무 관계도 없으며, 그들은 모두 완전히 다른 적절한 방식으로 반응을 보일 것이다. 새로운 사람을 만날 때는 새로운 청사진이 필요하다. 매번 그렇다.

당신은 자신이 어릴 때 경험한 학대나 방치의 '원인'이 결코 아니라는 걸 인식하는 게 중요하다. 또 당신이 겪은 일은 '당신 때문에' 벌어진 것도 아니다(그렇다는 말을 들었더라도). 하지만 당신은 그 사람들과 그 상황의 영향을 받았다. 어렸던 당신은 그런 식으로 피해자가 될 수 있다. 어른이 된 뒤의 목표는 희생자가 되는 것도 아니고 가해자가 되는 것도 아니다. 부모가 자기들이 가진 능력 안에서 당신을 위해 최선을 다했다는 걸 깨달아야 한다. 사실 누구나 할 얘기가 있는 법이고, 그렇다는 것은 곧 당신의 보호자나 그 밖의 사람들에게도 자기 나름의 얘기가 있다는 뜻이다.

이 과정을 거치면 부모, 보호자, 형제자매, 멘토들을 지금까지와는 다른 시각으로 보면서 그들이 예전에 지녔던 한계와 지금 가지고 있을지 모르는 한계를 이해하게 된다. 그들을 보다 명확하게 바라보면서 과거의 모습이 실제로는 어떠했고 현재는 어떠한지 알게 된다. 만약 그들이 아직 살아 있다면, 지금까지의 경험을 곰곰이 생각하면서 그들의 한계를 바탕으로 요구할 수 있는 것과 없는 것이 무엇인지 알 수 있다. 당신이 용인할 수 있는 태도나 행동, 또는 그들과 함께 보내는 시간에 한도를 정할 수 있다는 걸 알게 될 것이다. 현재 그들의 모습과 당신이 경험한 것은 지금 당신이 어떤 사람이 됐는지와 많은 관련이 있다. 다행스럽게도, 이제 그들은 당신이 되고자 하는 미래 모습에 거의 영향을 미치지 못한다.

이 비탄의 틀을 이용해 용서하려고 노력하면 자신의 오래된 인생 이야기, 자신이 경험한 일에 대한 기억을 바탕으로 만들어진 이야기에서 벗어날 수 있다. 이를 놓아주자. 그때의 당신은 지금의 당신이 아니다. 이제 당신은 다른 태도와 믿음을 선택할 수 있다. 새로운 결정을 내릴 수 있다. 그리고 그렇게 하면 새로운 인생 이야기를 만들어서 살아가게 된다.

다른 사람에게 말하기

아이들이 부모나 보호자에게 자신이 어떻게 상처를 받고 있는지 말하지 않는 건 매우 흔한 일이다. 아이는 그런 상황에서 어쩔 줄 몰라 하면서 대니얼 시겔 박사가 '해결할 수 없는 구속'이라고 말하는 걸 경험한다. 아이를 위해 안전한 피난처를 만들어야 할 부모가 오히려 고통을 안겨주는 사람인 것이다.[2] 이 경우 아이는 의지할 사람이 없다고 생각할 수도 있다.

부모가 고통의 근원이 아닐 때도, 아이들은 다른 사람이 어떻게 자신을 상처 입히고 있는지에 대해 부모와 의논하지 않을 수도 있다. 아이가 말을 하지 않는 이유는 과장된 생각을 하고 있기 때문이다. 이 경우, 아이는 자신이 상처나 고통을 처리하는 감정적인 능력이 부모보다 훨씬 뛰어나다고 생각한다. 그 결과 자신이 처한 상황을 전혀 언급하지 않을 수도 있고, 상황이 자신에게 미칠 영향을 축소하기도 하며, 심지어 남이 물어봐도 그런 일이 벌어지고 있다는 사실을 완전히 부인할 수도 있다. 이 모든 것이 부모를 고통으로부터 보호하기 위한 노력이다.

어른이 되어서 털어놓는, 자신이 어릴 때 말을 하지 않은 이유는 다음과 같은 것들 때문이다.

- 부모가 이를 제대로 받아들이거나 책임을 져주지 않을 것이기 때문이다. 이 말은 곧 부모가 느끼는 정서적 불편과 문제에 대처하는 일이 아이에게 달려 있다는 뜻이다.
- 부모에게 상처를 주고 싶지 않았기 때문이다.
- 자신의 경험을 부모에게 투영하고 있었기 때문이다.

즉 아이는 부모가 그 정보를 처리할 수 없다고 여겼는데, 사실 고통스러운 경험이나 벌어진 일을 설명하는 과정에 제대로 대처할 수 없는 건 아이 쪽이다. 그렇게 고통스러운 시기에 의지할 사람이 없다고 생각하면 고통이 더 악화된다. 그건 아이의 잘못이 아니었는데도 그 사실을 말할 사람이 없었던 것이다. 아이들은 '가족끼리의 일'을 남에게 말하지 말라는 얘기를 들었거나, 관련된 사람들의 좋은 이미지를 지키기 위해 말하지 않는 쪽을 택할 수 있다. 결국 침묵은 상처받은 자의 특징이다. 때로는 자신의 경험을 말하지 않음으로써 고통을 회피하기도 한다. 아이는 아무 말도 하지 않음으로써 자신에게 상처 입힌 사람에 대한 좋은 감정을 간직하려 했을 것이다.

몇 년 전에 참석한 오찬 회의 때 폴이라는 70대 남자 옆에 앉게 됐는데, 그가 정중한 어조로 무슨 일을 하느냐고 물어봤다. 내가 불쾌한 감정과 관련된 연구를 한다며 내용을 간략하게 설명하자, 그는 잠시 생각하다가 노래에 대한 자신의 애정과 고등학교 졸업반 때의 경험을 들려줬다. 고교 시절의 마지막 공연에서 그는 2,000명이 지켜보는 앞에서 독창곡 두 곡을 불렀다. 공연이 끝난 뒤 친한 친구인 찰스가 말했다.

"폴, 너 노래할 때 반음을 내려서 불렀어. 정말 부끄러운 일이야. 다시는 독창할 생각 하지도 마."

그 이후 폴은 독창이든 합창이든 다시는 사람들 앞에서 노래를 부르지 않았다.

폴은 자신이 더없이 사랑하는 일을 그만두기로 했지만, 과거에도 이루지 못했고 지금도 이루지 못하고 앞으로도 이루지 못할 '노래로 가득한 삶'이라는 목표 때문에 여전히 비통해했다. 나는 그가 20대나 30대, 40대 또는 그 후에라도 비통함을 해소하고 인생을 다시 노래로 채우겠다는 결심을 했다면 그의 삶이 얼마나 더 풍요롭고 즐겁고 활기가 넘쳤을지 상상 속에서만 그려볼 수 있을 뿐이었다.

폴은 찰스에게 그의 말이 얼마나 상처가 됐는지도, 그 말이 자신의 인생에 얼마나 고통스러운 영향을 미쳤는지도 말한 적이 없다. 폴의 경험은 간단하고 흔하고 일상적인 지적이나 사건이 적어도 인생의 한 가지 측면에 얼마나 강한 영향을 미칠 수 있는지를 보여준다. 만약 폴이 그 사건이 생기고 며칠이나 몇 주 또는 몇 달 뒤에 친구나 부모, 노래 지도 교사 등에게 그 일을 얘기했다면 그의 앞에 어떤 인생이 펼쳐졌을지 생각해보라. 찰스의 진심 어린 사과, 부모님의 지지와 격려의 말, 강사와 함께하는 문제 해결 및 연습을 통해 폴은 음악으로 가득한 삶을 누릴 수 있었을 것이다.

당신에게 상처를 준 이들이나 무슨 일이 벌어졌는지 아는 사람들에게 그때의 고통스러운 경험을 얘기하는 건 꼭 필요한 일은 아니며 절대 강요해서도 안 된다. 자신이 그러고 싶다고 생각할 때, 확실히 준비된 상태에서 해야 한다. 당신이 대화하고 싶은 사람이 살아 있고 연락이 닿는다면, 그 사람의 대응 능력을 고려하는 게 중요하다. 예를 들어 전에도 당신의 경험을 직접 얘기하려고 여러 번 시도했지만 상대가 무시하거나 소리를 지르거나 노골적으로 부인했다면, 대화를 통해 얻을 수 있는 이점은 포기하고 혼자 감정 문제를 해결해야 할지도 모른다. 그러나 그 사람이 대응하고, 듣고, 당신이 말하는 걸 받아들이고, 책임질 능력이 있다면 대화를 고려해볼 만하다.

왜 말해야 하느냐고? 그들에게서 어떤 구체적인 반응을 얻으려고 말하는 게 아니라는 걸 기억하자. 그건 부가적인 이익이지 목표가 아니다. 그들과 대화하는 건, 대화 자체가 당신을 변화시키기 때문이다. 원하는 반응을 얻지 못할 수도 있지만 원치 않는 반응, 즉 분노, 부정, 책임지지 않는 모습, 참아야 하는 다른 많은 불쾌한 감정을 처리하는 능력을 당신이 갖추고 있음을 확인할 수 있기 때문이다. 이는 당신의 감정적 힘이 점점 커지고 있음을 말해준다.

부모, 보호자, 형제자매 등에게 말하기 전에 먼저 다음 사항을 고려하자.

- 하고 싶은 말 또는 듣고 싶은 말은 무엇인가?
- 이상적으로는 어떤 상황이 벌어졌기를 바라는가?
- 현실적으로 기대할 수 있는 것은?
- 내가 얻을 수 있는 것은 무엇인가?

다음과 같은 식으로 대화를 구성할 수도 있다.

"내가 자랄 때 겪었던 몇 가지 일에 대해 말하고 싶어. 이 얘기를 당신한테 하는 건 그래야 내가 계속 성장할 수 있고, 당신도 나를 더 잘 알 수 있기 때문이야. 내가 감정적인 문제를 해결하거나 극복하려고 애쓰는 건 당신과 더 가깝게 느끼고 싶어서이고, 또 나 자신과 조화를 이루어 자신을 편안하게 받아들이고 싶어서야."

비탄이 해소됐음을 아는 방법

비탄에는 완전히 해결되거나 사라지지 않는 부분도 있을 수 있다. 어떤 상황에서는 슬픔이나 상실의 아픔, 고통 같은 감정의 파도가 계속 밀려올지도 모른다. 비탄 리셋 프로토콜에 포함된 질문을 반복적으로 던지면, 특정한 기억을 경험하는 방법이나 그 경험의 강도, 그것이 당신 삶에 미치는 전반적인 영향이 변화한다. 전반적으로 볼 때, 비탄 때문에 나약해지거나 하던 일이 가로막히는 사태는 발생하지 않는다. 더는 우리를 방해하거나 압도하지 않는 것이다. 대신 그 기억을 인정하고 자신에게 밀려오는 슬픔이나 그 밖의 감정을 견딜 수 있게 된다. 압도적인 감정적 고통과 괴로움을 안겨주던 비탄이 그때의 경험을 상기시키는 부드러운 감정으로 바뀌어 고통이나 상실감을 인정하게 된다. 그러면 당신은 현재에 집중하면서 앞으로 나아갈 수 있다.

그렇다면 몇몇 기억에 대한 비탄이 해소되고 어떤 기억을 해결하려는 노력이 완료됐다는 사실을 어떻게 알 수 있을까? 아마 다음과 같은 일들이 생길 것이다.

- 일이 순서대로 정렬되어 있거나 앞뒤가 딱 맞아떨어지는 것처럼 느껴지는, 깨달음의 순간이 온다.
- 눈물이 차오르는 통찰의 순간, 마음이 차분해지면서 자신의 이해와 경험이 통합되고 있음을 예고한다.
- 기억을 자극하는 일의 발생 빈도가 줄어든다.
- 과거의 기억이나 현재 발생한 그와 비슷한 경험에 대한 감정적 반응이 약해진다.
- 사람이나 상황에 의해 '유발되거나' 과거의 대본 또는 주제가

현재 시점에 다시 등장하는 걸 확인했을 때, 단순히 반응만 하는 게 아니라 적절히 대응하게 된다.

- 자신과 자신의 인생 경험을 친절하고 연민 어린 태도로 웃어넘기게 된다.
- 자신의 인생 대본이나 주제를 식별하게 된다. 즉, 새로운 사람들과 함께 새로운 상황에 있으면서도 낡은 대본이나 옛날의 걱정을 알아차릴 수 있다.
- 지금 똑같은 상황이 발생할 경우, 어릴 때는 발휘할 수 없었던 성인의 방식으로 대응하게 된다. 일테면 누군가가 자신에게 말을 거는 방식에 경계를 정할 수 있다.
- 고통스러운 경험이 지금의 모습이 형성되는 과정에 도움이 됐다는 더 큰 인식과 통찰력을 갖게 된다.

예상치 못한 비탄의 풍요로움

비탄을 극복한다는 것은 곧 과거의 기억과 인생 이야기, 그리고 그 기억과 연결된 고통을 이해한다는 의미다. 감정적인 고통을 극복하고 나면 자신과 거리를 두게 했던 인생 사건이나 상황, 에피소드가 인생담을 얘기할 때의 전체적인 맥락과 의미 있게 통합되는 변화가 생긴다. 그런 일이 처음 생겼을 때 어떻게든 떨쳐내려고 했던 바로 그 감정이 결국 용서의 장으로 옮겨가는 데 도움을 주는 것이다.

하지만 당연하게도, '나쁜 것들을 없애자'라고 말한다고 해서 고통이 바로 사라지는 건 아니다. 비탄을 제대로 극복하려면 자신이 한 일은 결코 되돌릴 수 없고, 과거에 하지 않은 일을 이제 와서 할 수는 없다는 사실을 받아들여야 한다.

비탄을 극복하는 건 더 큰 정서적 행복과 감정적 숙달로 나아가는 중요한 단계다. 당신은 이제 분노·비통함·유감·원한을 해소하고 섣부른 감정적 반응을 줄일 수 있으며, 과거 감정의 기폭제가 됐던 것들을 연민 어린 시선으로 바라볼 수 있게 된다. 어느덧 보다 자발적으로 행동하면서 현재에 신경 쓰고 있다는 걸 알게 될 것이다. 그러면 자연스럽게 자신의 본모습을 인식하고 적절히 대응하게 된다. 당신에게는 지금 이 순간의 경험을 만끽하며 그 안에서 살아갈 능력이 있다.

비탄 리셋 프로토콜을 활용하자. 나는 실무 경험을 통해 그게 사람들의 삶을 변화시킬 수 있다는 점을 알고 있다. 비탄을 해결하면 웃음과 기쁨에 마음을 열게 된다. 과거를 용서하면 자기 자신이나 타인과 더 깊은 관계를 맺을 수 있다.

내면의 진실을 마주하는 것은 자신과 올바른 관계를 맺는, 그러니까 평온한 내적 평화를 맞이하는 유일한 방법이자 내면의 사랑을 접할 수 있는 유일한 방법이다. 자기 인생의 진실에 다가가면 속박에서 풀려나 바라던 삶을 일구게 된다.

비탄을 제대로 극복하려면
자신이 한 일은 결코 되돌릴 수 없고,
과거에 하지 않은 일을 이제 와서 할 수는 없다는
사실을 받아들여야 한다.

자신감과
회복탄력성이
높아진다

CHAPTER 9

최근에 스트레스가 심한 고위 관리직에서 일하기 시작한 서른여덟 살의 타샤와 얘기를 나눈 적이 있다. 그녀는 자신이 느끼는 심한 불안감과 그것이 어떻게 일과 인간관계를 방해하는지 얘기하다가 이렇게 말했다.

"난 변화를 싫어하고 위험을 무릅쓰는 것도 싫어요."

나는 그녀에게 인생의 모든 것이 항상 똑같은 모습을 유지해야 한다고 주장하는 것 때문에 불안감이 커지고 감정적 유연성이 줄어드는 거라고 설명했다. 그녀는 불가능한 일을 이루려 하고 있다. 타샤는 자신의 환경을 항상 똑같이 유지할 수만 있다면 스트레스가 줄어들 것이라는 생각을 떨쳐버리려고 하지 않았다. 결국 나는 이렇게 말했다.

"우리 인생에서는 절대로 똑같은 순간이 반복될 수 없고, 이미

살았던 순간을 다시 온전하게 경험하는 건 불가능해요. 인생은 항상 변화하니까요. 당신이 매일 직면하는 다양한 도전과 문제를 해결하는 과정도 인생의 일부예요. 일상이 변하지 않기를 바라는 게 아니라 변화가 불가피하다는 걸 받아들이고 대처하는 게 우리가 할 일이죠."

이 말을 들은 타샤는 마침내 불변성을 고수하던 관점을 바꿔 불확실하지만 계속 변화하는 환경을 열린 마음으로 받아들이게 됐다.

타샤의 불안감은 여덟 가지 불쾌한 감정을 외면하게 만드는 듯하다. 앞서도 얘기한 것처럼, 미지의 불확실성과 직면한다는 것은 낯설고 예기치 못한 일을 참고 견딘다는 뜻이다. 타샤의 경우에는 취약하다는 기분을 느끼면서 예상되는 실망감에 대처해야 했다. 취약성과 실망이 자신의 균형을 깨뜨리고 있다는 걸 깨달은 타샤는 지금까지와는 다른 시각에서 변화에 대해 생각할 수 있게 됐다.

자원을 활용하겠다는 선택

타샤가 이룬 사고방식의 전환은 주어진 대로 살아가는 삶에서 자신이 설계한 삶으로 바꾸는 데 필수적이다. '설계에 따른 삶'이란 모든 일이 계획한 대로 정확히 일어난다는 걸 의미하지는 않는다. 자신이 이루고 싶은 것에 대한 아이디어가 있고, 위험을 감수하고서라도 이를 추구할 의지가 있으며, 무슨 일이 생기든 상관없이 의미 있는 걸 만들 수 있을 만큼 강해진다는 뜻이다. 그러기 위해서는 융통성과 적응력이 필요하다.

융통성과 적응력을 발휘하자

사람들은 대개 안정적인 삶을 추구하며, 자신이 경험하는 일상의 예측 가능성과 일관성이 더 안전하고 확실하게 살아가도록 도와준다는 걸 안다. 하지만 자녀가 자라 군대나 대학, 직장, 결혼 때문에 집을 떠나는 모습을 지켜보는 것처럼 인생의 자연스러운 순리에 따라 발생하는 예상 가능한 변화들이 있다. 인간관계나 고용 상태, 진로의 변화, 부모 또는 사랑하는 이들과의 이별 등도 마찬가지다.

우리는 대부분 안정적인 시기를 원하고 환영하기는 하지만, 중요한 변화가 생기지 않는다면 잘못된 안전의식에 빠질 수 있다. 장기간에 걸쳐 상황이 안정적이고 예측 가능하다면, 현상 유지가 인생의 기본값이라고 여기기 쉽다. 하지만 인생이 얼마나 순식간에 변할 수 있는지 생각해보자. 예기치 못한 사고와 질병 때문에 삶의 흐름이 바뀔 수 있다. 토네이도, 지진, 화재, 홍수 같은 자연재해가 집을 파괴하거나 생명을 앗아갈 수 있다. 인간이 초래한 모욕과 상처 때문에 열심히 노력해서 쌓아 올린 모든 것이 무너질 수도 있다. 이렇듯 순식간에 모든 게 변하기도 하는 것이다.

살면서 안정감을 느끼기 위해 의지했던 모든 것이 일순간에 무너지는 시기가 있다. 나도 그런 경험이 있다. 근무하던 대학이 내가 속한 부서의 구조조정을 단행해 졸지에 해고를 당했다. 실직만으로도 아주 힘겨웠는데 관계까지 파탄이 나는 바람에 일이 더 복잡해졌다. 당시 남자친구와 함께 살았는데 그와의 관계가 끝났다는 건 곧 살 집이 없어졌다는 뜻이었다. 일반적으로 우리가 자신의 신분을 밝히는 데 사용하는 대표적인 방법들, 즉 일과 관계, 집이 갑자기 사라진 것이다.

나는 그 시점에 세 가지 중요한 사실을 깨달았다. 첫째, 세상에서 변하지 않는 건 안정성이 아니라 변화 그 자체다. 둘째, 안전하다는 기분은 환상이다. 내 인생의 외부적인 측면이 항상 거기 존재할 거라고 믿거나 의존하는 태도에 의문을 제기하게 됐다. 셋째, 내 신분을 확인할 만한 것이 하나도 없는 상태에서는 보이는 것이 전부다. 다시 말해, 내가 가진 거라고는 지금 이 순간과 있는 그대로의 나 자신뿐이었다.

인생을 안정적이고 예측 가능한 상태로 꾸려나간다는 건 대단한 일이다. 나도 당연히 그런 생활 방식을 선호한다. 하지만 살면서 생기는 문제, 특히 고통스러운 문제들을 성공적으로 헤쳐나가려면 불확실성과 변화를 경험하고 효과적으로 관리하는 능력을 개발해야 한다. 그러려면 자신감과 회복력이 필요하다.

열린 자세와 호기심

감정적 탄력성 또는 유연성이라고 할 수 있는 회복력은 로젠버그 리셋의 중요한 결과물 가운데 하나다. 회복력이란 원래 상태로 '돌아가는' 것[1]을 뜻하는데, 당신이 주어진 상황에서 이용하는 다양한 자원(감정적·사회적·재정적)과 어릴 때 또는 성인이 된 후에 겪은 상황(트라우마나 비극)의 어려움, 빈도, 최신성과 어느 정도 관련이 있다. 회복력을 더욱 폭넓은 맥락에서 생각할 수도 있는데 역경이나 오랜 열정, 목표, 꿈 등을 추구하는 도전에 맞설 때는 이런 회복 능력이 필수적이기 때문이다. 회복력은 변화를 경험하고 효과적으로 관리하는 능력을 키워서 원하는 걸 선택하고 인생을 전진시키는 데 필요한 위험을 감수할 수 있게 해준다.

회복력에서 가장 중요한 요소는 삶의 역동적인 본질에 대한 태도다. 내가 강조하고 싶은 바는 이것이다. 첫째는 항상 변화를 존중하고 의식하는 개방적이고 호기심 많은 태도로 삶에 접근해야 한다는 것이다. 둘째는 삶의 우여곡절을 직면했을 때 효과적으로 대처하고 관리할 수 있도록 필요한 자원을 개발해야 한다는 것이다. 자기 외부에 각종 자원이 그득할 때보다는 내면에 필요한 자원이 가득하다는 걸 느낄 때 안정감과 보호받는다는 느낌을 더 강하게 경험할 수 있다.

이런 개방적이고 긍정적인 자세를 유지하면 끊임없는 변화 앞에서도 정서적 유연성과 강인함, 풍부한 자원을 갖출 수 있다. 물론 반복되는 일상과 예측 가능성, 안정성을 경험하고 즐기는 건 좋은 일이지만 그게 영원히 계속되지는 않는다는 것만 기억해두자. 이 차분하고 조용한 시기를 기분 좋게 감사하며 받아들이되, 인생의 변덕스러움을 인정해야 가장 실질적으로 살아갈 수 있다. 호기심 어린 태도로 삶에 접근하는 능력을 극대화하는 쪽으로 에너지를 쏟자. 그러면 앞으로 직면할 모든 도전을 효과적으로 처리할 수 있다.

누구나 살다 보면 어려운 상황에 빠질 수 있다. 또 나이가 들면 친구나 가족의 갑작스러운 죽음이나 돈, 건강, 가정, 관계에서 발생하는 손실, 무시무시한 질병 진단 등 비극적이거나 충격적인 경험이 목록에 대거 추가된다. 지금까지 아무 탈도 겪지 않고 살아온 사람은 없다. 하지만 어떻게 해야 그런 경험에서 회복될 수 있을까? 새로운 하루를 맞이하거나 새로운 걸음을 내딛기 위한 자원과 결심을 어떻게 확보할 수 있을까?

수십 년 동안 스트레스와 대처 방법에 관한 광범위한 연구가 진행됐다. 최근에는 심리학자들이 긍정심리학의 발전에 힘입어 성격적 강점, 선행, 희망, 사회 참여, 행복 등 우리 본성의 긍정적인 부분을 탐구하고 있다. 그들은 회복력을 키우는 데 도움이 되는 다양한 태도와 기술을 중시한다.

그들이 중시하는 건 긍정적인 감정[2]부터 강건함,[3] 성장 마인드,[4] 투지[5]에 이르기까지 다양하다. 그런데 자세히 살펴보면 이 심리학자들이 대부분 태도와 관련된 요소나 사고방식(낙관주의), 자신이 직면한 상황을 헤쳐나가는 방식 등에 대해 얘기한다는 걸 알 수 있다. 한 연구자는 긍정적인 감정(희망)이 사람의 마음가짐[6]을 확장하고 성장과 회복력에 기여하는 건 사실이지만, '역경 속에서 장점[7]을 찾아내거나 불리한 상황에서 긍정적인 의미[8]를 발견하면 훨씬 큰 성장과 회복력이 뒤따를 거라고 말했다. 심한 스트레스를 받았을 때 누가 쓰러지고 누가 성공하는지 이해하는 데 초점을 맞춘 대담성 연구에서도 이와 비슷한 아이디어가 제시됐다. 여기에서도 문제 해결을 위한 지속적 참여, 새로운 아이디어에 대한 열린 태도, 변화를 긍정적인 도전으로 보는 자세 등이 차이를 만든다고 했다.[9]

성장 마인드는 자신이 발전할 수 있다고 믿는 마음가짐이다. 성장 마인드를 가진 사람은 어려운 과제가 닥쳤을 때 인내심을 갖고 자신을 안전지대 밖으로 밀어내는 경향이 있다. 이들은 노력에 대한 보상이 있을 때 더 지속적으로 참여한다.[10] 성장 마인드는 심리학자 안젤라 더크워스 박사가 '그릿grit'이라고 부르는 걸 발전시켜 자신에게 의미 있고 목적이 분명한 지속적인 목표에 오랫동안 심취해서 참여할 수 있게 해준다. 그릿은 특정한 임무나 활동을 꾸준히 지속하면서 세상 무엇도 자신의 목표 달성을 방해하지 못하게 하는 고집스러운 결심, 끈기를 말한다. 더크워스의 말에 따르면 그릿은 열정과 인내, 일상적인 실천을 통해 실현된다고 한다. 몇 년 동안 '포기하지 않고' 밤낮으로 계속되는 행동을 통해 그런 모습을 목격할 수 있다.[11]

뛰어난 회복력이 당신의 태도와 자신이 경험한 걸 재구성하는 능력에 달려 있다는 건 분명한 사실이다. 컬럼비아대학교 심리학과 교수인 조지 보나노는 어떤 사건을 어떻게 개념화하느냐, 일테면 '트라우마냐, 아니면 배우고 성장할 기회냐'가 회복력의 핵심이라고 말한다.[12] 실제로 그는 고통스러운 인생 경험은 트라우마로 여길 수도 있고 기회로 여길 수도 있는 '잠재적 외상성 사건'이라고 칭한다. 그리고 다시 일어서는 능력은 성인기 내내 꼭 필요한 일반적인 기준이라고 주장한다. 이는 우리에게 좋은 소식이다. 보다 긍정적으로 생각하는 방법을 배움으로써 취약성을 줄일 수 있기 때문이다.

연구 결과가 시사하는 것처럼, 회복력을 구성하는 태도와 기술도 익힐 수 있다. 회복력은 하나의 구체적인 특성이라기보다는 연구하고 연습하고 확장해서 키울 수 있는 일련의 기술에 가깝다. 여느 기술과 마찬가지로 많이 사용할수록 더 강해진다. 긍정적인 감정, 강건함, 투지, 성장 마인드, 경험과 사건을 의도적으로 재구성하는 능력 등은 모두 회복력의 기본 개념과 관련이 있다.

태도 리셋

회복력을 기르려면 경험을 재구성해서 그에 대한 인식을 바꿔야 한다. 지금도 모든 게 끔찍하고 앞으로도 계속 끔찍할 거라고 여긴다면 실망과 좌절, 고통, 기타 힘든 경험을 인내하며 버틸 이유가 없다. 하지만 이런 삶의 도전에서 비롯되는 성장과 기회, 긍정적인 발전

가능성을 인정할 수 있도록 의도적으로 생각을 전환한다면, 앞길을 가로막는 모든 장애물과 맞서기 위해 회복력을 키울 수 있다.

고통스러운 문제가 닥치면 자신의 회복력에 영향을 미칠 수 있는 태도와 의도, 행동을 통합해보자. 그러면 일에 차질이 생기기 전보다 더 좋은 위치로 반등할 수 있다. 이런 자원은 당신이 오랫동안 간직해온 목표나 꿈을 추구할 때도 인내심을 발휘하도록 도와준다.

회복력을 발휘하기 위한 태도, 의도, 행동 체크리스트

다음 목록의 각 항목은 회복력이 뛰어난 사람들의 잘 알려진 특성이다. 이미 가지고hold 있는 특성에는 H, 앞으로 개발하고 develop 싶은 특성에는 D라고 표시해보자.

- 내 인생의 모든 경험은 학습 기회다.
- 성장 마인드, 즉 내가 발전할 수 있다는 믿음을 가지고 있다.
- 성장은 내게 매우 중요하며, 내가 겪는 모든 도전은 배우고 성장할 기회다.
- 좌절한 경험을 재구성해서 긍정적인 도전으로 여길 수 있다는 걸 안다.
- 생소하고 불확실하고 불쾌하고 불편한 삶을 기꺼이 체험할 용의가 있다.

- 내 안전지대 밖에서 위험을 감수하는 일에 도전한다.
- 고통이 성장과 진화의 일부라는 걸 안다. 고통을 좋아하는 건 아니지만, 고통이 가져다줄 성장을 환영한다.
- 내 노력과 여정이 내가 이룬 성공만큼이나 중요하다고 믿는다.
- 실패는 일이 잘 풀리지 않은 것이다. 따라서 배움의 기회이자 성공으로 가는 길의 일부일 뿐이다.
- 실수와 좌절은 내가 행동하고 있다는 증거이고 진전의 징후이며 내가 원하는 것을 얻기 위한 노력의 시험대일 뿐 무능함이나 패배의 징후가 아니다.
- 예전에도 힘든 상황에 처한 적이 있고, 이를 성공적으로 헤쳐 나간 경험에 의지해서 현재의 도전에 맞설 수 있다.
- 호기심과 개방적인 태도를 지니고 삶에 접근한다. 비판이 아니라 호기심으로 대응하겠다.
- 낙관적인 견해를 지니고 있다.
- 긍정적이고 낙관적이며 낙천적인 사람들과 시간을 보낸다.
- 내게는 유머 감각이 있고 힘든 사건이나 상황이 닥쳤을 때 유머 감각을 발휘하는 능력도 있다.
- 내 문화적 · 종교적 · 영적 신념을 지지의 원천으로 삼을 수 있다.
- 긍정적이고 친절하며 선의가 깃든 태도로 사람들에게 다가간다.

- 인생은 항상 변화한다는 걸 안다. 변화에 유연하게 적응하는 게 내 목표다.
- 내게는 계획을 세우고 문제를 해결하는 능력이 있다.
- 지금 의미 있는 일을 하고 있다.
- 내게는 개인의 욕구를 훨씬 뛰어넘는 목적이 있다.
- 내가 미래에 무엇을 좋아할지에 대한 비전이 있다.
- 훈련과 인내심, 지구력이 필요한 목표와 꿈을 이루기 위해 전념하고 있다.
- 내가 선택한 일을 탁월하게 해내고 숙달되기 위해 노력하고 있다.
- 불쾌한 감정을 느끼고 표현하는 내 능력을 신뢰한다.
- 나는 자원이 풍부하다. 언제나 의지하고 도움을 청할 수 있는 가족, 가까운 친구, 동료들이 있다.
- 내 회복력을 높이는 한 가지 방법으로 다른 사람들을 돕는다.
- 명상, 일기 쓰기, 음악, 기도 등의 자원을 이용해 도움을 받는다.
- 목표와 꿈을 이루기 위해 절대 포기하지 않는 자세를 유지하고 있다.
- 인내와 끈기는 도전하고, 성공하고, 꿈을 이루는 데 없어서는 안 될 부분들이기 때문에 인내심을 갖고 끈질기게 해나갈 것이다.

인내심 실천

엔터테인먼트 업계의 기술 분야에서 일하는 스물다섯 살의 대학 졸업자 코리는 심한 불안감과 공황발작에 시달리다가 내 사무실을 찾아왔다. 그가 살면서 이런 증상을 겪은 건 이번이 두 번째였다. 그와 얘기를 나누는 과정에서, 대학을 졸업하고 첫 직장에서 일하던 몇 달 동안 증상이 처음 나타났다는 걸 알게 됐다. 그 몇 달 동안 공황발작 때문에 너무 고통스럽고 행복감이 크게 망가진 탓에, 출근도 못 하고 출장도 못 다니고 가족과 휴가도 가지 못했다. 이번에 또다시 며칠 동안 계속 출근을 못 하게 되자 이런 패턴이 계속되거나 통제 불능의 상태가 될까 봐 내게 도움을 청한 것이다.

그와 상담을 하는 동안, 불쾌한 감정을 경험하고 극복하는 능력을 키우고 다른 여러 가지 전략도 이용했지만, 코리의 불안감에는 여전히 누그러지지 않는 부분이 있었다. 그러던 중 문득 코리에게 스키나 스노보드를 타본 적이 있느냐고 물었다. 그는 미소를 지으며 "물론이죠!"라고 크게 대답했다. 그래서 그 경험에 대한 질문을 했다. 코리는 네 살 때부터 스키를 탔다. 열두 살 때부터는 스키와 스노보드 대회에 출전했고, 10대 시절 내내 각종 대회에 참가했다.

"스키나 스노보드를 최상급 코스에서 탔어요?"

이 질문에 그는 또다시 "네!"라고 큰 소리로 대답했다. 나는 "스키 잘 타는 그 친구는 지금 어디 있는 거예요?"라고 물었다.

그 이후 나는 코리가 아주 잘 알고 좋아하는 경험, 두려워하거나 불안해하는 그가 아니라 두려움 없는 그의 자아가 한 경험을 통해 힘을 얻는 법을 배우도록 도왔다. 그는 자신감 있고 자원이 풍부하며 회복력이 뛰어난 기존의 자아를 활용할 수 있었는데, 그 자아는 원래 강하고 활기차고 경쟁심이 강하며 추진력도 있고 신나게 모험을 즐긴다. 코리는 불안한 기분이 들기 시작할 때마다 '스키 선수' 자아를 불러냈고, 스키장에서 남들과 경쟁할 때 보여줬던 것과 같은 대담무쌍한 태도로 불안과 공황발작을 제압했다.

여기서 중요한 건 자신의 과거 모습을 경시하지 않고, 힘이 되는 인생 경험을 자신의 일부로 삼아 일상생활에서 의지하고 이용하는 것이다. 때로는 우리 뇌가 공황상태에 빠져서 행동을 유도하지 못하는 것처럼 보일 때가 있다. 이런 경우에는 아무리 사소한 일이라도 자신이 맡은 일을 끝까지 해냈던 때를 떠올리는 게 좋다. 과거에 감정적인 힘을 발휘했던 경험이 지금 회복력을 키우는 데 도움이 될 수 있다.

대학교 4학년인 스물두 살의 키에라는 졸업 논문을 제때 완성해야 한다는 부담감에 짓눌려 무너졌다. 그녀는 글을 쓰려고 할 때마다 감정이 마비된 듯한 기분을 느꼈고 간단하고 일상적인 일조차 감당하기 힘들어졌다. 키에라도 코리처럼 어릴 때부터 청소년기까지 내내 수영과 무술 대회에 참가해서 활약했다. 그녀는 이런 인생 경험과 스포츠 활동을 하면서 느낀 활력에 의지해 자신의 인내력과 경쟁심을 새삼 확인했고, 이것이 그녀를 압도하는 감각을 극복하는 데 도움이 됐다. 그 덕에 키에라는 다시 글쓰기 작업으로 돌아가 논문을 완성할 수 있었다. 어렵고 힘든 일을 견뎌냈던 자신의 능력에 대한 기억을 통해 활기를 되찾은 것이다.

이런 과거 경험이 없는 사람들을 위해, 내가 좋아하는 메리 모리시의 교육 관련 이야기를 들려주겠다.[13] 걸음마를 처음 배우던 때를 기억하는가? 아마 대부분 기억하지 못할 것이다. 하지만 균형을 익히고 다리 움직임을 조정하는 방법을 배우기까지 수없이 넘어진 끝에 마침내 자기 힘으로 여기저기 돌아다닐 수 있게 된 것이다. 그렇게 계속 넘어지면서도 일어나서 다시 시도하는 멋진 모습을 보인 덕이다. 그때 당신은 단 한 번도 '난 아무래도 걸을 수 있는 사람이 아닌 것 같아'라고 생각한 적이 없다! 대신, 걷는 법을 배울 때까지 계속해서 다시 일어나 그 일에 매달렸다. 어떻게든 걷겠다던 그때의 결심을 당신 인생의 다른 부분에 활용할 수 있는 자원으로 생각하자. 당신은 지금보다 더 훌륭한 사람이 될 운명을 타고났다.

⧗

열 번째 기록: 모험심과 경쟁심, 인내심

아무리 넘어져도 다시 일어났던 유아기 그리고 호기심과 모험심, 위험 감수 능력, 강인함, 경쟁심, 절대 포기하지 않는 태도를 드러냈던 당신의 정체성은 무엇이었는가? 자신이 완수한 중요한 도전

과제나 활동을 생각해보자. 그 기억에 접근해서 당시 느꼈던 걸 다시 경험해보자. 그 모습에 관해 쓰면서 당시 자신에게 있었던 최고의 특징도 기록하자. 어떻게 인내하면서 회복력을 발휘할 수 있었는가? 지금 앞으로 나아가기 위해 그런 강점과 태도, 특징을 어떻게 활용할 수 있을까?

실패, 위험 감수, 벽에 부딪힌 듯한 기분, 완벽주의의 재구성

실패 자체 그리고 실패를 어떻게 생각해야 하는지에 관한 글이 많은데, 이는 특히 인생에서 원하는 바를 이루는 것과 관련이 있다. 사업과 자기계발 분야에서 유명한 전문 강사 겸 트레이너인 브라이언 트레이시는 "성공하고 싶으면 최대한 일찍 실패해야 한다"라고 말한다. 그도 성공과 동기에 관해서 얘기하는 수많은 이들처럼, 실패도 실수에 가까우며 거기서 교훈도 얻을 수 있다는 건 알고 있다. 즉 실패는 배움의 기회다.

하지만 사람들은 실패에 대한 두려움 때문에 목표를 세우고 추구하다가 도중에 그만두는 경우가 종종 있다. 이 두려움, 좀더 정확하게 말해서 불안감은 진짜 몸으로 느껴지는 공포나 불안이라기보다 자신의 취약함을 느끼는 바람에 생겨난 불편한 기분이다. 뭔가를 이루지도 완성하지도 못한 사람들의 입에서 나오는 말이 "나 실패했어"에서 "나는 실패자야"라고 바뀌면 이런 불편함이 훨씬 강해진다.

이런 말은 여러 가지 차원에서 문제가 있다. 우선 '두려움'이라는 말을 오용하기 때문이다. 아마 십중팔구 임박한 위험이나 위협은 없을 것이다. 또 누군가가 하는 말이 "나 실패했어"에서 "나는 실패자야"로 바뀔 때, 그 사람은 잘못된 생각이나 부정적인 감정 지수, 감정 회피 편향, 혹독한 자기비판 등에 사로잡혀 있는 것이다. '나쁜' 행동은 '나쁜' 자아와는 다르다. 이로 인해 생기는 가장 흔한 결과는 기분이 나빠지고 계획했던 일을 포기하게 된다는 것이다. 이런 사고방식은 자신감과 회복력을 기를 가능성을 제한한다.

아주 간단히 말하자면 실패는 일반적으로 우리가 성취하려고 계획한 걸 달성하지 못한 것으로 이해할 수 있다. 그런데 목표를 달성하려는 첫 번째 시도가 효과가 없으면 그 지점에서 중단하는 이들이 많다. 따라서 실패의 정의를 다시 내려서, 목표를 이루기 위한 첫 번째 도전에서 원하던 일을 이루지 못한 거라고 말할 수도 있다.

그러나 첫 번째 정의와 두 번째 정의 모두 실패의 본질을 제대로 파악하진 못했다. 우리가 실패를 우려하는(또는 두려워하는) 이유는 목표를 달성하기 위해 취해야 하는 행동 때문이 아니라, 위험을 무릅썼는데도 원하지 않는 결과를 얻어 불쾌한 감정이 생길지도 모르기 때문이다. 나는 실패란 성취하고자 했던 일을 성취하지 못했을 때, 특히 첫 번째 도전에서 성공하지 못했을 때 생기는 불쾌한 감정을 '참아야 하는 괴로움'이라고 생각한다. 성공하지 못했을 때 생기는 감정을 마주하고 싶지 않기 때문에 시도를 포기하는 것이다. 결국 여덟 가지 불쾌한 감정을 견디는 어려움으로 다시 돌아가게 된다.

불안감 극복하기나 당당하게 말하기 같은 도전을 할 때처럼 로젠버그 리셋을 사용해 90초간 불쾌한 감정의 파도를 타자. 리셋을 사용할 때마다 자신이 유능하고 회복력이 강한 사람이라는 생각이 커질 것이다.

어떤 영역에서 어떤 꿈을 꾸건, 성공으로 가는 길은 실패와도 연결되어 있다. 실망과 좌절감을 전진과 성장의 지표로 여기면서 계속해서 긍정적으로 재구성하는 것은 우리 각자의 몫이다.

좌절과 상실의 시기가 성장을 촉진할 수 있다. 역경이 극복할 수 없는 장애물이 아니라 긍정적인 도전이라는 관점을 유지하면, 문제에 더 유연하게 대처하고 역경에 잘 대비하고 그 경험을 통해 더 많은 걸 배우며 성장할 수 있다.

이런 재구성이 중요한 이유는, 어려움을 기회가 아닌 위협으로 여기면 사건이나 상황이 더 오래 지속되고 그 상황을 겪은 개인이 이런 경험 때문에 부정적인 영향을 받을 가능성이 크기 때문이다.

원하지 않은 결과에 대한 불쾌한 감정에 잘 대처해서 자신감과 정서적 회복력을 키우면 실패도 효율적으로 극복할 수 있다. 슬픔, 수치심, 무력감, 분노, 당혹감, 실망, 좌절, 취약성에 대처하는 능력을 키우면 실패가 발목을 잡을 거라는 걱정 없이 인생에서 원하는 모든 것을 추구할 수 있다.

위험을 감수하거나 살면서 생기는 여러 가지 사건 때문에 느끼는 벽에 부딪힌 듯한 기분 또는 무력감을 극복하는 개인의 능력도 이와 비슷한 방식으로 기능한다. 위험을 감수할 경우 원치 않은 결과나 견디기 힘든 감정을 초래할 수 있다는 이유로 위험을 피하는 이들이 많다. 생각해보면 위험 감수와 끈기는 분노, 실망, 좌절에 맞서는 능력을 나타낸다. 불쾌한 감정에 대처하는 능력은 꿈을 추구하고, 행동을 개시하며, 위험을 감수함으로써 결국 원하는 목표에 도달할 때까지 끈질기게 노력하는 능력의 핵심이다. 열심히 노력하면서 상처입을 위험까지 무릅쓰겠다는 의지는 우리가 좌절을 딛고 일어설 수 있게 해주는 개인적인 특징 중 하나다. 장애물이 눈앞에 있을 때조차 모든 걸 학습 기회로 여기는 능력도 마찬가지다. 원하는 대로 되지 않는 일은 나중에 좋은 얘깃거리가 된다는 사실을 나는 일찌감치 깨달았다. 그 깨달음 덕분에 어떤 일을 추구하든 포기하지 않고 끝까지 버틸 수 있었다.

완벽주의도 실패를 두려워하고 벽에 부딪힌 듯한 기분을 느낀다는 점에서는 비슷하다. 완벽해지고 싶어 하거나 자신이 완벽주의자라고 말하는 사람은 많지만, 완벽하다는 게 뭘 뜻하느냐고 물었을 때 그 생김새나 소리, 감촉을 제대로 설명하는 사람은 없다. 제대로 정의되지 않은 비정형적인 이상을 추구하는 것이다. 자기 꼬리를 잡으려 뱅뱅 도는 강아지를 생각해보라. 그 강아지는 영원히 자기 꼬리를 잡을 수 없을 것이다. 완벽을 추구하려는 시도는 슬프거나, 화가 나거나, 실망하거나, 좌절하거나, 당황하지 않기 위한 노력에 불과하다. 하지만 완벽 대신 숙달이나 탁월함을 추구한다면? 또는 단지 최선을 다하는 것에 초점을 맞춘다면? 그래서 최고보다 더 좋은 결과를 얻는 걸 목표로 한다면?

실험하자. 탐구하자. 호기심을 품자. 취약함과 당혹스러움을 기꺼이 받아들이고 필요하면 도움을 청하자. 조금 더 위험을 무릅쓰자. 어떤 일이 벌어지는지 보자. 원하는 것을 좇자. 그리고 절대 멈추지 말자.

정서적 회복력은 당신이 원하는 삶을 적극적으로 만들고 꾸려가는 데 어떻게 도움을 줄 수 있을까? 가장 견디기 힘든 감정과 조화를 이루면서 살아가다 보면, 어떤 행동을 통해 어떤 결과가 나와도 다시 회복할 수 있다는 걸 알게 된다. 이런 특성은 당신이 원하는 번창하는 삶, 자신이 직접 설계한 삶을 만들어가고자 하는 노력에 힘을 보태주는 필수적인 연료다.

변성

과학자이자 강사, 작가인 조 디스펜자 박사는 인간은 시간이 흐르면서 의식화된 많은 행동 패턴과 일체화되어 자신이 생각하는 대로 느끼고, 느끼는 대로 생각한다고 주장한다. 일테면 아침에 일어나자마자 씻는 습관이 그렇다. 그런 일들을 너무 자주 한 탓에 습관의 존재로서 살아가게 됐다. 하지만 성장과 변화를 이루려면 지금 느끼는 기분에 따른 생각이 아니라 제대로 된 생각이 필요하다.[14] 현재의 자기 모습이 아니라 미래에 되고 싶은 모습을 상상해야 한다는 얘기다. 그래야 현재의 모습을 대표하는 오랫동안 굳어진 행동 양식을 깨뜨릴 수 있다.

당신은 지금의 자신을 이루는 감정과 습관, 지금까지 살아온 방식과 행동해온 방식이 익숙하고 편안하겠지만 여기에 자신을 단단히 고정하고 싶진 않을 것이다. 잠시 시간을 내서 자신이 어떤 사람이었는지 생각해보자. 자신의 감정을 피하고 부정적인 생각에 빠졌던 사람인가? 그렇다면 좋든 나쁘든 지금의 자기 모습에 익숙해져서 편안하게 느껴질 것이다. 그게 당신이 구현한 자신의 모습이다. 뇌 발화 패턴 하나하나까지 말이다.

당신은 과거를 몇 번이나 반복하는 습관을 지닌 상태로 계속 남고 싶은가? 만약 그렇지 않다면, 기쁜 소식이 있다. 새로운 생각과 감정, 행동이 기본적으로 새로운 모습을 얻게 해준다는 것이다. 과거에서 벗어나 번창하는 자신이 될 수 있다.

디스펜자의 설명처럼 뇌의 언어인 생각과 몸의 언어인 감정을 느낄 수 있다면,[15] 생각을 바꾸고 감정을 느끼거나 표현하는 방식을 바꾸는 것이 새로운 자신을 조각하는 데 매우 중요하다. 새로운 생각을 떠올리고, 새로운 감정을 느끼고, 새로운 행동과 경험에 참여해야 한다. 처음에는 새로운 선택이 낯설고 불편하게 느껴질 것이다. 하지만 자신의 진심을 경험하고 표현하면서 낡고 부정적인 생각과 잘못된 사고 패턴을 제압하면 새로운 존재가 탄생할 것이다.

자신감은 마음속의 믿음과 신체적인 경험이 한데 엮일 때 반복적인 생각과 행동, 감정을 통해서만 생길 수 있는 체화된 경험이다. 당신이 감정적으로 깊은 자신감을 느끼는 건, 말 그대로 자기 몸에서 '기분 좋은' 느낌이 들기 때문이다. 자신감은 곧 '할 수 있다'는 기분이다.

이제 '할 수 있다'는 기분의 다음 단계, 당신이 번창하도록 도와주는 단계로 넘어가 보자.

도움을 청하기가 더 쉬워진다

다른 사람에게 기대거나 도움을 청하고 싶지 않다고 말하는 사람들이 많다. 지기 문제로 다른 사람에게 부담을 주고 싶지 않아서이기도 하고, 요청한 도움이 받아들여지지 않았을 때 실망하고 싶지 않아서이기도 하다. 당신은 이런 기분을 얼마나 자주 느끼는가?

역설적으로 들릴지도 모르지만, 흔히 강인함의 상징으로 여겨지는 미군은 감정과 취약성 문제에 대처하는 동시에 도움을 요청하는 게 얼마나 중요한지에 관해 중요한 시사점을 제공한다. 기획자와 전략가들은 새로운 지역에서 군사작전을 시작할 때마다 모든 취약점과 약점을 고려한다. 알려진 위협에 대처할 준비가 되어 있지 않은 지역이 있다는 게 파악되면, 기존의 자원과 병력을 보충하기 위한 지원책을 마련한다. 추가적인 지원을 위해 기술자, 위기대응팀, 특수부대, 정찰팀, 보병을 지원할 수도 있다. 참 흥미롭지 않은가? 미군은 부족한 부분을 확인하고 '취약성'을 인정하는 행위 덕에 아주 강해질 수 있었지만, 이는 그런 잠재적 취약성을 해결하기 위한 조치를 취하는 경우에만 가능한 일이다.

이건 당신에게도 해당한다. 성장을 향해 나아갈 때도 다음과 같은 세 가지 진리를 명심해야 한다.

- 도움을 청하는 건 남에게 부담을 지우는 게 아니다.
- 도움을 요청하면 지금보다 더 강해지고 감정적 자원도 늘어난다.
- 도움을 청하는 건 상대방을 칭찬하는 것이므로, 친구들은 당신과 당신의 우정을 더 높이 평가하게 될 것이다.

잠시 역할을 바꿔서 생각해보자. 누군가가 당신에게 조언을 구한 적이 있는가? 그런 요청을 받았을 때 어떤 감정이 들던가? 자신이 인기가 많다는 기분이 들었는가? 자신의 의견이 중요하다고 느꼈는가? 상대방이 당신을 중요하게 여기는 것 같았는가? 존경받는 기분이었는가?

누군가를 돕거나(이사를 돕거나, 아이들을 돌봐주거나, 심부름을 하는 등) 지도 또는 조언을 했을 때 그와 더 가까워진 기분이 들었는가? 도움을 요청받았을 때의 경험이 전반적으로 긍정적이었다면 친구나 가족이 자기를 신뢰한다는 게 칭찬으로 느껴졌을 것이다. 이렇듯 남에게 도와달라는 말을 들으면 자신의 가치와 우정의 가치가 높아진다.

도움을 요청하는 건 상대방 입장에서 볼 때 칭찬이다. 이런 관점을 유지하면 자신에게 정말 필요한 걸 부탁할 수 있다. 부탁은 상대에게 부담을 주는 게 아니라, 오히려 상대방의 중요성을 인정하는 것이다. 도움을 요청하면 더 많은 자원을 활용할 수 있을 뿐만 아니라 그 상대와의 관계도 깊어진다.

열한 번째 기록: 도움 요청

자신의 필요와 한계를 알고 있는가? 필요할 때 도움을 청하는가? 다른 사람의 도움을 받는다는 게 어떤 느낌인가? 도움을 청했을 때, 그것이 관계의 질을 어떻게 변화시켰는가? 도움을 받으면 분명히 이득이 될 텐데 도움을 청하지 않는 것에 대해 어떻게 생각하는가? 정말 필요한 도움을 얻기 위해 앞으로 어떤 점을 다르게 할 것인가?

도움을 요청하는 건 자신의 취약성을 감정적인 힘과 자신감으로 바꾸는 방법이다. 지금까지는 우리 본성의 의존적이고 취약한 부분에 관해 얘기했으니, 이제 신뢰와 정서적인 힘의 관계를 살펴보자.

신뢰의 재구성

대부분 사람은 신뢰를 경험 또는 사람들을 결합시키는 것이라고 생각한다. 이런 생각은 "그 사람은 정말 믿음직해", "그가 하는 말은 하나도 못 믿겠어", "그 사람을 믿을 수 있을지 잘 모르겠어", "난 그를 믿지 않아" 같은 말을 통해 종종 드러난다.

여기서 두 가지를 이야기하고 싶다. 첫째, 나는 신뢰란 당신 내면의 경험이며 당신과 다른 사람 사이의 감정이라기보다 당신 자신과 더 관련이 있다고 생각한다. 다시 말해 당신이 다른 사람을 믿느냐 마느냐 하는 문제가 아니라, 상황이 잘 풀리지 않았을 때 자신이 그 상황에 잘 대처할 수 있다고 믿느냐 아니냐의 문제라는 뜻이다. 자신을 믿는다는 건 어떤 일이 원하는 대로 되지 않았을 때 그로 인해 발생한 감정에 잘 대처할 수 있음을 알고 있다는 뜻이다. 즉, 신뢰는 자신에 대한 자신감과 자신이 원래 유능하고 회복력이 뛰어난 사람이라는 걸 아는 것과 관계가 있다.

둘째, '신뢰'라는 단어를 '믿음'으로 바꾸면 어떤 일이 벌어지는지 주목하자. "나는 그를 신뢰하지 않는다"라는 말이 "나는 그를 믿지 않는다"가 된다. 단순히 단어를 바꾸기만 해도, 그 단어의 진짜 의미에 따라 아까와는 전혀 다른 본능적인 반응이 유발된다. 따라서 자신을 신뢰한다는 것은, 자신이 유능하고 자원이 풍부하며 자신감 있고 회복력이 뛰어나다고 믿는다는 뜻으로 해석할 수 있다.

그렇다면 어떻게 해야 자신을 진정으로 믿을 수 있을까?

1. 타인에게 어떤 평가를 받는지와 관련된 격려와 강화를 경험한
   다. 최선의 상황에서는 이런 경험이 일찍 시작되고 평생토록
   지속된다. 당신이 여기 존재한다는 사실 자체를 높이 평가하
   고, 다른 사람들이 당신의 '존재'를 통해 느끼는 기쁨과 즐거
   움이 자신을 자랑스럽게 여기는 데 도움이 된다. 물론 이런 일
   이 항상 일어나는 건 아니며, 때로는 이전 장에서 살펴본 비탄
   으로 이어지기도 한다.

2. 지식을 통달하거나 지식을 바탕으로 한 전문 분야를 발전시킨
   다. 독서나 공부는 한 가지 이상의 영역이나 분야에 대한 심층
   적인 지식과 전문 기술을 키우고 발전시키는 데 도움이 된다.
   역량을 기우면 자신감이 커진다. 이는 긍정적인 성장을 이끄
   는 지속적인 순환 과정이다.

3. 가능한 한 많은 순간의 경험을 온전히 받아들인다. 여덟 가
   지 불쾌한 감정을 인식하고 인정하고 경험하고 신뢰하라는
   얘기다. 고통을 향해 나아가고 원하는 대로 풀리지 않은 일
   로 인해서 생긴 감정에 잘 대처하면 감정적인 힘을 기를 수
   있다.

4. 자신을 표현한다. 말하는 행동 자체가 당신을 변화시킨다. 자
   신의 생각, 감정, 신념, 가치관, 걱정, 꿈에 자유롭고 진실한 목

소리를 부여함으로써 자신감을 키울 수 있고 이를 통해 자신을 더 잘 알게 된다. 긍정적이고 친절하며 선의가 깃든 마음으로 진심을 말하자.

5. 행동을 취한다. 행동을 취하거나 위험을 감수하면서 자신감을 키운다. 행동 자체가 자신감을 키우는 데 도움이 된다. 많은 자기계발 멘토들의 말처럼, 꿈을 이루거나 목표를 달성하는 게 중요한 것이 아니라 그 과정에서 당신이 어떤 사람이 되는지가 중요하다.

6. 칭찬을 온전히 받아들인다. 칭찬과 인정을 온전히 흡수해서 자신의 존재와 통합하여 최고의 자질과 속성을 '자아감'의 일부로 완전히 정착시킨다.

자신감은 시간이 지나면서 점차 커지지만, 자신에 대한 인식이 바뀌는 경험은 당신이 예상하는 것보다 더 빠르고 쉽게 일어날 수 있다. 자신이 인생에 더 효과적으로 대처할 수 있다고 믿도록 도와주는 것은 무엇일까? 자신이 감정적으로 강하다는 믿음을 토대로, 말을 하고 행동을 취하고 칭찬을 받아들여야 한다. 마지막으로, 칭찬이 자신감을 쌓고 유지하는 과정에서 하는 중요한 역할을 이해하자.

칭찬의 힘

칭찬은 여러 가지 면에서 혹독한 자기비판의 정반대에 위치한다. 혹독한 자기비판은 정신력을 고갈시키지만, 칭찬은 정신력을 보충해 준다. 문제는 혹독한 자기비판이 칭찬이 보충할 수 있는 것보다 훨씬 많은 정신력을 앗아가므로 격차가 점점 벌어지게 된다는 것이다. 따라서 당신이 지나치게 자기비판적이고 칭찬을 받아들이지 않는 사람이라면 순식간에 큰 문제가 되며, 이는 자신을 영적 우울증의 길로 밀어 넣는 패배 전략이라고 할 수 있다. 비유적으로 말해 혹독한 자기비판은 자원을 대체할 방법도 없는 상태에서 에너지 샘을 고갈시키는 것이나 마찬가지다. 그러면 혼자라고 느끼거나, 불안해지거나, 취약하다는 기분이 들거나, 녹초가 된 듯한 기분을 느끼게 된다. 칭찬을 진정으로 받아들이는 것은 자신감을 키우고 진실하게 살면서 원하는 삶을 설계하는 데 중심적인 역할을 한다.

타인의 칭찬 수용 vs. 거부

당신은 칭찬을 받자마자 평가절하하거나, 일축하거나, 발뺌하거나, 무시하면서 거절하는 편인가? 진심 어린 칭찬을 받았을 때, 왜 그 사람이 당신을 칭찬하는 건지 의문을 품은 적이 있는가? 자기는 칭찬을 듣거나 인정을 받을 자격이 없다고 생각하는가? 아니면, 사람들이 그저 착한 척하거나 당신에게 뭔가를 얻기 위해서 칭찬을 하는 거라고 여기면서 그들의 진정성에 의문을 제기하는가?

어쩌면 그냥 칭찬을 믿지 않는 것뿐일지도 모른다. 아마 당신은 이렇게 생각했을 것이다. '그래, 하지만 진짜 나를 안다면 저런 말은 절대 하지 않을 거야.' 어떤 사람에게는 이런 반응이 제2의 천성에 가까울 정도인데, 칭찬을 받아들이지 않았을 때 생기는 진짜 단점이 있다. 칭찬을 무시하거나 거절하면 자신의 낡은 인생 스토리에 얽매이게 된다는 것이다. 그러면 종종 자신의 자신감과 회복탄력성, 진실성을 손상시키는 생각, 감정, 기억, 패턴 등을 다시 경험하게 된다.

칭찬을 받아들이는 게 왜 그리 어려울까

사람들은 진정한 칭찬을 받아들이기 힘들어하거나 그냥 받아들이지 않는 쪽을 택한다. 여기에는 여러 가지 이유가 있다. 다음 목록에서 당신이 생각하는 이유와 일치하는 것이 있는지 확인해보자.

칭찬 차단기 Compliment Blockers™

☐ 어릴 때 너무 자만하게 된다거나, 잘난 척하게 된다거나, 이기적인 사람이 될 수도 있으니 칭찬을 곧이곧대로 받아들여서는 안 된다는 말을 반복적으로 들었다.

☐ 자라는 동안 자부심을 가지는 것보다는 겸손해지는 편이 낫다는 말을 들었다. 이때의 '자부심'은 부정적이고 매력적이지 않

은 것이다.

☐ 칭찬을 받아들이면 오만함, 우쭐대는 버릇, 자만심 같은 게 생긴다고 여기기 때문에 칭찬을 일축한다.

☐ 칭찬을 받으면 무슨 말을 하고 어떤 행동을 해야 할지 모르겠어서 칭찬을 거절한다.

☐ 칭찬을 받아들이는 건 어릴 때 배운 문화적·민족적 신념에 어긋나는 일이다.

☐ '너는 칭찬받을 가치가 없는 사람'이라는 말을 들었다.

☐ 관심의 초점이 되는 걸 좋아하지 않으며 다른 사람들이 주목하면 당황한다.

☐ 자신이 거짓 칭찬을 하기 때문에 남들도 그럴 거라고 생각한다. 결과적으로, 다른 사람들의 칭찬을 믿지 못하게 됐다.

☐ 칭찬을 받으면 묵살하리고 배웠고, 그래서 자신에 대한 모든 칭찬은 거짓이라고 생각한다.

☐ 자기는 그렇게 친절한 말과 응대를 받을 자격이 없다고 생각한다.

☐ 자신이 매력적이고 숙련되고 재능 있는 사람이라는 걸 알지만, 자신이 이를 의식한다는 걸 남들에게 알리고 싶지 않다. 그래서 무심한 척하거나 남들과 경쟁하지 않는 척한다.

☐ 자신을 계속 과소평가하고 취약하다는 기분을 느끼거나 비판에 노출되는 일이 없도록 칭찬을 무시한다. 이 때문에 최고의

잠재력을 발휘하지 못하더라도 '안전책을 강구'하는 편을 택한다.

☐ 자신에 대해 믿어야 하는 것을 선택적으로 받아들이고 혹독한 자기비판이 더 낫다고 믿기 때문에 남들의 칭찬은 무시한다.

☐ 자기는 '부족한' 인간이고, 스스로 정한 완벽한 기준에 도달하지 못했으며, 지금보다 더 잘할 수 있다고 여기면서 어떻게든 완벽한 모습을 보이려고 하기 때문에 칭찬을 무시하거나 일축한다. 이렇게 해서 현재의 진행 수준이나 숙달도에 대한 실망감을 피해 간다.

☐ 칭찬은 당신이 자신을 바라보는 방식에 부합하지 않는다. 따라서 그 말을 믿을 수 없다(이게 칭찬을 무시하는 가장 일반적인 이유일 수 있다).

자신이 받은 칭찬을 믿으려면 어떻게 해야 할까?

당신이 들은 칭찬은 사실 당신이나 당신이 한 일을 진실하고 정확하게 반영한 것일 수 있다. 문제는 당신이 그 칭찬이 자신의 현재 이미지와 맞지 않는다고 여긴다면, 아무도 이를 믿으라고 강요할 수 없다는 것이다. 당신이 늘 침묵을 지키면서 진심을 말하는 걸 거부하고 다른 사람들이 자기의 진짜 모습을 알지 못하게 가로막는다면, 정직함과 진실성이 결여된 탓에 '그래, 하지만 진짜 나를 안다면 저런 말은 절대 하지 않을 거야'라는 반응이 나오는 것이다. 당신은 다른 사람들로부터 진정한 자신을 숨기는 패턴을 만들어냈고, 이로 인해 다른 이들이 나를 어떻게 생각하는지 정확하게 가늠할 수 없고 그들의 반응이 믿을 만하다는 것도 알지 못한다. 이 모든 것은 당신이 당당하게 말하기 시작해야만 바뀐다.

자신이 받은 칭찬이 뜬금없고 독단적이며 아닌 밤중에 홍두깨 격으로 튀어나온 것처럼 반응하는 사람들이 많다. 하지만 사실 대부분의 칭찬은 난데없이 튀어나오는 게 아니며 당신과 무관하지도 않다. 당신이나 당신이 한 행동의 어떤 부분이, 지금 그렇게 받아들이기 힘들어하는 칭찬의 밑바탕이 된 생각을 촉발한 것이다. 칭찬의 본질에 대한 생각을 바꿔서 칭찬이 당신의 삶에 안겨주는 에너지, 경험, 관계, 가치를 받아들이고 제대로 흡수하는 게 중요하다.

다른 사람의 긍정적인 피드백을 흡수하는 건 90초 접근법의 필수적인 부분이다. 칭찬을 통해서 새로운 정보를 얻는 건 소프트웨어를 최신 버전으로 업데이트하는 것과 같다. 칭찬을 단칼에 거절하지 않고 제대로 흡수해서 자신과 통합하면, 자아상이 새롭게 업데이트될 뿐만 아니라 더욱 진실하게 살 수 있고 자신감도 더 강해진다.

그래픽 디자인 회사의 파트너로 일하는 서른세 살의 질리언은 학창 시절 내내 밝고 헌신적인 학생이었지만, 자신이 이룬 모든 것을 위해 정말 열심히 노력해야 했다고 말했다. 그녀는 자신이 진짜 창의적이거나 영특하다고 생각해본 적이 없으며, 눈에 띄는 지성과 독특한 세계관을 지녔으면서도 가면 증후군에 시달렸다. 디자인 공부를 시작한 뒤로 동료들이 그녀의 창의성과 총명함을 자주 언급했다. 또 직업적으로 작품을 발표한 후에는 친구, 고객, 동료들에게 "정말 창의적이고 독특한 관점이네!"라는 반응을 자주 접했다.

질리언과 상담을 하면서 그녀가 지금까지 받은 칭찬과 긍정적인 피드백을 얼마나 철저하게 무시했는지, 또 칭찬을 거절한 탓에 자기 자신은 물론 자신의 직업적 가치와 관련해 얼마나 낮은 인식에 갇혀 있었는지를 깨닫게 해줬다. 질리언은 이미 해당 분야에서 뛰어난 전문가임에도, 아직도 자신이 이제 막 일을 시작한 햇병아리인 것처럼 생각하고 있었다는 걸 깨달았다. 또 칭찬을 받아들이지 않은 탓에 생긴 감정적 긴장과 스스로 계속 압박을 가한 이유도 설명할 수 있었다. 질리언은 이런 칭찬이 자기 삶의 여러 측면에서 오랫동안 꾸준히 이어졌다는 사실에 기초하여, 마침내 남들의 칭찬을 기꺼이 듣고 받아들여서 자신을 바라보는 시선과 통합할 수 있게 됐다. 그녀는 자신이 사기꾼이라는 생각을 떨쳐버릴 수 있게 됐을 뿐만 아니라, 이제 자신이 창의적이고 영특하다는 것도 이해하게 됐다. 그 덕에 자신의 개인적·직업적인 선택에 더 자신감을 느끼게 됐다.

열두 번째 기록: 칭찬

지금까지 계속 밀쳐낸 칭찬은 어떤 내용이었는가? 사람들은 당신이 어떤 칭찬을 무시하거나 일축한다고 말하는가? 남들이 칭찬하는 자신의 모습을 직접 느낄 수 있다면 그게 당신의 자아감을 어떻게 변화시킬까?

당신은 계속 발전해서 지금보다 더 훌륭한 존재가 될 수 있으며, 또 그렇게 되기를 바라야 한다. 특히 자신의 목표를 정의하고 추구하려는 의지가 있다면 말이다. 어떤 사람이 되고 싶다는 꿈을 품어본 적이 있다면, 칭찬을 받아들이는 게 그 꿈을 이루기 위한 필수적인 요소라는 걸 알아야 한다. 그런 칭찬과 긍정적인 피드백을 받아들이면 자신이 가장 되고 싶은 사람이 되어가는 중이라고 믿을 수 있고, 자신이 이미 바라던 존재가 되어 살아가고 있다는 사실도 깨달을 수 있다. 그건 놀라운 인식의 순간이자 자신감 측면에서 커다란 진전이다. 또 자신을 편안하게 받아들이고 있음을 실감하는 전환점이기도 하다.

칭찬 받아들이기

1. 조용히 앉을 곳을 찾는다. 양손을 벌려서 새끼손가락끼리 서로 맞닿게 하고, 양팔은 바깥쪽으로 벌린다(책을 펼쳐서 읽고 있

는 것 같은 자세). 이 자세에서 양 손바닥을 본다.

2. 먼저 중심을 잡기 위해 심호흡을 몇 번 한다. 이제 사람들이 당신에게 얘기한 긍정적인 말들을 생각한다. 최근에 들은 이야기도 좋고 예전에 들은 이야기도 상관없다. 그 칭찬을 해준 사람이 가족, 친구, 동료, 동급생, 심지어 아이들이라도 괜찮다. 칭찬 하나하나에 대해 잠시 시간을 들여서 그 사람이 한 말을 생각하고 그 말을 진정으로 느껴보자. 긍정적인 단어가 나올 때마다 숨을 내쉬었다가 다시 깊게 들이쉰다. 그들이 한 말의 진실성을 직접 경험해보자.

3. 그 긍정적인 말과 기억을 손바닥 위에 하나씩 쌓아 올린다고 상상한다. 몇 개가 쌓이면 잠시 멈추고 천천히 깊은숨을 몇 번 들이쉬어 그 말을 몸속 깊숙이 받아들이면서 즐긴다. 준비가 되면, 양손을 가슴에 올리고 다시 한번 그들이 한 말의 충만함을 깊이 들이마신다.

4. 1~3의 과정을 몇 번 더 반복한다.

5. 앞으로도 이 과정을 계속 활용해서 자신이 받은 칭찬을 실제로 받아들이고 흡수할 수 있게 한다.

애정, 칭찬 받아들이기, 보살핌과 지원받기 등 자기와 인연이 없다고 생각했던 경험들을 이제 공개적으로 그리고 따뜻하게 받아들이

자. 독립성과 의존성을 경험하고 필요로 하는 것에 익숙해져야 한다. 이 기술을 계속 사용하면 자신이 유능해지고(자신과의 완벽한 연결) 자원이 풍부해진다는(다른 사람들과의 완벽한 연결) 것을 느낄 수 있고, 감정적인 힘도 증가할 것이다. 그리고 가장 되고 싶었던 사람이 되고 있음을 아는 기쁨도 누리게 된다.

한 단계 도약하기

로젠버그 리셋을 계속 사용하고, 당당하게 말하고, 행동을 취하고, 칭찬을 받아들이면 자신감이 높아진다. 여덟 가지 불쾌한 감정에 휩쓸리지 않고 경험하는 능력이 있으면 힘든 일이 닥쳐도 너끈히 맞설 수 있다는 기분이 든다. 동시에 취약성을 인정하고, 위험을 감수하며, 도움을 요청하고, 자기 꿈을 좇을 힘이 생긴다. 이렇듯 자신의 능력에 대한 인식이 고조되면 개인적인 성장에 따르는 모든 것의 토대가 마련된다.

도움이 필요하다는 사실을 열린 마음으로 받아들이고, 그렇게 하면 이점이 두 배가 된다는 걸 이해하자. 이용 가능한 자원이 더 많아졌다는 생각에 자신감이 커질 뿐만 아니라, 다른 사람에게 도움을 요청함으로써 그들을 칭찬하게 되는 것이다. 우리 본성의 의존적인 면은 그야말로 인간성의 표현이라고 할 수 있다. 다른 사람에게 도움을 요청하거나 가까이 다가가는 걸 스스로 허용하면, 성인기 내내 우리가 맺어왔고 또 매우 필요한 사회적 관계가 깊어진다. 배려하고 지지하고 애정이 담긴 관계는 우리가 살아가는 내내 건강을 증진해 준다.

다른 사람이 해주는 칭찬을 받아들이자. 앞서도 강조했듯이, 칭찬은 당신의 경험 수준을 높이고 자아상을 업데이트하는 데 도움이 된다. 또 당신이 진행하는 긍정적인 변화를 확고히 하고, 삶을 향상시키기 위해 당신이 취하는 조치들을 확인하고 긍정하게 해준다. 그러니 칭찬을 무시하지 말고 온전히 받아들이도록 노력하자. 자신이 기울인 노력과 수고의 증거를 무시한다면, 그런 노력의 타당성을 입증해봤자 무슨 소용이 있겠는가?

능력과 자원은 행복의 핵심적인 요소일 뿐만 아니라 회복력의 기반을 이룬다. 감정적인 힘을 이루는 이런 측면들이 잘 갖춰져 있으면, 인내심을 갖고 노력해 결국 좌절과 실망을 딛고 번창할 준비가 된 것이다. 풍부한 자원을 갖출 수 있으면 자신감과 회복력을 높여서 번창할 수 있다.

어떻게 하면
매일매일 더 나은 사람이 될 수 있을까?
당신이 되고 싶은 사람과
발휘하고 싶은 영향력을 상상해보자.

진정한 자아에
헌신할 수
있다

CHAPTER 10

이제 다시 원점으로 돌아왔다. 앞서 로젠버그 리셋을 배우고 연습했는데, 이 방법은 자신의 감정과 경험을 충실하게 받아들일 수 있도록 고안된 것이다. 감정을 피하지 않고 항상 의식하고 경험하겠다는 한 가지 선택을 통해 자신과 감정을 손쉽게 통합할 수 있었기를 바란다. 또 여덟 가지 불쾌한 감정이 당신의 자신감과 회복력, 진실성 뒤에 숨겨진 한 가닥 실이자 동인으로서 어떤 작용을 했는지 깨달았기를 바란다. 그리고 90초 접근법이 자신이 정말 힘든 감정에 대처할 수 있다는 사실을 인식하는 데 도움이 됐기를 바란다.

여덟 가지 불쾌한 감정 중 한 가지 이상에 대해 한 번 이상 90초 파도를 탈 수 있는 사람은 살면서 자신이 원하는 것은 무엇이든지 추구할 수 있다. 이는 더욱 온전하게 표현되고 더욱 생생하게 살아 있는 자신에게로 향하는 길이다. 그리고 우리는 지금 그곳에 와 있다. 여기에서는 몇 가지 남아 있는 요소들을 알아볼 텐데, 이는 당신이 원하는 삶을 만들어서 살아가는 데 필요한 힘을 실어주는 마지막 단계가 될 것이다. 이 단계를 마치면 당신은 내가 이 책 첫머리에서 언급했던 것 이상의 것들을 이룰 수 있다.

어떻게 하면 매일매일 더 나은 사람이 될 수 있을까? 다시 한번, 당신이 되고 싶은 사람과 발휘하고 싶은 영향력을 상상해보자. 그 비전에 따라 살아가기 시작하자. 그러면 앞날을 의도에 맞게 선택하면서 자신의 목표와 꿈을 향해 고무적인 행동을 취하게 될 것이다.

상상했던 영향력, 계획적인 선택, 탁월한 행동 이 세 가지 단계를 통해 목적과 의미가 가득한 삶으로 나아갈 수 있다.

영향력을 발휘하라

당신이 매일 선택한 '되고자 하는 인물'이, 시간이 흐른 뒤에 당신이 '될 수 있는 사람'으로 연결된다. 이제 당신을 방해했던 정신적 · 정서적 장애물에 맞서고, 과거의 낡은 이야기를 해방하고, 보다 중심 잡힌 자세로 평화로운 현재를 살아갈 수 있도록 힘을 실어줄 기회가 생겼으니 지금만큼 미래를 생각하기에 좋은 시간이 어디 있겠는가?

미래에 대한 꿈을 꾸고 그 꿈을 실현하는 것은, 이를 현실화하겠다는 명확한 목적이 있고 거기에 탁월한 행동이 뒤따라야만 가능한 일이다. 일상적인 노력이나 행동은 곧 습관으로 변한다. 그렇다, 노력은 언제나 우리 방정식의 일부다. 어떤 일이 실제로 일어나게 하려면 생각을 행동으로 옮겨야 한다.

의미 있는 인생 설계

사람들은 대부분 의미와 목적이 있는 삶, 내가 여기에 존재한다는 사실을 누군가가 알아차릴 수 있는 그런 영향력 있는 삶을 살고 싶어 한다. 그러면서도 일상생활의 조건과 환경, 상황에 얽매이는 일이 많다. 그러다 보니 자기 삶이 남들 눈에 어떻게 보이면 좋을지 의식적으로 생각하지 않고, 자신이 어떤 영향을 미치거나 유산을 남기게 될지도 충분히 고려하지 않는다.

⧗

열세 번째 기록: 인생 설계

인생 설계는 상상력에서 시작된다. 지금부터 3년 후의 인생을 상상해보라. 그리고 사진을 이용해서 꾸며보라. 당신의 삶은 어떤 모습인가? 무엇을 꿈꾸는가? 살면서 가지고 싶거나 창조하고 싶은 건 무엇인가?

비전 선언문은 대개 자신이 꿈꿨던 모든 것이 이미 실현된 것처럼 과거 시제로 쓴다. 3년 후 당신의 삶이 어떤 모습일지에 대해 1~2

페이지로 써보자. 자신이 보고, 듣고, 몸으로 느끼고, 감정적으로 느낀 것들을 나타내는 구체적인 이미지와 묘사적인 단어를 사용해서 글을 쓰자.[1]

당신은 어디에 살고 있는가? 직업은 무엇인가? 사생활은 어떤가? 어떤 취미나 의미 있는 일에 관여하고 있는가? 남의 친절에 어떻게 보답하는가?

또 자신에게 의미를 안겨주고 만족감과 성취감을 느끼게 하는 것들을 고려할 수도 있다.

이루어야 하는 임무가 있는가? 대의를 믿는가? 당신이 접하는 모든 삶을 바꿀 메시지가 있는가? 어떤 방법으로 남에게 봉사하는가? 어떤 유산을 남기고 싶은가?

미래를 꿈꿀 때 이 이미지를 사용하되, 그게 당신이 상상했던 것과 다른 방향으로 펼쳐지더라도 열린 마음으로 받아들여야 한다. 다시 말해, 세부 사항에 얽매이지 말라는 얘기다.

사람들은 뭔가에 기여하면서 삶의 목적과 의미를 발전시킨다. 자신이 기여하고 싶은 일은 어떻게 찾아야 할까? 먼저 자신이 열정을 품은 일, 기분이 좋아지는 일, 흥분되거나 기쁜 일, 시간 감각을 완전히 잃어버릴 정도로 푹 빠질 수 있는 일(흔히 '몰입' 상태라고 하는 경험)부터 생각해보자.[2] 당신이 이런 몰입감을 경험을 수 있는 분야가 하나 이상 있는가?

기회는 얼마든지 있다. 자원봉사, 적극적인 참여, 자선 기부 등을 통해 기여할 수 있다. 봉사하고 싶은 단체나 지지하는 임무 또는 대의가 있다면 거기에 집중하자. 특정한 지역사회나 인구집단을 지원하는 데 노력을 기울이겠는가? 아니면 바다나 열대 우림, 습지, 강, 호수 보호 같은 환경 쪽에 관심이 있을 수도 있다. 동물 구조나 예술 지원, 경제 발전을 촉진하는 분야도 생각해볼 만하다. 그 일이 다른 사람의 필요를 충족시켜주는 해결책이 될 수 있다고 생각하자.[3]

뇌를 대비시켜라

자신이 원하는 존재 방식을 의식의 가장 중요한 자리에 두고, 그 생각이 당신의 하루를 인도하게 해야 한다. 그러려면 우선 뇌가 그렇게 할 수 있도록 대비시킬 필요가 있다. 하루가 시작되고 끝날 때 최소 10분씩 성찰하는 시간을 갖자. 침대 옆에 메모지와 자신의 비전을 적은 종이를 놓아둔다.

아침 의식

1. 아침에 일어나면 메모지를 펼친다.
2. 감사하는 마음으로 하루를 시작한다. 감사하는 일을 최소 다섯 가지 이상 적는다.

3. 이어서 오늘 구현하고 싶은 가치나 특성을 세 가지 적는다. 어떤 사람이 되고, 어떤 모습을 보이고 싶은가?[4]

4. 목표를 정하자. 하루가 끝나기 전까지 어떤 일을 완료하고 싶은가? 완료하거나 달성할 일을 세 가지 정한다.[5]

5. 앞서 쓴 비전을 읽고, 정신적으로는 마치 그 비전이 이미 이루어진 것처럼 살아간다.[6]

저녁 의식

1. 밤이 되면 지난 하루를 되돌아본다.

2. 좀더 잘 대처할 수 있었던 순간들이 있는가? 그런 상황을 잘 생각해보고, 거기서 배울 수 있는 것을 확인하고, 머릿속으로 바람직한 대응 방식을 재현해본다.

3. 시간을 들여서 비전을 다시 읽고, 방금 쓴 내용에 다시 한번 몰두해보자.

4. 잘 해낸 일들을 적는다.[7]

5. 오늘 받은 인정이나 칭찬을 잠시 되돌아본다. 긍정적인 기억을 쌓아 올려 몸 안으로 흡수한다. 지금 자신이 가장 원하는 인물이 되어가고 있는지 자문해본다.

6. 감사하는 마음으로 하루를 끝낸다.

7. 매주, 매달, 매 분기, 매년 시간을 따로 정해 목표와 꿈을 검토

하거나 변경하면서 지금까지 무엇을 이뤘고 얼마나 발전했는지 살펴본다.

목적을 가져라

자신감을 키우는 방법 가운데 내가 중시하는 중요한 방법 몇 가지는 다음과 같다.

- 경험: 매순간의 경험을 최대한 많이 인식하고 접촉해야 한다. 이 개념을 달리 설명하자면 '자신이 아는 걸 제대로 인식하는' 것이고, 고통을 향해 나아가면서 여덟 가지 불편한 감정을 이겨내는 역량과 관련이 있다. 이는 삶의 모호함과 불확실성에 대처하는 데 도움이 된다. 여덟 가지 감정을 경험하고 극복하는 능력은 이 책 전체를 하나로 엮는 실이자, 회복력과 인내력을 뒷받침하는 힘이다. 경험의 진실을 받아들이는 것이 우리의 출발점이다.

- 표현: 표현한다는 것은 곧 자신의 진심을 말한다는 것이다. 진심을 말하면 자신을 더 잘 알게 될 뿐만 아니라, 자신감 면에서 엄청난 이익을 경험할 수 있다. 표현은 우리를 계속적인 상승 나선으로 이끌며, 그 상승을 통해 우리는 말을 더 많이 하

게 된다. 또한 말을 더 많이 함으로써 더 큰 자신감, 회복력, 진실성을 기르게 된다. 진심을 말하면 생각과 감정, 말이 서로 일치하고 자기 자신이나 다른 이들과 올바른 관계를 맺을 수 있다. 이것이 진실하게 사는 삶의 핵심이다. 보다 진실하게 살면 자연스럽게 자신에 대한 사랑이 싹트게 된다.

- 참여: 자신감을 기르는 세 번째 방법은 행동을 취하는 것이다. 다들 목표를 달성하기 위해 뭔가를 해야 한다는 건 알지만, 목표를 추구하길 꺼리는 이들이 많다. 말하기와 마찬가지로 행동도 자신감을 충전한 상태에서 위험을 감수하거나 행동을 취하는 게 아니다. 오히려 행동하는 과정에서 자신감이 키워진다. 노력은 현재 일이 진행되고 있고 곧 완료된다는 느낌을 주고, 시간이 지나면서 역량이 점점 커져 마침내 자기 일에 통달하게 된다. 위험을 감수할 때 불편한 감정에 편하게 대처하는 능력은, 일이 원하는 대로 되지 않았을 때 생기는 영향을 완화하고 회복력을 높일 수 있는 감정적 민첩성을 개발하는 데 도움이 된다.

자신의 모든 부분을 포용하기 시작할 때, 특히 여덟 가지 불쾌한 감정을 받아들이기 시작할 때 감정적인 힘과 자신감의 첫 번째 변화를 목격하게 된다. 그리고 자기 목소리로 진심을 말하면 더 큰 변화를 발견하게 된다. 이런 변화를 일으키기 위해서는 당당한 의견 표명이 필수적이며, 이는 자신감과 진실성 증가로 이어지고 곧 행동도 뒤따른다.

자신감을 키우는 방법

1. '용기'를 낸다.

   격려와 강화를 통해, 나는 나라는 이유만으로도 소중한 존재라는 걸 확인한다.

2. '전문 지식'을 개발한다.

   한 가지 이상의 분야나 영역에서 연구를 통해 지식을 습득한다.

3. 온전히 '경험'한다.

   여덟 가지 불편한 감정을 알아차리고 수용하고 신뢰하면, 자신의 모든 감정을 편안하게 받아들이면서 자신을 더욱 온전하게 느낄 수 있다.

4. 자신을 '표현'한다.

   긍정적이고 친절하며 선의가 깃든 태도로 진심을 말한다.

5. 대담하게 '참여'한다.

   자신이 원하는 걸 추구하면서 성장하기 위해 행동에 나서고 위험을 무릅쓴다.

6. '칭찬'을 받아들인다.

   칭찬을 받아들여서 자신과 통합하고, 칭찬이 자신에게 되돌아온다는 걸 인정한다. 칭찬을 있는 그대로 받아들이면 자신에 대한 관점을 새롭게 할 수 있다.

영감을 얻는다

자신과 '조화'를 이루자

변화와 성장은 거저 이루어지지 않는다. 노력이 필요하다. 자신이 생각하고 느끼고 필요로 하고 지각하는 것의 진실을 인정하는 연습을 꾸준히 반복하면, 그리고 진심을 말하면서 이와 같은 행동을 하면, 자연스럽게 진실에 따라 살아가는 방향으로 움직일 수 있다. 앞서 설명한 것처럼, 조화란 자신의 행동과 말이 일치하고 말과 행동이 자신의 생각·감정·믿음·가치관과 꾸준히 일치하는 것이다. 그러면 자신의 본래 모습 그대로 편안하게 살아갈 수 있다. 이는 우리가 열망하는 이상이자 최대한 온전하고 진실한 모습으로 현재를 살아가기 위해 매일 노력해야 하는 부분이기도 하다. 조화는 자신감과 감정적 힘, 진정성의 기반이다.

자신과 조화를 이룬 사람은 자발적이고 유연하며 삶의 유동성을 열린 태도로 받아들인다. 중심이 잘 잡혀 있고 현실에 기반을 둔 이런 사람들은 실질적인 삶을 살아가게 된다. 물론 조화로운 삶을 산다고 해서 힘든 시기를 겪지 않는 것은 아니다. 단지 불편한 상황을 더 빠르고 효과적으로 처리할 수 있다는 얘기다. 자신을 결점 있는 인간 또는 자격도 가치도 없는 인간으로 여기지 않고, 살면서 만나는 장애물과 여덟 가지 불쾌한 감정에 적절히 대처할 수 있다. 물론 이런 사건들 때문에 불쾌한 감정을 다시 겪게 되겠지만, '나쁜 감정 = 나쁜 자신'이라는 방정식에는 이별을 고할 수 있다. 조화의 자연스러운 결과물은 자신을 사랑하는 것이고, 이 사랑은 자신이 원하는 삶을 만들고 싶다는 욕망으로 발전한다.

끝까지 버티자: 성장 과정은 일직선으로 진행되지 않는다

성장을 향해 나아가면서 지금의 자신보다 더 나은 사람이 되고자 하는 것은 인간의 자연스러운 경향이다. 그러나 성장은 선형적인 과정이 아니다. 새로운 걸 배울 수도 있고, 과거를 바라보는 방식과 현재를 살아가는 방식, 미래에 살고자 하는 생활 방식을 단 한 순간에 바꿔놓는 심오한 통찰력이나 경험을 얻을 때도 있다. 가장 작고 단순한 통찰력이 당신이 생각하고 느끼고 행동하는 방식에 거대한 변화를 가져올 수도 있다.

리아나도 바로 그런 일을 경험했다. 30대 후반의 리아나는 최근 로젠버그 리셋을 연습할 기회가 있었는데, 그 뒤에 일어난 일들을 내게 자세히 알려줬다. 리아나의 남편이 그녀에게 전문가들이 교류하는 네트워킹 행사에 참석해보라고 권했는데, 그녀는 그 자리가 두려웠다. 리아나는 사교적인 상황에서 어색함을 느끼는 정도가 아주 심각했기에 가기가 꺼려졌다. 그래도 당시 로젠버그 리셋을 막 배웠기 때문에 이 개념을 네트워킹 행사에 적용해보기로 했다. 리아나는 자신이 사람들을 만나는 걸 왜 이렇게 꺼리는지 알아내기 위해, 90초 동안은 누구와도 어울릴 수 있고 어떤 느낌도 다 받아들일 수 있다고 판단하고는 행사에 참여해 여덟 가지 감정을 거쳐 두려움을 향해 나아가는 모습을 상상해봤다. 낯선 사람들과 잡담을 나누는 것의 어떤 부분이 그렇게 싫고 불편한 걸까? 무슨 일이 있었기에 그런 행사에 겁을 먹게 된 걸까?

리아나는 자신이 전반적으로 취약하다고 느끼고, 당혹감이 드는 걸 두려워하며, 다른 사람들이 자기를 사기꾼으로 여길까 봐 걱정한다는 걸 깨달았다. 그래서 자기는 그런 유의 모임에 참석할 자격이 없다고 생각하게 된 것이다.

그녀는 마침내 모임에 참석하기로 했다. 모임에서 잡담을 나누기도 하고 다른 참석자들에게 간단한 자기소개를 하기도 했다. 리아나는 리셋을 이용해 취약성과 당혹감이 밀려오게 한 뒤 그 감정의 파도를 탔는데, 처음에는 상상 속의 상황을 이용했다. 그러자 평소 같으면 그녀를 가로막았을 감정들이 약해졌다. 행사에 참석하기 전에 미리 그 감정들을 느껴봤기에, 그렇게 어려운 경험은 아니었다. 그리고 이런 사전 경험 덕분에 행사 중에 그런 감정이 밀어닥쳐도 스스로 감당할 수 있다는 걸 알았다. 리아나는 당시의 기분을 이렇게 표현했다.

"마치 얼음이 벌써 깨지기 시작했다는 걸 느낀 것 같은 기분이었어요."

행사 도중에 로젠버그 리셋을 사용할 때도 행사 전에 미리 연습했을 때만큼 효과가 좋았다. 리아나는 행사장에 도착하자, 자신이 그곳에 있을 가치가 있는 사람인 듯한 기분을 느꼈다고 말했다. 더는 다른 참석자들에게 자신의 가치를 증명해야 한다는 두려움에 사로잡히지 않았다. 리아나는 자신의 취약성을 인정한 덕분에 더욱 침착해져서 의미 있는 대화를 나눌 수 있었을 뿐만 아니라, 거기서 만난 사람들에게 제공할 정보가 있었던 덕에 더 자신감을 느낄 수 있었다.

행사가 끝난 후 남편한테 그렇게 사교적인 모습은 처음 봤다는 칭찬까지 들었다. 리아나는 이제 자신이 이런 비슷한 상황에 얼마든지 임할 수 있다는 걸 깨달았고, 심한 두려움을 느끼기는커녕 즐거운 마음으로 고대하게 됐다. 또 살면서 생기는 다른 다양한 상황에서도 이 접근법을 활용할 수 있다는 걸 알게 됐다. 그중에서도 가장 좋은 부분은 자신의 낡은 정체성에서 탈피해 예전과는 다르게 행동할 수 있게 된 거라고 그녀는 말했다.

"항상 되고 싶었던 사람이 될 수 있을 것만 같은 기분이 들었어요."

더 흥미로운 사실은 그녀가 리셋을 배운 지 겨우 이틀밖에 안 됐다는 것이다! 리아나는 이 하나의 상황에서 이 책에 담긴 모든 걸 경험한 셈이다. 나는 리셋을 이용해 아주 짧은 시간 안에 크나큰 변화를 이룬 사람들을 많이 안다. 당신에게도 그런 일이 일어날 수 있다.

그러나 모든 변화가 그렇게 빨리 나타나는 것은 아니며, 원하는 변화를 이루기 위해 오랫동안 많은 노력을 기울여야 할 때도 있다.

또 그러기 위해 특정한 사안이나 생각, 감정, 감각, 행동에 집중해야 할 수도 있다. 내가 설명한 전략을 꾸준히 활용하면 당신도 언젠가는 꿈꾸던 모습으로 변화할 수 있을 것이다. 뇌의 새로운 연결을 자극하고 새로운 신경 경로를 개발하기 위해 시간이 필요할지도 모른다. 따라서 가장 중요한 건 인내다.

어쩌면 정말 간직하고 싶은 자신의 어떤 부분이 바뀔까 봐 걱정할 수도 있을 것이다. 하지만 당신은 변하는 부분을 직접 제어할 수 있다. 무엇을 바꾸고 싶은가? 그대로 간직하고 싶은 것은 무엇인가? 어떤 목표를 달성하고 싶은가?

때로는 자신이 이미 공을 들인 어떤 측면이나 속성으로 되돌아가는 것처럼 느껴질 수도 있다. 그건 꽤 흔한 일이다. 당신에게도 그런 일이 일어난다면, 같은 문제를 다른 각도에서 그리고 더 깊은 수준에서 다루게 될 것이다. 자신의 변화를 계속 인식하자. 인생의 이런 패턴들에 주목하자. 패턴에 한 가지 변화가 생기면, 당신이 바라는 다른 여러 가지 변화로 이어질 수 있다. 고통스러운 문제나 걱정거리에 당당히 맞서면, 성장을 향해 나아가면서 자기 내면의 온전함을 경험하게 된다.

높은 가치 기준에 따른 생활

조화롭게 살아가겠다고 결심하면, 감정적인 힘을 경험하고 높은 수준의 자신감을 유지하는 데 필요한 기술이 향상된다. 타인과 깊은 관계를 맺고 자신이 속한 공동체나 사회에 기여하면서 자신이 알고 있는 걸 공유하면 하나의 원이 완성된다. 그리고 그 안에서 목적과 의미가 가득한 삶을 살아가게 된다.

하지만 정말 어떻게 해야 그 지점에 도달할 수 있을까? 우선 현재의 가치관과 앞으로 살아가면서 지키고 싶은 가치관이나 기준이 뭔지 명확히 밝히는 것부터 시작해야 한다. 이를 직업, 건강, 관계, 사업, 재정 상태 등 삶의 모든 측면을 위한 척도로 사용할 수 있다.

당신의 기준은 무엇인가? 다른 사람들과 어떤 식으로 상호작용하고 싶고, 그들이 당신을 어떻게 대해주길 바라는가? 세상에 어떤 모습을 보이고 싶은가? 어떤 사람이 되고 싶은가?

⏳

열네 번째 기록: 높은 가치 기준

자신을 정의하고 싶은 가치 · 특성 · 속성을 3~5개 정도 생각해보고, 다른 사람들이 다양한 맥락(가족, 직장, 사회)에서 당신을 어떻게 바라봐주기를 바라는지 정한다. 내가 '높은 가치 기준'이라고 부르는 범주에 속하는 특성, 즉 온화함, 친절함, 따뜻함, 공손함, 동정심, 인정, 관대함 등 그 본성상 무한히 존재하는 것을 택해야 한다. 그리고 날마다 그 특성을 구체적으로 표출해보자.

가치관에는 열망이 내포되어 있고 역동적이다. 우리는 가치관을 단단히 고수할 수 있지만, 때로는 이를 '자기 것으로 만들기' 위해 노력과 실천을 통해 가치관을 표현하고 구현해야 한다. 그래야 그 가치관이 실제로 존재하게 된다. 예를 들어 자신을 너그러운 사람으로 여기려면 실제로 자신의 시간, 돈, 도움을 너그럽게 나누면서 그 가치관을 구현해야 한다.

자신이 '어떤 기분을 느끼는 건' 다른 사람들 때문이며, 그로 인해 화를 내거나 방어적인 태도를 취하거나 상대를 비난하는 말 또는 행동을 하게 된다고 여기는 이들이 많다. 90초 파도를 타는 것 외에도, 자신의 중심을 유지한 상태에서 강렬한 감정과 반응을 경험하고 극복할 수 있는 또 다른 방법이 있다. 자신의 가치관이나 바람직한 자질을 이용해 화가 나거나 스트레스를 받는 상황에 대응하는 방식을 조절할 수 있다. 다시 말해, 자신에게 원하는 모습이나 다른 사람을 대하고자 하는 방식이 행동의 지표가 되는 것이다.

가치관은 자신을 규제하는 역할을 하면서, 자신이 되고자 하는 모습이 되도록 이끌어준다. 예를 들어 자신은 냉소적이고 비관적인 사람이라고 말했지만, 이제는 그런 기분을 좋아하지 않는다는 걸 깨달았고 자신의 태도와 발언이 다른 이들에게 미치는 영향을 알아차렸다고 해보자. 사람들은 냉소적인 당신과 함께 시간을 보내려고 하지 않는다. 변해야겠다고 결심했으면 먼저 냉소적이고 비관적으로 행동하는 '자신의 모습을 포착하고', 이를 의식적으로 개방적이고 낙관적인 태도로 바꿔야 한다. 연습을 많이 하면 할수록 그게 '당신의 본모습'이 되어간다. 그러면 그 후에 하는 경험들은 모두 이 새로운 사고방식을 통해 스며들 것이다.

내가 가장 중요하게 여기는 가치 중 하나는 친절이다. 몇 년 전 로스앤젤레스에서 운전을 하다가 교통체증에 걸렸다. 멈춰 서 있는 동안 뒤에 있던 차가 꽤 강하게 뒤 범퍼에 부딪혔다. 가장 먼저 느낀 감정은 분노와 짜증과 좌절이었다.

하지만 그 순간, 어떻게 반응할 것인지를 곰곰이 생각해봤다. 그 잠깐 사이에 내가 어떤 사람이 되고 싶은지, 그리고 나 자신을 어떻게 다스리고 싶은지 생각한 것이다. 나는 친절을 소중한 가치로 여기는 만큼, 뒤차 운전사에게 불쾌한 말을 내뱉어 내 기분을 거칠게 전하기보다는 차분한 태도로 내 반응을 시험해보기로 했다. 뒤차 운전자는 내 차를 일부러 박은 게 아닐 것이다. 이미 일어난 일은 그녀로서도 어쩔 수 없다. 이렇게 생각하니 굳이 적개심을 드러낼 필요가 없다는 걸 알게 됐다.

차에서 내려 범퍼가 손상된 정도를 확인하고 상대 운전자와 조용하고 체계적인 방법으로 보험 정보를 교환한 뒤 남은 하루를 계속 이어갔다. 다른 사람에게 부정적인 영향을 미치거나 내 하루를 망치지 않고도 남은 짜증을 혼자 처리할 수 있었다. 사건은 사건일 뿐, 그것 때문에 하루를 '엉망으로' 만들 필요는 없었다. 나는 친절이라는 가치관을 통해 내 반응을 걸러내기로 했다. 우리가 최고의 모습으로 살아가려면 올바른 인식, 계획적인 의사결정, 일상에서의 의식적인 행동이 필요하다.

앞으로는 당신이 하는 모든 말과 행동이 자신의 가치관을 반영하게 하자. 그러면 조화로운 모습을 보일 수 있다. 어떤 논쟁이나 상황에서도 이런 가치관이나 자질을 통해 일차로 걸러지지 않은 반응을 드러내서는 안 된다. 이 접근법은 자신의 행동과 타인에 대한 반응에서 완전한 자유를 제공한다. 방어적으로 행동하거나 '앙갚음'하거나 '응징'할 필요가 없으며, 자신의 좋은 면과 나쁜 면을 모두 드러낼 필요도 없고, 그 상황을 극복하지 못한 채 계속 갇혀 있게 만드는 다른 반응을 보이지 않아도 된다.

새로운 기술이 다 그렇듯이, 그것이 제2의 천성으로 자리 잡게 하려면 꾸준히 연습해야 한다. 노력과 생각을 별로 하지 않아도 거의 무의식적으로 그 가치관을 체현할 수 있을 때까지, 가치관에 따라 살아가는 연습을 하자. 원한다면 가치관을 한 번에 하나씩 골라서 일주일이나 한 달 동안 집중적으로 연습해서 숙달한 뒤, 다음 가치관으로 넘어가도 된다. 이 가치관 또는 자질을 완벽하게 받아들이면 어떤 것도 당신의 중심을 무너뜨릴 수 없다. 빠르고 가혹한 반응도 사라진다. 대신 중심이 잘 잡힌 확고하고 계획적인 대응이 그 자리를 대신할 것이다.

높은 가치 기준 그리드 Code of High Values Grid™

다음 그리드에서 당신이 계속 유지하고 싶은 가치관을 반영하는 특징 세 가지를 골라보자. 아니면 자신이 중요시하는 가치를 직접 적어도 된다. 앞으로 14일 동안 날마다 그 가치를 구체적으로 표현하는 방식으로 행동하자.

	지금의 나	내가 되고 싶은 사람	이 가치관을 구현하기 위해 해야 하는 일
동정심			
적극적인 참여			
표현력			
용서			
너그러움			
감사			
겸손함			
기쁨			
친절함			
다정함			
낙관적			
인내심			
장난기			
온전한 관심			
공손함			
반응 능력			
사려 깊음			
이해심			

자신이 설계한 삶을 살아가는 방법

다음에 요약한 내용은 감정적인 지배력을 강화해 자신이 설계한 자신감 있고 회복력이 뛰어나며 진정성 넘치는 삶을 살아가는 데 필요한 열 가지 핵심 요소다.

1. 자신의 태도를 확인한다.

- 변화와 역경 앞에서도 호기심과 개방적인 태도, 유연성을 유지하겠다고 결심한다.
- 모든 인생 경험을 통해 배우고자 하는 의지를 갖는다.
- 낙천적인 태도, 인내심, 평생 배우는 자세로 살겠다는 마음가짐을 갖기 위해 노력한다.

2. 회피가 아니라 인식을 택한다.

- 매순간의 경험을 최대한 많이 인식하고 접촉한다.
- 로젠버그 리셋을 이용해 여덟 가지 불편한 감정에 숙달된다. 이는 세상 속에서 자신의 유능함을 느끼기 위한 기본 요소다.
- 취약성을 인정하고 의지하면서 이를 자신의 최대 강점으로 삼는다.

3. 감정을 외면하는 버릇을 줄인다.

- 현재를 온전히 의식하며 살아가기 위해 자신이 할 수 있는 일을 한다.

- 자신이 어떤 외면 전략을 이용하는지 파악하고, 그것이 무엇을 피하게 해주는지 확인한 뒤, 불쾌한 감정을 향해 나아간다.
- 밑바탕에 깔려 있는 힘든 감정을 파악하고, 경험하고, 표현해 불안감을 해소한다.

4. 잘못된 생각과 혹독한 자기비판을 끝낸다.

- 비관주의, 냉소주의, 인지적 왜곡, 부정적인 감정 지수를 이용하는 데서 벗어나 보다 건설적이고 광범위하며 개방적이고 낙관적인 사고방식으로 방향을 전환한다.
- 혹독한 자기비판에 주목하면서, 이를 뭔가 견디기 힘든 일이 벌어지고 있음을 알려주는 신호로 여긴다.
- '지금 내가 알거나 느끼거나 견디기 힘든 게 무엇인지' 자문해보고, 이를 좀더 제대로 의식한다. 그런 다음 고통스러운 감정이 표면화되면 리셋을 활용한다.

5. 말하고, 행동을 취한다.

- 타인에게 다가가 긍정적이고 친절하며 선의가 깃든 태도로 말한다.
- 가장 진실한 자신의 모습으로 살아갈 수 있도록 진심을 말한다.
- 추구하거나 달성하고 싶은 목표를 정하고, 이를 위해 필요한 첫 번째 단계를 파악하여 실행에 옮긴다.
- 다음 단계를 알아내서 그것도 실행한다. 목표에 도달할 때까

지 계속 행동을 취하면서 인내심을 발휘한다.

6. 낡은 이야기를 해방한다.

- 자신의 인생 이야기를 이해한다.

- 비탄과 위장된 비탄을 놓아준다.

- 용서한다. 새로운 이야기를 받아들인다. 기쁨을 느끼면서 관계를 강화한다.

7. 도움을 청한다.

- 도움을 청하는 건 삶의 자원을 활용하기 위한 기본적인 행동이며, 이는 감정적인 힘과 회복력의 핵심이다.

- 사회안전망을 구축한다. 가족, 친구들과 더 가까운 관계를 만든다.

- 과거의 성공 경험에서 도움을 얻는다.

8. 칭찬을 받아들이고 흡수한다.

- 칭찬에는 자기 모습이 반영되어 있다는 걸 이해하고 자신의 이미지를 새롭게 한다.

- 몇 번이고 되풀이해서 칭찬을 계속 받아들인다.

9. 높은 가치 기준에 따라 살아간다.

- 조화를 이룬다. 자신의 말과 행동을 생각, 감정, 믿음, 가치관과 일치시킨다.

- 구체화하고 싶은 가치관을 만든다. 자신이 되고 싶은 모습대로 살아간다.

- 계획을 세운다. 자기 인생이 향하기를 바라는 방향에 맞춰 생각하고 말하고 행동한다.

10. 인생을 설계한다.

- 자신의 미래를 창조한다. 자신이 뭘 좋아할지 상상해보고, 머릿속에 떠올린 것들을 적어둔다. 당신은 어떤 사람이 되고 싶은가? 당신에게 목적과 의미를 부여하는 것은 무엇인가?
- 매일 감사하는 연습을 하고, 목표를 정하고, 자신의 비전과 성공 경험을 검토하면서 목표와 꿈을 이루는 데 필요한 추진력을 키운다.

사람들은 자기 외부에서 자신감을 찾는 경우가 많지만, 진정한 자신감을 낳는 성장과 변화는 우리 내부에서 이루어진다. 지금의 자신보다 더 나은 사람이 되는 건 우리 각자의 선택에 달려 있다. 가장 되고 싶은 사람이 되도록 도와주는 선택을 하고 날마다 행동에 옮기는 것도 마찬가지다.

최초의 결정, 그리고 그 결정을 뒤따르는 크고 작은 결정 하나하나가 모두 변혁의 열쇠다. 성장을 선택하고 모든 장애물, 모든 도약, 모든 좌절, 모든 성공에 대해 계속 똑같은 선택을 반복하자.

인생은 역동적이고 창조적이며 언제든 변화할 수 있다. 마치 인생에 그 자체의 삶이 따로 있기라도 한 것처럼 말이다. 당신이 자신에게 더 많은 걸 요구하는 것은 곧 삶에 더 많은 걸 요구하는 것이며,

그것이 바로 삶이 전개되는 방향에 영향을 미치는 방법이다.

인생이 끊임없이 변해가는 것처럼, 당신도 끊임없이 발전하고 있다. 도중에 겪은 상처들이 실은 각성의 순간이었을 수도 있다. 아니면 지금보다 더 나은 존재가 되라고 요구하며 성장으로 이끄는 문이었을 수도 있다. 만약 목표에 도달하지 못해 좌절감을 느끼거나 자신에게 계속 나아갈 능력이 있는지 의심된다면, 그건 당신이 정말 원하는 걸 얻기 위해 전념하고 있는지 알아보기 위해서 인생이 던지는 시험이라는 걸 알아두자.

외면 전략을 포기하자. 혹독한 자기비판을 중단하고, 낡은 이야기를 버리자. 지금까지 당신을 방해하던 힘든 감정들이 더는 당신이 위험을 감수하고 새로운 것에 도전하는 데 장애물이 되지 못하게 하자. 로젠버그 리셋이 문제를 해결해줄 것이다. 당신과 성공 사이에 가로놓인 것은 여덟 가지 감정뿐이다. 진정한 자신을 느끼고 표현하면서 살자. 진정한 자아를 위해 헌신하자.

당신에겐 꿈꾸는 사람으로 발전할 능력이 있다. 당신은 자신이 원하는 삶을 창조해 그 안에서 진실하고, 자신감 있고, 감정적으로 강하며, 열정적이고, 목적 지향적이며, 회복력이 뛰어난 사람으로 살아갈 수 있는 강력한 힘을 지니고 있다. 그러니 이 성장의 길을 택하자.

당신은 현재의 환경과 조건보다 훨씬 많은 걸 경험할 수 있다. 그 꿈을 추구하자. 자신 있게 나아가자. 어디까지 멀리 뻗어나가고 싶은가?

당신은 더 많은 것을 얻기 위해 노력하고 있다. 한 가지만 마음먹으면 당신이 바라는 모습으로 살아갈 수 있다. 순간순간의 경험에 충실하고, 여덟 가지 불쾌한 감정을 극복하기 위한 90초 파도를 타겠다는 선택이다.

간단하지 않은가?

집에 돌아온 것을 환영한다.

감사의 글

이 책에는 내가 평생 걸어온 개인적·직업적 여정이 담겨 있다. 이 길을 걷는 내내 많은 이들에게 지지와 도움을 받았다. 그들 각자가 베풀어준 멘토링과 우정, 환대, 초대, 기회에 깊은 감사를 표한다. 다음에 언급한 모든 이들의 지지와 격려, 나와 내 메시지에 대한 믿음, 그리고 헨리 데이비드 소로의 보이지 않는 경계(자신이 상상하는 삶을 살기 위해 노력하면 보이지 않는 경계를 넘게 된다는 의미-옮긴이) 너머로 이어지는 문을 열어준 것에 감사드린다.

대니얼 시겔 박사 대인관계적 신경생물학이라는 분야와 정신요법을 발전시키고 재정의했다. 그의 멘토링과 지식은 새로운 세계를 열어주었다. 그와 함께 연구했던 시간은 개인적으로나 직업적으로 내게 지워지지 않는 흔적을 남겼고, 그에게 처음 배운 정보가 90초 접근법의 토대가 됐다. 그는 지금도 계속해서 영감을 준다.

브렌던 버처드 다른 사람들이 우리 목소리를 들을 수 있도록 메시지를 전하라고 권해줬다. 언제나 모범을 보여준 것, 전략적 사고와 위험 감수 그리고 고품질 콘텐츠를 제공하기 위해 노력해준 것에 감사한다. 그는 이 책을 출판하라고 권해준 첫 번째 인물일 뿐 아니라 사람들에게 알릴 수 있는 무대까지 마련해줬다.

팸 헨드릭슨 그녀가 내 자료를 처음 읽고 보여준 반응 덕분에 많은 희망을 얻었다. 내용에 대한 그녀의 탁월한 의견은 누구도 따를 수 없는 수준이다. 이렇게 마음을 써줘서 정말 고맙다. 팸의 동반자인 마이크 코닉스의 마케팅 실력과 격려에도 큰 힘을 얻었다. 그 덕분에 아이디어와 다른 모든 것이 더 생생하게 살아날 수 있었다. 두 사람의 따뜻한 우정에 정말 감사한다.

보 이슨과 던 이슨 몇 년 전에 처음으로 당신을 따라 무대를 가로지른 이후 한 번도 멈춘 적이 없다. 당신들의 존재, 실천을 위한 헌신, 최고가 되기 위한 노력, 그리고 자신의 경험담을 통해 진정성의 중요성을 알려준 것 등이 지금도 강렬한 기억으로 남아 있다. 당신들이 보여준 우정과 동반자가 될 기회를 준 것에 감사한다.

존 아사라프 우리는 신경과학에 대한 애정 덕분에 만나자마자 바로 마음이 이어질 수 있었다. 그가 꾸준히 보여준 너그러움과 우정에 감사한다. 당신과 함께 교육 업무를 진행할 수 있어서 정말 기뻤다.

JJ 버진 건강 전문가에 대한 당신의 비전, 그리고 거기에 심리학자들이 포함되어 있다는 사실에도 감사한다. 당신의 우정과 지원, 더 많은 것에 대한 요구, 위험 감수, 그리고 당신이 만든 공동체는 말로 다 표현할 수 없을 정도로 내게 큰 의미가 있다. 칼도 마찬가지다. 그 덕분에 꿈에도 생각지 못했던 방식으로 새로운 관계와 기회가 펼쳐졌다.

나오미 휘텔 우아하게 혼합된 나오미의 취약성과 추진력, 정교한 전문성이 내게 큰 격려가 됐다. 그녀가 내 노력에 보내준 지지는 더없이 소중하며, 그 우정을 소중히 간직할 것이다. 아무리 고맙다고 말해도 모자라다.

제미라 존스 마음 맞는 내 친구. 내 목소리를 낼 수 있게 도와줘서 고맙고, 오늘을 내 최고의 날로 만들어줘서 정말 고맙다. 당신의 무조건적인 지지와 우정에 감사한다.

메리 모리시 그녀의 지혜, 멘토링, 지도, 우정은 내가 말로 표현할 수 있는 것보다 훨씬 큰 의미가 있다. 메리가 내 인생에 안겨준 것들에 대한 감사는 말로 다 표현할 수 없다. 보이지 않는 것을 보는 방법,

한계에 귀 기울이는 방법, 사랑과 연민에 바탕을 둔 감정, 개인적 · 직업적인 존재 방식 등 앞으로도 오랫동안 내가 본받을 모범을 보여 줬다. 메리와 더불어 감사해야 할 이들이 무척 많다. 존 디키와 리치, 제니퍼, 매트, 블레인, 브리지스의 꾸준한 지원을 비롯하여 히에디, 타미, 스콧, 그리고 다른 모든 직원까지. 너무 많아서 일일이 다 열거할 수는 없지만, 그곳은 내가 집이라고 부를 수 있는 장소였다. 내가 할 수 있는 말은 사랑과 감사를 전하는 것뿐이다. 끝없이.

트레이시 베하 당신의 지혜로운 마음, 명확한 비전, 안목 있는 눈, 이끌어주는 손에 대한 내 깊은 존경과 감사를 알아주기 바란다. 리틀 브라운의 담당 편집장인 트레이시는 모든 걸 더 발전시키라는 도전 과제를 내줬다. 나와 내 작품을 믿어줘서 고맙다. 트레이시와 함께 일한 덕분에 이 책이 변화를 일으키고 사람들의 삶을 바꿔놓을 것이다. 내 의견에 찬성해줘서 고맙고 내가 한 모든 일의 수준을 한 차원 끌어올려 줘서 고맙다. 앞으로도 늘 감사한 마음을 잊지 않을 것이다.

캐시 한지언 내 저작권 대리인인 캐시에게 깊은 감사를 전한다. 캐시는 내게 손을 내밀어줬을 뿐만 아니라 이 책에서 말하는 전체적인 메시지의 중요성도 이해해줬다. 중요한 아이디어를 세상에 전하기 위해 노력한 캐시의 헌신에 감사하며, 나를 찾아내 주고 보살펴줘서 고맙고, 따뜻한 우정에도 감사한다.

티파니 예크 브룩스 원고를 준비하는 동안 보여준 통찰력 있는 시각과 너그러운 편집 과정에 진심으로 감사한다. 그렇게 중요한 단계에 기꺼이 개입해준 덕분에 이 책이 세상에 나올 수 있었다.

에린 산투스 이 글을 쓰는 내내 정말 중요한 시점마다 눈과 손이 되어줘서 고맙다. 더없이 소중한 노력에 감사한다.

제이와 수전 말로 표현할 때도 있고 못 할 때도 있지만, 내 마음속에는 항상 이들의 사랑과 지지가 깃들어 있다. 젊을 때도 나이 든 뒤에도, 개인적으로도 단체로도, 이들은 내가 예측하지 못한 방식으로 내 성장을 도왔다. 당신들이 아는 것보다 훨씬 더 많이 사랑한다는 걸 알려주고 싶다.

쳴르 마멧과 루벤 마멧 가족의 개념을 재정의하여 이 책을 쓸 수 있는 안전한 피난처와 사랑, 격려, 지원을 제공해줬다. 이들의 너그러움은 무엇과도 비할 수 없으며, 누구도 혼자 힘으로는 성공할 수 없다는 내 믿음이 더욱 강해졌다. 당신들이 해준 일에 한없는 감사의 마음을 전한다.

르네 레이건 몇십 년간 계속 이어진 그녀의 우정과 멘토링 덕분에 이 모든 일을 시작하게 됐다. 르네와 우리의 깊은 관계는 무엇보다 소중하다.

내 소중한 동료, 내담자, 학생들과의 관계에 늘 경외심을 느끼며 그들이 제공해준 모든 것, 용감하게 무릅쓴 모든 일, 그리고 우리가 공유한 모든 것에 감사한다.

혹시 내가 잊어버리고 감사와 칭찬을 전하지 못한 모든 이들에게는 나도 여러분을 지지하고 돕고 싶다는 말을 꼭 하고 싶다. 여러분은 내가 존재하는 큰 이유이며, 당신들의 개인적인 생활과 일이 진행되는 상황, 성장, 변화 등을 공유해준 건 매우 감동적인 경험이었다.

기회를 줘서 고맙고, 축복까지 보내줘서 더더욱 감사하다.

로젠버그 리셋

자신이 매 순간 하는 경험을
최대한 많이
의식하고 접촉하기로 마음먹고,
90초간 여덟 가지
불쾌한 감정의 파도를 타,
살면서 자신이 원하는 건 뭐든지
추구할 힘을 얻는다.

90초 접근법 활용법

감정 숙달 교육	○ 압도되는 기분과 자신을 억누르는 자기 회의의 싹을 자른다. ○ 급진적이고 지속적인 삶의 변화를 이룬다. ○ 90초 접근법을 이용해 감정적 숙달을 심화한다. ○ 본인의 페이스대로 배운다.
감정 숙달 기업문화 프로그램	○ 회사 내의 팀 참여도와 관계의 질을 개선한다. ○ 고객의 감정적 반응을 영업팀과 CEO로 변경해서 리더십 효율을 높인다. ○ 기조연설, 경영진 코칭, 맞춤형 교육.
감정 마스터 강사 교육	○ 정신 건강 전문가, 건강 또는 생명 코치, 관련 서비스 전문가에 대한 교육. ○ 영업 및 마케팅팀, 매니저, 경영진 리더십 촉진.

이 책은 우리가 함께 나누는 대화의 시작에 불과하다. 계속 연락하면서 일이 어떻게 진행되고 있는지 알려주기 바란다. 다음과 같은 경로를 통해 내게 연락할 수 있다.

● 페이스북: https://www.facebook.com/drjrosenberg/
● 인스타그램: https://www.instagram.com/drjoanrosenberg/
● 링크드인: https://www.linkedin.com/in/joanirosenbergphd/
● 트위터: https://twitter.com/DrJoanRosenberg

프롤로그

1. Jeff Spencer, personal communication, October 2015.

1장 내 인생, 이대로 괜찮나요?

1. Mary Morrissey, "Transformation and Thoreau" (keynote, Experts Industry Association Annual Meeting, Santa Clara, CA, November 6 - 9, 2012).

2. Mary Morrissey, "Concord Conversations 2013" (training session, Concord Experience: Understanding Transcendentalism, Concord, MA, September 2013).

3. Morrissey, "Concord Conversations 2013."

4. Steven Hayes and others, "Experiential Avoidance and Behavioral Disorders: A Functional Dimensional Approach to Diagnosis and Treatment," *Journal of Consulting and Clinical Psychology* 64, no. 6(1996): 1152 - 68. doi:10.1037//0022-006x.64.6.1152.

5. '정신적인 기능 저하'란 사람들이 특히 불쾌한 감정을 느낄 때 주의를 딴 데로 돌리거나 감정을 회피하는 등의 전략을 써서 본인의 감정과 단절될 때 발생하는 일종의 우울증이다. 이건 단절이나 현실 외면을 통한 회피(혹은 '알고 있는 걸 모르려고 애쓰는')의 결과로, 시간이 지남에 따라 불안감이 고조되고 무방비한 기분이 들며 신체적인 증상이 나타나고 자제심이 줄거나 아예 통제가 불가능한 기분을 느끼게 된다. 이런 경험이 오랫동안 계속되면 자기 자신과 더욱 단절된 듯한 기분이 들면서 본인의 생각과 감정을 관찰하는 부분과 자아를 경험하는 부분이 서로 단절된다(예: 슬프다는 걸 알지만 슬픔을 느낄 수 없는 것). 이 기분을 흔히 무감각, 공허함, 내면이 죽은 느낌 등으로 묘사하는데, 이게 바로 정신적인 기능 저하다. 여기서 더 나아가 소외감과 고립감, 자살 충동을 느낄 수도 있는데, 이것들이 모두 참을 수 없는 극심한 고통과 관련이 있다.

2장 로젠버그 리셋

1. Daniel J. Siegel, *Mindsight: The New Science of Personal Transformation* (New York: Bantam Books, 2010).

2. Daniel J. Siegel, *The Mindful Therapist: A Clinician's Guide to Mindsight and Neural Integration* (New York: W.W. Norton & Company, 2010).

3. Daniel J. Siegel, *The Developing Mind: How Relationships and the Brain Interact to Shape Who We Are* (New York: Guilford, 1999).

4. Jon Kabat-Zinn, *Wherever You Go, There You Are: Mindfulness Meditation In Everyday Life* (New York: Hyperion, 2005).

5. Kabat-Zinn, *Wherever You Go*.

6. Kabat-Zinn, *Wherever You Go*.

7. Marsha Linehan, *DBT® Skills Training Manual*, 2nd ed. (New York: Guilford Press, 2014).

8. Steven Hayes and Kirk Strosahl, eds., *A Practical Guide to Acceptance and Commitment Therapy* (New York: Springer, 2004).

9. Siegel, *The Mindful Therapist*. Daniel J. Siegel and Tina Payne Bryson, *The Whole-Brain Child: 12 Revolutionary Strategies to Nurture Your Child's Developing Mind* (New York: Delacorte Press, 2011). Daniel J. Siegel and Debra Pearce McCall, "*Mindsight* at Work: An Interpersonal Neurobiology Lens on Leadership," *Neuroleadership Journal*, no. 2 (2009): 1–12V.

10. Siegel, *Mindsight*. Daniel J. Siegel, "Science Says: Listen to Your Gut," *Inspire to Wire*, January 23, 2016. http://www.drdansiegel.com/blog/2016/01/23/science-says-listen-to-your-gut/ (accessed February 9, 2018).

11. Daniel J. Siegel, *Mind: A Journey to the Heart of Being Human* (New York: W.W. Norton & Company, 2017).

12. Pat Ogden and others, *Trauma and the Body: A Sensorimotor Approach to Psychotherapy* (New York: W.W. Norton, 2006).

13. Daniel J. Siegel, *The Developing Mind: How Relationships and the Brain Interact to Shape Who We Are*, 2nd ed. (New York: Guilford, 2012).

14. Joseph LeDoux, *The Emotional Brain: The Mysterious Underpinnings of*

Emotional Life (New York: Simon & Shuster, 1996). While most people can experience and express feelings, there are some individuals who are described as alexythymic; these individuals have difficulty identifying and describing feelings.

15. Siegel, *The Mindful Therapist*. Siegel, *Mindsight*. Siegel, *The Developing Mind*.

16. Siegel, *Mind*.

17. Antonio Damasio, *Descartes' Error: Emotion, Reason, and the Human Brain* (New York: Penguin, 2005).

18. Lauri Nummenmaa and others, "Bodily Maps of Emotions," *Proceedings of the National Academy of Sciences* 111, no. 2 (2014): 646–51, doi:10.1073/pnas.1321664111.

19. Jill Bolte Taylor, *My Stroke of Insight: A Brain Scientist's Personal Journey* (New York: Viking, 2008).

20. Candace Pert, *Molecules of Emotion: The Science Behind Mind-Body Medicine* (New York: Scribner, 1997).

21. Bolte Taylor, *My Stroke of Insight*.

22. Bolte Taylor, *My Stroke of Insight*.

23. Lou Cozolino, *The Neuroscience of Psychotherapy: Healing the Social Brain*, 3rd ed. (New York: W.W. Norton & Company, 2017).

24. Philippe Verduyn and Saskia Lavrijsen, "Which Emotions Last Longest and Why: The Role of Event Importance and Rumination," *Motivation and Emotion* 39, no. 1 (2014): 119–27, doi:10.1007/s11031-014-9445-y.

25. Richard A. Dienstbier, "Arousal and Physiological Toughness: Implications for Mental and Physical Health," *Psychological Review* 96, no. 1 (1989): 84–100, doi:10.1037//0033-295x.96.1.84. Verduyn and Lavrijsen, "Which Emotions Last Longest."

26. Bolte Taylor, *My Stroke of Insight*.

27. Siegel, *Mindsight*.

28. Daniel Wegner and others, "Chronic Thought Suppression," *Journal of*

Personality 62, no. 4 (1994): 615–40. Daniel Wegner and others, "Paradoxical Effects of Thought Suppression," *Journal of Personality and Social Psychology* 53, no. 1 (1987): 5–13.

29. Wegner and others, "Paradoxical Effects of Thought Suppression."

30. Eric Rassin and others, "Paradoxical and Less Paradoxical Effects of Thought Suppression: A Critical Review," *Clinical Psychology Review* 20, no. 8 (2000): 973–95. Richard Wenzlaff and David Luxton, "The Role of Thought Suppression in Depressive Rumination," *Cognitive Therapy and Research* 27, no. 3 (2003): 293–308.

31. Lou Cozolino, *The Neuroscience of Psychotherapy: Healing the Social Brain*, 3rd ed. (New York: W.W. Norton & Company, 2017). Verduyn and Lavrijsen, "Which Emotions Last Longest."

32. Daniel J. Siegel and Mary Hartzell, *Parenting from the Inside Out: How a Deeper Self-Understanding Can Help You Raise Children Who Thrive*, 10th ed. (New York: TarcherPerigee, 2013).

3장 여덟 가지 불쾌한 감정을 이해하자

1. Rick Hanson, *Hardwiring Happiness: The New Brain Science of Contentment, Calm and Confidence* (New York: Harmony Books, 2013). Pert, Molecules of Emotion.

2. Ira Roseman and others, "Appraisal Determinants of Emotions: Constructing a More Accurate and Comprehensive Theory," *Cognition and Emotion* 10, no. 3 (1996): 241–77. Wilco van Dijk and Marcel Zeelenberg, "Investigating the Appraisal Patterns of Regret and Disappointment," *Motivation and Emotion* 26, no. 4 (2002): 321–31.

3. Helen Mayberg and others, "Reciprocal Limbic-Cortical Function and Negative Mood: Converging PET Findings in Depression and Normal Sadness," *American Journal of Psychiatry* 156 (1999): 675–82.

4. Jonathan Rottenberg and others, "Sadness and Amusement Reactivity Differentially Predict Concurrent and Prospective Functioning in Major

Depressive Disorder," *Emotion* 2, no. 2 (2002): 135–46.

5. Mayberg and others, "Reciprocal Limbic–Cortical Function."

6. Gordon H. Bower, "Mood and Memory," *American Psychologist* 36, no. 2 (1981): 129–48.

7. Cozolino, *The Neuroscience of Psychotherapy*.

8. Paul Gilbert and Sue Procter, "Compassionate Mind Training for People with High Shame and Self–Criticism: Overview and Pilot Study of a Group Therapy Approach," *Clinical Psychology and Psychotherapy* 13 (2006): 353–79.
   Siegel, *The Developing Mind*, 2nd ed.

9. Lou Cozolino, *Attachment–Based Teaching: Creating a Tribal Classroom* (New York: W.W. Norton & Company, 2014).

10. Sally Dickerson and others, "When the Social Self Is Threatened: Shame, Physiology, and Health," *Journal of Personality* 72, no. 6 (2004): 1191–1216.

11. Dickerson and others, "When the Social Self."

12. Dickerson and others, "When the Social Self."

13. Ilona de Hooge and others, "Not So Ugly After All: When Shame Acts as a Commitment Device," *Journal of Personality and Social Psychology* 95, no. 4 (2008): 933–43.

14. Dickerson and others, "When the Social Self."

15. Dickerson and others, "When the Social Self."

16. de Hooge and others, "Not So Ugly After All."

17. Mária Kopp and Jaános Réthelyi, "Where Psychology Meets Physiology: Chronic Stress and Premature Mortality—the Central–Eastern European Health Paradox," *Brain Research Bulletin* 62 (2004): 351–67.

18. Kopp and Réthelyi, "Where Psychology Meets Physiology."

19. Kopp and Réthelyi, "Where Psychology Meets Physiology."

20. Kopp and Réthelyi, "Where Psychology Meets Physiology."

21. Kopp and Réthelyi, "Where Psychology Meets Physiology."

22. van Dijk and Zeelenberg, "Investigating the Appraisal Patterns."

23. Janne van Doorn, *On Anger and Prosocial Behavior* (Ridderkerk: Ridderprint, 2014).

24. James Gross and others, "Emotion and Aging: Experience, Expression, and Control," *Psychology and Aging* 12, no. 4 (1998): 590 –99.

25. Rottenberg and others, "Sadness and Amusement Reactivity."

26. World Health Organization, *Violence Prevention: The Evidence: Changing Cultural and Social Norms that Support Violence* (Geneva, Switzerland, WHO Press, 2009).

27. Peter Drummond and Saw Han Quah, "The Effect of Expressing Anger on Cardiovascular Reactivity and Facial Blood Flow in Chinese and Caucasians," *Psychophysiology* 28 (2001): 190 –96.

28. Joan Rosenberg, "Emotional Mastery and Neuroleadership: Bringing Neuroscience to Life in Organizations and Work" (Special presentation, Orange County Neuroleadership Local Interest Group, Irvine, CA, May 31, 2012).

29. Robert Edelmann and others, "Self-Reported Expression of Embarrassment in Five European Cultures," *Journal of Cross-Cultural Psychology* 20, no. 4 (1989): 357 –71.

30. Dacher Keltner and Ann Kring, "Emotion, Social Function, and Psychopathology," *Review of General Psychology* 2, no. 3 (1998): 320 –42.

31. van Dijk and Zeelenberg, "Investigating the Appraisal Patterns." Marcel Zeelenberg and others, "The Experience of Regret and Disappointment," *Cognition and Emotion* 12, no. 2 (1998): 221 –30.

32. Wilco van Dijk and Marcel Zeelenberg, "What Do We Talk about When We Talk about Disappointment? Distinguishing Outcome-Related Disappointment from Person-Related Disappointment," *Cognition and Emotion* 16, no. 6 (2002): 787 –807.

33. van Dijk and Zeelenberg, "What Do We Talk."

34. Gerben Van Kleef and Carsten De Dreu, "Supplication and Appeasement in Conflict and Negotiation: The Interpersonal Effects of Disappointment,

Worry, Guilt, and Regret," *Journal of Personality and Social Psychology* 91, no. 1 (2006): 124–42.

35. Marcel Zeelenberg and others, "On Bad Decisions and Disconfirmed Expectancies: The Psychology of Regret and Disappointment," *Cognition and Emotion* 14, no. 4 (2000): 521–41.

36. Marcel Zeelenberg and Rik Pieters, "A Theory of Regret Regulation 1.0," *Consumer Psychology* 17, no. 1 (2007): 3–18. Zeelenberg and others, "The Experience of Regret."

37. M. Sazzad Hussain and others, "Affect Detection from Multichannel Physiology During Learning Sessions with AutoTutor," In *Artificial Intelligence in Education*, edited by Gautam Biswas, Susan Bull, Judy Kay, and Antonija Mitrovic (Berlin: Springer, 2011).

38. Hussain and others, "Affect Detection from Multichannel."

39. Susan Calkins and others, "Frustration in Infancy: Implications for Emotion Regulation, Physiological Processes, and Temperament," *Infancy* 3 (2002): 175–98.

40. Calkins and others, "Frustration in Infancy."

41. Stephen Porges, "Neuroception: A Subconscious System for Detecting Threats and Safety," *Zero to Three* 24, no. 5 (2004): 19–24.

42. Joan Rosenberg, "Therapy Is Choreography" (annual psychotherapy training, Pepperdine University, Graduate School of Education and Psychology, Los Angeles, CA, September 2017).

43. Rosenberg, "Therapy Is Choreography."

44. Siegel, *The Developing Mind*.

45. Ogden and others, *Trauma and the Body*. Siegel, *The Developing Mind*.

46. Ogden and others, *Trauma and the Body*.

47. Ogden and others, *Trauma and the Body*.

48. Siegel, *The Developing Mind*.

49. Siegel, *The Developing Mind*.

50. Siegel, *The Developing Mind*.

51. Siegel, *The Developing Mind*.

52. Siegel, *The Developing Mind*.

53. Siegel, *The Developing Mind*.

54. Siegel, *The Developing Mind*.

55. Ogden and others, *Trauma and the Body*. Siegel, *The Developing Mind*.

56. Elaine Aron, *The Highly Sensitive Person: How to Thrive When the World Overwhelms You* (New York: Kensington Publishing Corp, 2013).

57. Matthew Lieberman and others, "Putting Feelings into Words: Affect Labeling Disrupts Amygdala Activity in Response to Affective Stimuli," *Psychological Science* 18, no. 5 (2007): 421–28.

58. Katharina Kircanski and others, "Feelings into Words: Contributions of Language to Exposure Therapy," *Psychological Science* 23, no. 10 (2012): 1–6. Matthew Lieberman and others, "Subjective Responses to Emotional Stimuli during Labeling, Reappraisal, and Distraction," *Emotion* 3 (2011): 468–80.

59. James Pennebaker, "Writing about Emotional Experiences as a Therapeutic Process," *Psychological Science* 8, no. 3 (1997): 162–66.

4장 방해물이 문제다

1. Ogden and others, *Trauma and the Body*. Siegel, *The Developing Mind*, 2nd ed.

2. Hayes and Strosahl, eds., A Practical Guide.

5장 나를 좀먹는 불안

1. Thomas Borkovec and others, "Worry: A Cognitive Phenomenon Intimately Linked to Affective, Physiological, and Interpersonal Behavioral Processes," *Cognitive Therapy and Research* 22, no. 6 (1998): 561–76.

2. Thomas Borkovec, "Worry: A Potentially Valuable Concept," *Behaviour Research and Therapy* 23, no. 4 (1985): 481–82. Borkovec and others, "Worry: A Cognitive Phenomenon."

3. Barbara Zebb and J. Gayle Beck, "Worry Versus Anxiety: Is There Really a Difference?" *Behavior Modification* 22, no. 1 (1998): 45–61.

4. Zebb and Beck, "Worry Versus Anxiety."

5. David Barlow, *Anxiety and Its Disorders: The Nature and Treatment of Anxiety and Panic*, 2nd ed. (New York: Guilford Publications Inc., 2002). David Barlow and Kristen Ellard, "Anxiety and Related Disorders," In *Noba Textbook Series: Psychology*, edited by R. Biswas-Diener & E. Diener (Champaign: DEF Publishers, 2018).

6. American Psychiatric Association, *Diagnostic and Statistical Manual of Mental Disorders: DSM-5* (Arlington: American Psychiatric Publishing, 2013).

7. David Barlow, "Unraveling the Mysteries of Anxiety and Its Disorders from the Perspective of Emotion Theory," *American Psychologist* 55 (2000): 1247–1263. doi:10.1037/0003-066X.55.11.1247. Clair Cassiello-Robbinsand David Barlow, "Anger: The Unrecognized Emotion in Emotional Disorders," *Clinical Psychology: Science and Practice* 23, no. 1 (2016): 66–85.

8. Thomas Borkovec, "Life in the Future Versus Life in the Present," *Clinical Psychology Science and Practice* 9, no. 1 (2002): 76–80. Thomas Borkovec and Lizabeth Roemer, "Perceived Functions of Worry Among Generalized Anxiety Disorder Subjects: Distraction from More Emotionally Distressing Topics?" *Journal of Behavior Therapy and Experimental Psychiatry* 26, no. 1 (1995): 25–30. Michelle Newman and Sandra Llera, "A Novel Theory of Experiential Avoidance in Generalized Anxiety Disorder: A Review and Synthesis of Research Supporting a Contrast Avoidance Model of Worry," *Clinical Psychology Review* 31, no. 3 (2011): 371–82.

9. Clayton Critcher and others, "When Self-Affirmations Reduce Defensiveness: Timing Is Key," Personality and Social Psychology Bulletin 36, no. 7 (2010): 947–59. Clayton Critcher and David Dunning, "Self-Affirmations Provide a Broader Perspective on Self-Threat," Personality and Social Psychology Bulletin 41, no. 1 (2015): 3–18.

10. Critcher and others, "When Self-Affirmations Reduce."

11. Ethan Kross and others, "Self Talk as a Regulatory Mechanism: How You Do It Matters," *Journal of Personality and Social Psychology* 106, no. 2 (2014): 304 – 24.

12. Kross and others, "Self Talk as a Regulatory."

13. Bruce Lipton, *The Biology of Belief: Unleashing the Power of Consciousness, Matter, and Miracles* (Carlsbad: Hay House, 2008).

14. Lipton, *The Biology of Belief.*

15. Lipton, *The Biology of Belief.*

16. Joan Rosenberg, *Ease Your Anxiety: How to Gain Confidence, Emotional Strength, and Inner Peace* (Toronto: Brightflame Books, 2016).

6장 머릿속 생각 패턴을 바꾸자

1. Lipton, *The Biology of Belief.*

2. Bruce McEwen and Elizabeth Lasley, *The End of Stress as We Know It* (Washington, DC: Joseph Henry Press, 2002). Robert Sapolsky, *Why Zebras Don't Get Ulcers: The Acclaimed Guide to Stress, Stress-Related Diseases, and Coping*, 3rd ed. (New York: Holt Paperbacks, 2004).

3. Pert, *Molecules of Emotion.*

4. Alberto Chiesa and Alessandro Serretti. "Mindfulness Based Cognitive Therapy for Psychiatric Disorders: A Systematic Review and Meta-analysis," *Psychiatry Research* 187, no. 3 (2011): 441 – 53. Alberto Chiesa and Alessandro Serretti. "Mindfulness Based Stress Reduction for Stress Management in Healthy People: A Review and Meta-analysis," *Journal of Alternative and Complementary Medicine* 15, no. 5 (2009): 593 – 600. Stefan Hofmann and others, "The Effect of Mindfulness-Based Therapy on Anxiety and Depression: A Meta-analytic Review," *Journal of Consulting and Clinical Psychology* 78, no. 2 (2010): 169 – 83. Julie Irving and others, "Cultivating Mindfulness in Health Care Professionals: A Review of Empirical Studies of Mindfulness-Based Stress Reduction (MBSR)," *Complementary Therapies in*

Clinical Practice 15 (2009): 61 – 66. Jon Kabat-Zinn, *Full Catastrophe Living: Using the Wisdom of Your Mind and Body to Face Stress, Pain, and Illness* (New York: Delacorte, 1990).

5. Ruth Baer and others, "Weekly Change in Mindfulness and Perceived Stress in a Mindfulness-Based Stress Reduction Program," *Journal of Clinical Psychology* 68, no. 7 (2012): 755 – 65. James Carmody and Ruth Baer, "Relationships Between Mindfulness Practice and Levels of Mindfulness, Medical, and Psychological Symptoms and Well-Being in a Mindfulness-Based Stress Reduction Program," *Journal of Behavioral Medicine* 31 (2008): 23 – 33.

6. Helen Achat and others, "Optimism and Depression as Predictors of Physical and Mental Health Functioning: The Normative Aging Study," Annals of Behavioral Medicine 22 (2000): 127 – 30. Edward Chang and Angela Farrehi, "Optimism/Pessimism and Information-Processing Styles: Can Their Influences Be Distinguished in Predicting Psychological Adjustment," *Personality and Individual Differences* 31 (2001): 555 – 62. Sonja Lyubomirsky and others, "The Benefits of Frequent Positive Affect: Does Happiness Lead to Success," *Psychological Bulletin* 131, no. 6 (2005): 803 – 55. doi:10.1037/0033-2909.131.6.803.

7. Barbara Fredrickson, "What Good Are Positive Emotions?" *Review of General Psychology* 2, no. 3 (1998): 300 – 19.

8. Michael Cohn and others, "Happiness Unpacked: Positive Emotions Increase Life Satisfaction by Building Resilience," *Emotion* 9, no. 3 (2009): 361 – 68. Barbara Fredrickson, "The Role of Positive Emotions in Positive Psychology: The Broaden-and-Build Theory of Positive Emotions," *American Psychologist* 56, no. 3 (2001): 218 – 26.

9. Aaron Beck and others, *Cognitive Therapy of Depression* (New York: Guilford Press, 1979).

10. Beck and others, *Cognitive Therapy of Depression*.

11. Siegel, *The Developing Mind*, 2nd ed.

12. Beck and others, *Cognitive Therapy of Depression*.

13. David Burns, *The Feeling Good Handbook*, revised edition (New York: Plume, 1999).

14. Beck and others, *Cognitive Therapy of Depression*. Burns, *The Feeling Good Handbook*. Albert Ellis and Russell Grieger, *Handbook of Rational-Emotive Therapy* (New York: Springer, 1977).

15. Burns, *The Feeling Good Handbook*.

16. Porges, "Neuroception."

17. McEwen and Lasley, *The End of Stress*.

18. Gilbert and Procter, "Compassionate Mind Training."

19. Gilbert and Procter, "Compassionate Mind Training."

20. Kristin Neff, *Self-Compassion: The Proven Power of Being Kind to Yourself* (New York: HarperCollins Publishers, 2012).

7장 진심을 말할 수 있다

1. Siegel, *The Developing Mind*, 2nd ed.

2. Siegel, *The Developing Mind*, 2nd ed.

3. Pauline Rose Clance, *The Impostor Phenomenon: Overcoming the Fear that Haunts Your Success* (Atlanta: Peachtree Publishers, Ltd., 1985).

4. Siegel, *The Developing Mind*, 2nd ed. Siegel and Bryson, *The Whole-Brain Child*. Siegel and Hartzell, *Parenting from the Inside Out*.

5. Allen Ivey, and others, *Essentials of Intentional Interviewing: Counseling in a Multicultural World*, 3rd ed. (Boston: Brooks-Cole/Cengage Learning, 2015).

8장 비탄을 극복할 수 있다

1. Mary Morrissey, "Developing Persistence" (presentation, Pinnacle Training Event, Los Angeles, CA, January 2016).

2. Siegel, *The Developing Mind*.

9장 자신감과 회복탄력성이 높아진다

1. "Resilient," Dictionary.com Unabridged, Random House, Inc., accessed March 12, 2018, http://www.dictionary.com/browse/resilient.

2. Barbara Frederickson, "The Value of Positive Emotions: The Emerging Science of Positive Psychology Is Coming to Understand Why It's Good to Feel Good," *American Scientist* 91 (2003): 330–35.

3. Deborah Khoshaba and Salvatore Maddi, *Resilience at Work: How to Succeed No Matter What Life Throws at You* (New York: Amacom, 2005).

4. Carol Dweck, *Mindset: The New Psychology of Success,* updated edition (New York: Penguin Random House, 2007).

5. Angela Duckworth, *Grit: The Power of Passion and Perseverance* (New York: Scribner, 2016).

6. Barbara Frederickson, "The Role of Positive Emotions in Positive Psychology: The Broaden-and-Build Theory of Positive Emotions," *American Psychologist* 56 (2001): 218–26.

7. Frederickson, "The Value of Positive Emotions."

8. Barbara Fredrickson, "Cultivating Positive Emotions to Optimize Health and Well-Being," *Prevention & Treatment* 3 (2000): 1–25. Khoshaba and Maddi, Resilience at Work.

9. Lisa Firestone, "Are You Hardy Enough? How Being Your Real Self Helps You Deal with Stress," *Psychology Today Blog*, August 27, 2012, https://www.psychologytoday.com/us/blog/compassion-matters/201208/are-you-hardy-enough. Frederickson, "The Role of Positive Emotions."

10. Dweck, *Mindset*.

11. Duckworth, *Grit*.

12. George Bonanno, "Loss, Trauma, and Human Resilience: Have We Underestimated the Human Capacity to Thrive After Extremely Adverse Events?" *American Psychologist* 59 (2004): 20–28. George Bonanno and others, "Resilience to Loss and Potential Trauma," *Annual Review Clinical Psychology* 7 (2011): 511–35.

13. Morrissey, "Developing Persistence."
14. Joe Dispenza, "Transformational Possibilities" (keynote, Association of Transformational Leaders Annual Meeting, Ojai, CA, March 2018).
15. Dispenza, "Transformational Possibilities."

10장 진정한 자아에 헌신할 수 있다

1. Mary Morrissey, "DreamBuilder Live with Mary Morrissey" (training, Mary Morrissey, LifeSOULutions That Work, LLC., Los Angeles, CA, January 2014).
2. Mihaly Csikszentmihalyi, *Flow: The Psychology of Optimal Experience* (New York: Harper Perennial Modern Classic, 2008).
3. Mary Morrissey, "Life Mastery Consultant Certification" (training, Morrissey Life Mastery Institute Training, Los Angeles, CA, March 2017).
4. Brendon Burchard, *High Performance Habits: How Extraordinary People Become That Way* (San Diego: Hay House, 2017).
5. J.J. Virgin, "The Miracle Mindset" (keynote, Mindshare Summit Annual Meeting, San Diego, CA, 2016).
6. Morrissey, "DreamBuilder Live with Mary Morrissey."
7. Dan Sullivan, "Addressing the Gap" (Presentation, Mindshare Summit Annual Meeting, San Diego, CA, 2016).

인생을 바꾸는 90초

제1판 1쇄 발행 | 2020년 9월 23일
제1판 4쇄 발행 | 2021년 1월 15일

지은이 | 조앤 I. 로젠버그
옮긴이 | 박선령
펴낸이 | 손희식
펴낸곳 | 한국경제신문 한경BP
책임편집 | 노민정
교정교열 | 공순례
저작권 | 백상아
홍보 | 서은실 · 이여진 · 박도현
마케팅 | 배한일 · 김규형
디자인 | 지소영
본문디자인 | 디자인 현

주소 | 서울특별시 중구 청파로 463
기획출판팀 | 02-3604-590, 584
영업마케팅팀 | 02-3604-595, 583   FAX | 02-3604-599
H | http://bp.hankyung.com   E | bp@hankyung.com
F | www.facebook.com/hankyungbp
등록 | 제 2-315(1967. 5. 15)

ISBN 978-89-475-4634-8 03320